司長序

　　隨著全球化競爭及知識經濟時代的來臨，「創意與創新」風潮已從業界吹進校園，大學研發能量及所培育的人才，正是知識經濟時代產業創新能量的來源，透過教學方式的創意與創新，除了能培養學生探索態度與創意精神，亦能展現創造力、實踐力及未來的就業競爭力。

　　近年來世界各國掀起一股自造者(maker)潮流，強調「動手做」及共創、共享的精神，鼓勵將好的、有創意的點子，發揮創意，動手實作。自造者精神與技職教育「重視實作能力培養，展現務實致用核心價值」的理念正不謀而合，因此，教育部於 2015 年開始推動「創新自造教育計畫」，並辦理許多推廣活動與工作坊，希望能帶動各級學校師資投入創意與創新教育，並藉此激發教師增能及教學熱情，也希望能培養學生具備獨立思考、動手實作、創意創新與解決問題等能力，並運用創造力與實踐力來完成夢想。

　　「想像」是創意的來源，「實踐」是創新的可能，要將創意與創新落實到教育上，創意的啟發為首要關鍵。國立高雄第一科大是國內率先宣示轉型為「創業型大學」的學校，深具前瞻眼光與國際視野，該校不僅將「創意與創新」列為大學部全體學生共同必修之核心課程，並建置「創夢工場」提升三創能量，同時也成為教育部南部「創新自造教育基地」，透過創新教學、創意課程、動手實作及產學研發一條龍的機制，具體落實創意與創新教育。

司長序

　　國立高雄第一科大為分享該校推動創意與創新教學之方式與內容，特地邀請學者專家編撰出版一套教材「方法對了，人人都可以是設計師」，這套教材以深入淺出的方式引領學生從日常生活中發掘問題及激發創意，兼具理論與實用，並充滿趣味性，可提供各校做為推動「創意、創新、創業」三創教育之入門參考教材。希望透過本書啟發老師的創意教學及學生的創新思考，並發揮技職教育動手實作、務實致用的特色，培育具國際競爭力的創新人才。

教育部技術及職業教育司
司長 馬湘萍 謹識
2016 年 7 月

校長序

　　創意與創新思維能力，為當今台灣人才最關鍵的競爭要素，近年來，國內外各大專院校逐漸重視「創意、創新、創業」三創教育之推動與落實，而國立高雄第一科技大學（簡稱第一科大）也於 2010 年提出「邁向創業型大學」之目標。這並非狹義地要求師生都去創業，而是希望在既有的教學與研究成果基礎上，整合環境、資訊、資源三大創新創業元素，培養學生擁有「熱忱、投入與分享的創業家精神」。

　　為強化校園三創能力，第一科大以「研發成果商品化」及「創意發想產業化」為發展主軸，以呼應教育部推動「校園創意發想產業化」、「教育創新行動年」等發展趨勢，並建立一套「First Tech 創業生態系統」，而「創意啟發」即為本生態系統第一階段之發展要務。爰此，自 2015 年 9 月起，第一科大首將「創意與創新」列為大學部全體學生共同必修之核心課程，課程內容導入創意教學與實作，使理論與實務兼具，引導學生透過創意思維結合創新方法，以累積創業能量；此外，第一科大亦積極規劃創意、創新、創業模組課程，期建立一條龍之跨領域學習概念。

　　為深耕與普及三創教育，第一科大自 2014 年 9 月開始著手規劃「創意與創新」教材，集結通識教育中心與創新設計工程系之教師與同仁，精心構思各單元主題內容、週次規劃、活動設計、課程操作方式等，同時邀集專家學者參與各主題之撰稿與製作，使教材內容更為精實；另為提高教材之可讀性，以

校長序

作為各學科背景學生進入創意領域之入門書，特邀請不同領域背景學生、老師參與校稿、試讀，並廣納各方意見進行內容調整，歷經 2 年時間，終於得以順利付梓。

《方法對了，人人都可以是設計師》是一本有別於傳統教科書之「創意與創新」教材，其內容除涵蓋創意、創新兩大部分，並納入美感教育，從名詞定義與差異比較、方法介紹與操作，及創作應用等，引導讀者透過「觀察、發掘、表達、獨創、整合」五大關鍵步驟，激發解決問題的好創意。此外，本書作者陳建志老師亦設計多款 Q 版公仔作為書中靈魂人物，並輔以豐富圖照介紹國內外多元的創意案例，大大提高學習與閱讀過程之趣味性，有助於提高學習動機與成效。

本書是第一科大繼出版「創新創業首部曲」及「創業管理」後第三本共通性教材，主要重點在於創意的啟發，內容匯集校內推動創意教學、啟發創新思考之能量與成果，期藉由本書之出版及流通，作為各大專校院推動三創教育之入門教材，希望為教育注入更多活力與創意。

國立高雄第一科技大學

校長 陳振遠 謹識

2016 年 7 月

單元目錄

司長序 2

校長序 4

前言　創意的年代，每個人都有機會成為設計師 7

　　　　創意發想漏斗 8

1. 日常生活的觀察與創意發掘 9
2. 何謂創意與創新及創意思考法簡介 31
3. 題目選定及腦力激盪法之運用 81
4. 創意的市場調查及資料蒐集 103
5. 創意構想提出 131
6. 創意設計案例分析：議題、提案、功能 155
7. 創意繪圖的表達方式 181
8. 設計流程方法介紹 205
9. 構想評估探討——針對可行性 219
10. 構想評估探討——針對成本控管 253
11. 構想評估探討——針對美學、品質 267

後記　創意的初衷 298

照著課程一步步走下去，創意就會慢慢產生唷，所以每個單元都很重要。

前言

創業的年代,每個人都有機會成為設計師

在當前的世代中,認為那些只要好好接受教育,一味吸收書本知識的填鴨教育已經過往了。以前愈是學問淵博、學歷愈是高的人,理所當然也較受人尊敬,當然這樣的人,離榮耀及成功當然也一定是非常接近。

但是,將視野拉回現在,學歷、書本裡的學問,還有沒有像以前一樣那麼重要呢?是否沒有顯赫的學歷以及飽讀詩書的學問就無法成功呢?其實不一定,我們現在身處在一個創新創業的年代當中,也因為這樣,必須要有推動創新進步發展的好創意,而好的創意該如何產生?本書會帶著讀者一步一步地去產生屬於你自己的創意。

透過案例說明,而不是大談理論;透過單元的練習實作,而不是考試測驗;透過主動觀察日常生活,而不是被動的靜態學習,來了解「發掘」的重要性。本書希望改變過去書本給人那種充滿理論、文章以及學問的舊觀感,透過以讀者為主,書本為輔的角度,讓我們在一成不變的生活中,了解到創意設計的重要性,同時將我們生活中那些束縛著我們的傳統教育拿掉,建立一個屬於自己充滿創意的王國!

國立高雄第一科技大學
陳建志(Marco 老師)

創意發想漏斗

由創意思考發展到創新設計，依序可分成三個操作過程：

第一個過程──觀察與問題發掘：(1~4 單元)

　　在創意開始產生之前，對生活的觀察及發掘就變得格外重要，因為好的創意來源，其實早已存在你我的生活當中。

第二個過程──聚焦與構想提出：(5~8 單元)

　　開始慢慢地將生活上所觀察到的事情聚焦成型，從中發掘出新的使用方式及組合，以滿足使用者的潛在需求。

第三個過程──評估與雛型展現：(9~11 單元)

　　進行構想具體化評估(如成本、機能、美學、品質)，將創意轉換為易懂的圖像，並輔以文字說明。

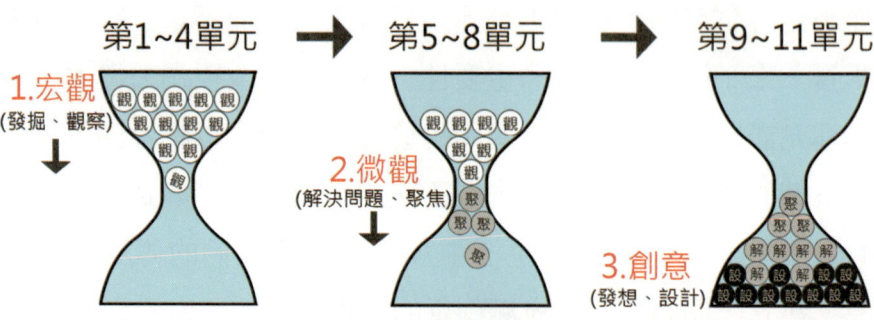

1. 日常生活的觀察與創意發掘

　　隨著時代的轉變，尤其是雲端技術產業落實的現今，我們對於創業的觀念也要有所轉換，透過創意進行微型創業的時代已經來臨，各行各業都可以藉由網路行銷、販售及募資，使通路更廣。

　　也因如此，創意的想法顯得格外重要，但只有創意也沒用，中間必須有將創意執行成創新商品的過程及測試，以及突破框架的思維，才有機會進入到創業的行銷及市場。而這些都是要慢慢磨合、訓練及學習，才可逐步達成目標。

　　我們現今正處於一個跨領域發展趨勢的時代，要執行三創（創意、創新、創業），就必須透過全為設計藝術相關領域所組成之團隊，即使是一個很棒的創意團隊，也絕不可能成為成熟的創新合作團隊，因為由單一背景成員所組成之團隊，已無法符合當今的職場需求。

三創可是未來的趨勢，所以勢必要去了解唷!~

1. 日常生活的觀察與創意發掘

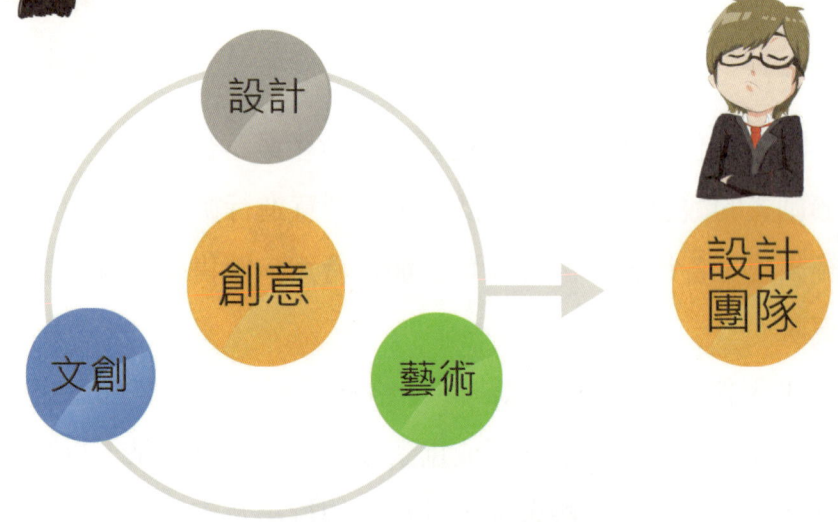

過去的媒合方式：設計領域（創意、設計案、競賽）

（圖，創意設計團隊，陳建志繪製，2015）

　　一個團隊如果都是設計、藝術以及文化創意的組合，只會將自己定位成設計團隊，很難有其他相關刺激或是經驗分享，更何況是來自各種不同領域的想法；相對地，因為你所觀察到的，都是設計相關領域的資訊，在創意思維方面就很容易遇到瓶頸，無法突破，相信大家一定也都聽過，所謂「三個臭皮匠，勝過一個諸葛亮」的道理。

團隊合作是非常重要的唷~

1. 日常生活的觀察與創意發掘

未來的媒合方式：跨領域（創意、創新、創業）

（圖，跨領域創新團隊，陳建志繪製，2015）

　　所以，透過跨領域的結合將會是關鍵，局限於小專業範圍的人，是無法做出優秀的創意。試著跨越自己的專業圍籬，連結各領域人才組成創新團隊，藉由不同背景之知識交流，不僅可進行跨領域合作、學習，同時亦達到專業分享與互補之效。

跨領域的時代已經來囉！

1. 日常生活的觀察與創意發掘

舉例而言，筆者於國立高雄第一科技大學所開授之「創意與創新」的通識課程，主要是透過課程引導學生激發創意思維，許多老師認為這是相當困難的事情，尤其「修課學生來自不同系所，且多非設計相關背景的學生，該如何引導創意設計呢？」剛開始我也很擔心非設計相關背景的學生，連圖都不會畫，該怎麼呈現創意？但從課程開始進行的那一天起，我發現我與其他老師都多慮了，非本科系的學生對於生活上的觀察與體驗，並不亞於設計系的學生。仔細觀察學生們的創意來源及創意發想過程即可發現，設計背景學生多偏重於設計技巧，對於日常生活之問題發掘能力較為缺乏；但是非設計背景的學生，在沒有任何技術框架下所提出之生活創意，卻讓我們看到了不同的新視野。

我透過簡單的繪圖技巧與展現方式之教學引導發現，學生們並非全然不會繪圖，只是在其專業領域培育過程中，沒有人特別要求他們做繪圖工作。然而這支由不同專業背景的學生所組成的團隊，卻用他們所發掘出的創意讓我驚艷不已，因為大家都有來自生活上不同領域的體驗與觀察，這讓我恍然大悟，畢竟唯有透過跨領域團隊的組成、討論，才可跳脫各自專業領域框架，將生活上所面對的各式問題，轉化成創意，並研擬最佳創新方式。

不同領域的問題發掘，才能找出新的體驗及創意

1. 日常生活的觀察與創意發掘

創意 觀察與發掘 　解決　 生活 生活上的問題 　達到　 美好 生活品質

（圖，陳建志繪製，2015）

　　「創意」與「生活」的關係非常密切，然而發現創意，卻絕對不是坐在電腦前就可以想到的。甚至可以說，坐在電腦前反而想不出好創意，它通常都是在不經意的活動中激發出來的，例如搭車時，或是走路逛街的時候。因此，若說創意的產生經常是突然出現的，一點也不為過。

　　也因這樣，在生活周遭所發掘之創意，往往都不是最受注目或為人們所關心的事物；但是，透過日常生活需求之觀察，並將觀察到的狀況與創意靈感應用於生活中，即可能產出讓生活更加美好、便利的創意商品。

　　所以，創意可以說是來自於生活化的創新思考結果，而且在日常生活中是可以觀察到各式潛在的價值。但往往最有價值的生活創意，卻沒有多少人去注意到，所以美好的創意發現，往往都是在你不經意的觀察中產生。

創意，是個躲躲藏藏的小鬼，要仔細觀察才抓得到唷!~

1. 日常生活的觀察與創意發掘

培養觀察力的重要性：

　　因為沒有人知道「創意」何時會出現，而「創意」總是讓人感到吃驚的時候又消失了，感覺像做了一場夢一樣，所以學習了解與觀察是非常重要的，需要慢慢去習慣接收那些不起眼的小事情，學習將觀察過程的人與物及彼此互動過程的那一剎那記錄下來（透過筆記、拍照等……），來保留住創意，不需要寫得鉅細靡遺或拍得清楚，只要重點帶到就可以了。

　　生活是一場拾荒遊戲，我們需要透過觀察來了解周遭生活中許多微妙的造型變化與其功能，可能是一個造型，可能是一個動作行為，也可能是一個印象深刻的故事，我們就必須學著當捕捉創意的人，將任何覺得新奇好玩的事物捕捉、記錄下來，雖然當下不會有任何幫助，但絕對會成為你在進行創意發想時最重要的資料。

　　以下透過已成形的產品設計與商品案例，包含文創商品、設計師作品案例……等，強調觀察力對於創意的影響有多重要，這些都是透過觀察生活上的事物與文化所產出的設計作品，請大家要仔細看以下的案例唷。

藉由案例，可以了解透過觀察所發掘到的創意設計

1. 日常生活的觀察與創意發掘

環境事物的觀察（紅磚赤瓦） 轉換成創意筆筒設計

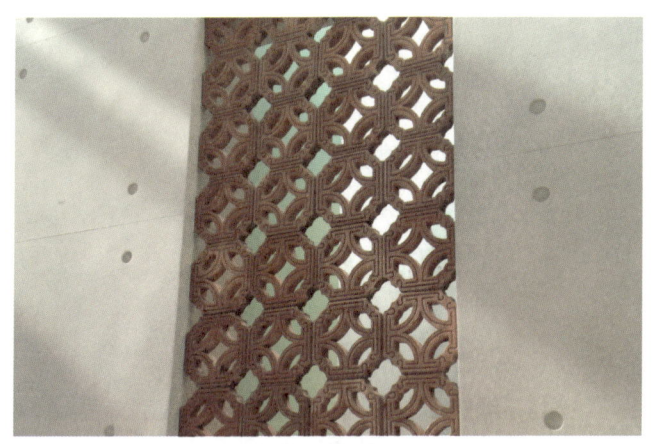

（圖，紅磚窗花，陳建志拍攝，2016）

（2014 台灣設計師週展，源自那年的時光 4——工廠展覽，葉守倫作品，2014）

　　紅磚赤瓦是台灣傳統建築的特色，透過觀察與特色運用，將富有歷史意義的紅磚赤瓦元素，搖身一變，轉換成窗花筆筒，成為書桌上最美麗的一道風景。

1. 日常生活的觀察與創意發掘

傳統產業的觀察（大鼓） 轉換成「盤鼓」兒童餐具設計

（圖，shutterstock）

（2014 台灣設計師週展，源自那年的時光 4——工廠展覽，張惠溢作品，2014）

　　還記得「陣頭」電影中陣陣充滿力與美的鼓聲，打動了人們的心，傳統社會中「作熱鬧」時，鼓是不可或缺的民俗樂器。如今，製鼓技藝已逐漸凋零，為了延續傳統對鼓的記憶，將鼓作為兒童生活用品的設計元素。盤鼓的設計不僅保留鼓的意象，也成了生活上實用的置物盤。小朋友在享受擊鼓的樂趣時，也在傳遞著每個節奏所帶來的文化意涵。

1. 日常生活的觀察與創意發掘

台灣文化意象的觀察（藍白拖鞋） 轉換成杯墊吊飾設計

（圖，藍白拖鞋，陳建志拍攝）

（2014 台灣設計師週展，源自那年的時光 4——工廠展覽，融答有限公司提供，2014）

　　穿上藍白拖鞋是許多人的成長記憶，具有台灣本土之意象。將此意象結合實用性及獨特性，設計成藍白拖鞋杯墊吊飾，可以當杯墊，也可以作為包包吊飾，無論放在辦公桌上或隨身攜帶都相當便利，情侶一起配戴也有雙雙對對、濃情蜜意之意，是一組實用性高，又充滿濃濃台灣味的文創商品。

1. 日常生活的觀察與創意發掘

故事情境的觀察（紅磚） ➡ 轉換成「磚薪」存錢筒設計

（圖，shutterstock）

（2014 台灣設計師週展，源自那年的時光 4——工廠展覽，葉政瑋作品，2014）

擁有一個「家」，是許多人的夢想；一座房子的完成，需要一磚一瓦，慢慢地構築。將磚塊意象重新詮釋轉換成「磚薪」存錢筒，運用一磚一瓦、一點一滴財富累積的概念，逐漸構築出屬於自己的家與夢想。

1. 日常生活的觀察與創意發掘

兒時的情境觀察（口哨糖） 轉換成 BB 糖心杯組設計

（圖，BB 糖，陳建志拍攝）

（2014 台灣設計師週展，源自那年的時光 4——工廠展覽，融答有限公司提供，2014）

　　還記得孩童時期用 BB 糖吹出笛聲追求喜歡女孩，以表達純真愛意的記憶嗎？將兒時情境轉換為 BB 糖心杯組的設計，心中那份純真、羞澀的愛也融化在糖心杯裡。BB 糖心杯組成 I ❤ U 的字樣，手持杯子時，杯子 I 朝向自己，U 朝向別人，隱喻「我愛你」的意思，將放在心裡的愛意，傳給身邊所愛的人。

1. 日常生活的觀察與創意發掘

傳統產業的觀察（鍋子） 轉換成「炊煙」皮革手提包設計

（圖，shutterstock）

（2014 台灣設計師週展，源自那年的時光 4——工廠展覽，陳永昌作品，2014）

　　傳統廚房「灶腳」所使用的大鐵鍋是家庭中不可或缺的重要廚具，從三餐都需要使用到的鍋子造型為發想，將懷舊傳統鍋子的圓弧線條保留，並延伸出實用性的「炊煙」皮革手提包。之所以刻意使用皮革作為媒材，是因為它可表現出鍋底老舊及修補過的痕跡；將鍋子的手把轉化為手提包的提把，則是為了讓過去的記憶得以重現為現代的皮包配件。

1. 日常生活的觀察與創意發掘

　　所謂「觀察力」，是指在生活當中學習「發掘問題」，而非眼前所看到的表面問題。透過觀察後，在自我內心形成一套辨識系統，用以解讀不同類別的個體，並在自我認知中，更深層地分別找出個體在同種類與不同種類間的差異性。同時，學習去分辨所發掘出來的問題，是否也會成為大家未來要共同面對的問題。因此，「觀察」的訓練必須注意以下幾個部分：

1. 以「人」為出發點
2. 相信自己的直覺
3. 丟掉既有的習慣
4. 保持客觀
5. 保持好奇心

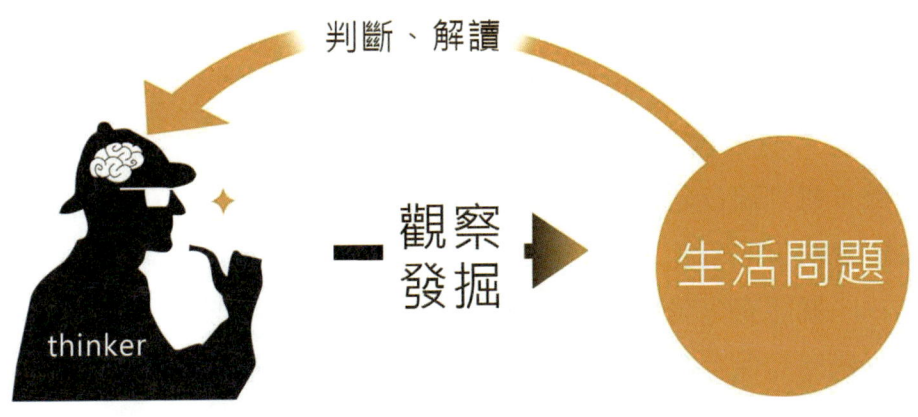

（圖，觀察力的培養-1，陳建志繪製，2015）

1. 日常生活的觀察與創意發掘

1. 以「人」為出發點：

　　站在使用者角度思考問題，從日常中潛在與實際的生活中發掘需求，尋求出更為切實的創意，或者針對舊設計提出改善方案。千萬不要忽略了設計始終來自以「人」為本的基礎，要時刻提醒自己要以「人」為本的設計省思。因為創意的使用對象是人，有男人、女人、孩童、高齡者以及行動不便者都是。

（圖，觀察力的培養-2，陳建志繪製，2015）

2. 相信自己的直覺：

　　人類習於慣性生活，因此不在我們慣性思維所接觸的陌生事物，就會特別引起我們的關注，而這樣的關注，往往是啟發敏銳直覺的契機。掌握契機，並訓練自己的關注力，配合隨手的筆記、拍照等方式，就能充分將稍縱即逝的直覺感受保存起來，作為創意的靈感來源。

（圖，觀察力的培養-3，陳建志繪製，2015）

1. 日常生活的觀察與創意發掘

3. 丟掉既有的習慣：

　　人的注意力非常有限，環境中與個人生活及工作任務無關的細節經常被忽略。除了相信直覺，還須訓練自己要有跳脫習以為常及約定俗成的觀念，像未曾習慣過一樣注意那些平時被忽略的細節。唯有這樣，才能發現平時存在的小問題。這些是需要慢慢去適應的，也就是要養成隨時注意生活周遭的習慣。慢慢地，那個突然性的靈機一動，一定能獲得你想要的創意，因為，創意是非常偶然的東西。

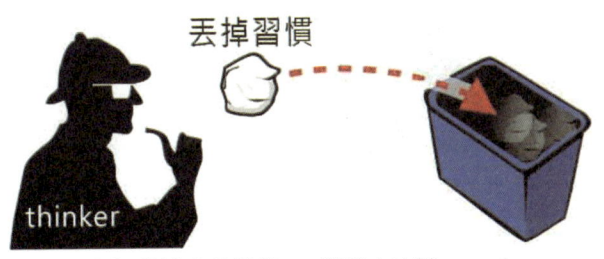

（圖，觀察力的培養-4，陳建志繪製，2015）

4. 保持客觀：

　　人在觀察任何事物時，總會下意識地作出許多猜測。例如，當你「覺得」看到什麼的時候，其實已經是一種猜測了。唯有保持客觀的態度，才可中性地將觀察到的現象表現出來，但這是需要經過一些訓練的過程，讓自己可分辨什麼是真實、什麼是推測。

（圖，觀察力的培養-5，陳建志繪製，2015）

1. 日常生活的觀察與創意發掘

5. 保持好奇心：

　　好奇心，往往可以引領你關注到別人所忽略的細節，而好的創意往往就開始於這個關鍵行為。一成不變的手段可能會讓你安心，但只能獲取慣性的結果，而好奇心卻不一樣，它將引領你發掘與探究出嶄新的方向。可多訓練自己關心那些平時從身邊溜過，也不會太注意的人、事、物。

（圖，觀察力的培養-4，陳建志繪製，2015）

　　所以，創意的養成，必須仰賴生活中那些很細微的人事物觀察，如：一個故事、文化、環境、記憶、習慣以及人對商品的使用方式，都可透過觀察與發掘，產生不一樣的創意。

（圖，觀察力的範圍，陳建志繪製，2015）

1. 日常生活的觀察與創意發掘

觀察力 + 獨創力 = 創意與創新：

　　培養從生活中觀察消費者的需求或須改善的問題，是創造創意商品不可或缺的部分。針對未滿足的需求所獨創出創意想法，其創新效益可讓人們的生活更豐富、更便利、更順暢。所以，結合觀察力與消費者需求，試著從生活中找出使用上須改善的問題，針對問題進行集思廣益的討論，進而激盪出解決問題的創意，即可將獨創力（創意）變成創新的暢銷商品。

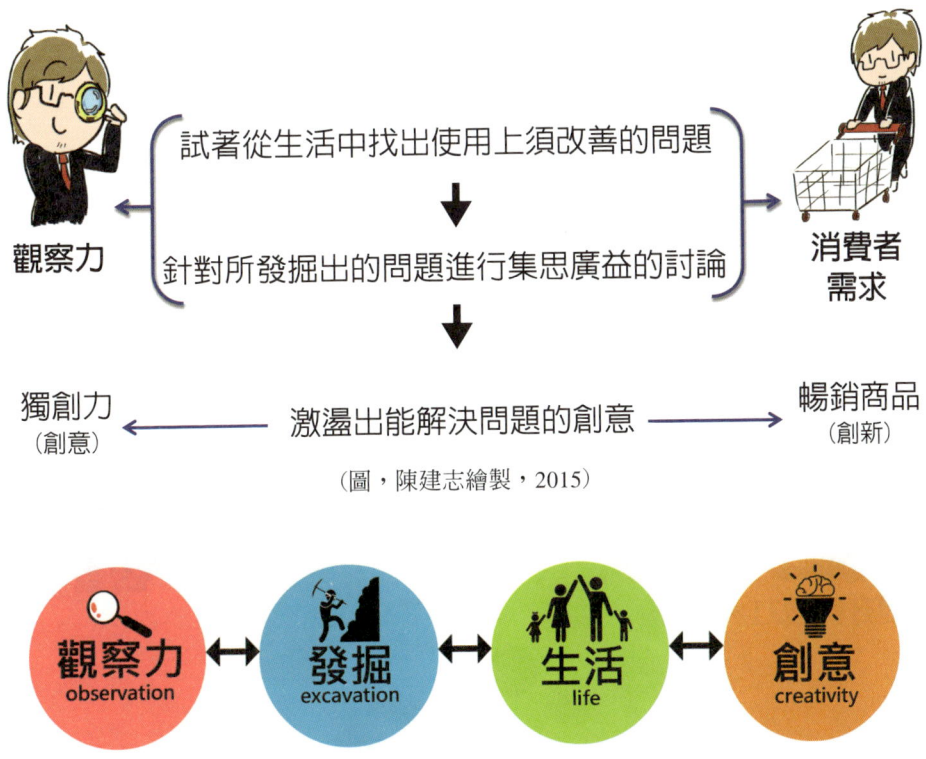

（圖，陳建志繪製，2015）

（圖，陳建志繪製，2015）

重點其實就是，透過觀察力，可以發掘出生活上能改善人們生活便利性的創意。

1. 日常生活的觀察與創意發掘

生活處處皆是創意的來源：

　　其實，生活隨處都充滿著創意，只是平常沒有人會特別去注意罷了。只要用心去觀察與發掘，透過生活周遭食衣住行育樂等面向之觀察，從文化、情境、或是人與人之間的互動去發掘問題。因此，生活處處皆是創意的來源，要讓生活更好，不能只是依循舊思維，勢必要打破習慣、突破框架、多思考與發掘問題，以轉換成無窮的創意，並透過創意來解決更多生活上的潛在問題，提高生活品質，使人們的生活可以更加便利、多采多姿。這不是件容易的事，但相信藉由本書的引導與練習，可醞釀、養成讀者的創意能量。

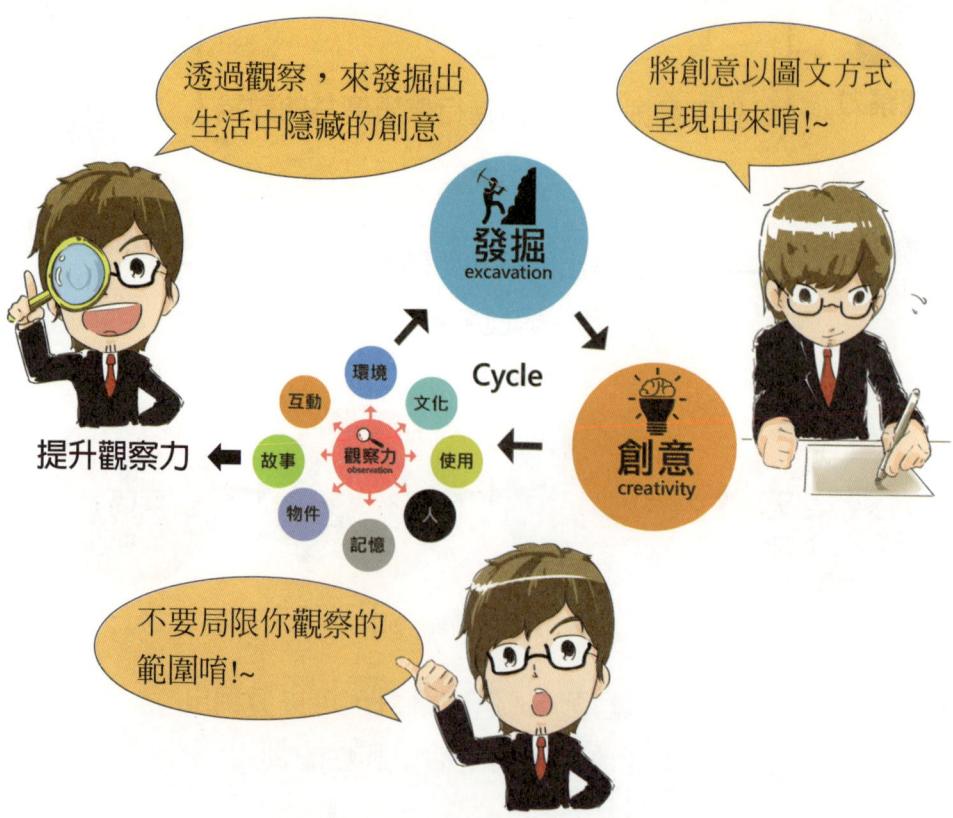

（圖，透過觀察力來發掘出創意，陳建志繪製，2015）

1. 日常生活的觀察與創意發掘

單元繪畫 1-1

透過練習，試著就你所看到的東西找出特色，並且繪製在下圖。

當你看到啄木鳥　　你會聯想成什麼造型商品呢？以圖畫方式呈現。

（圖，shutterstock）

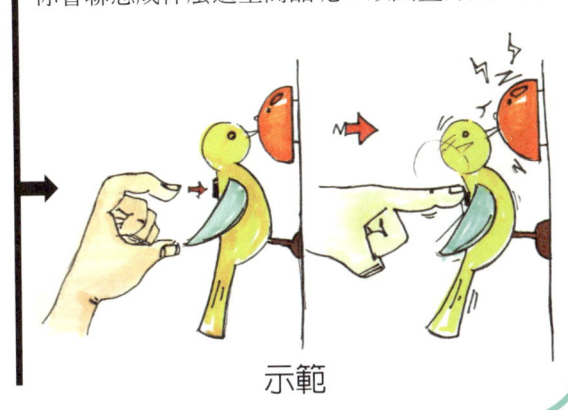
示範

當你看到啄木鳥　　你會聯想成什麼造型商品呢？以圖畫方式呈現。

（圖，shutterstock）

記得唷~突破框架，留心生活觀察，想畫什麼都可以！

1. 日常生活的觀察與創意發掘

單元繪畫 1-2

透過練習，試著就你所看到的東西找出特色，並且繪製在下圖。

當你看到長頸鹿　　　　你會聯想成什麼造型商品呢？以圖畫方式呈現。

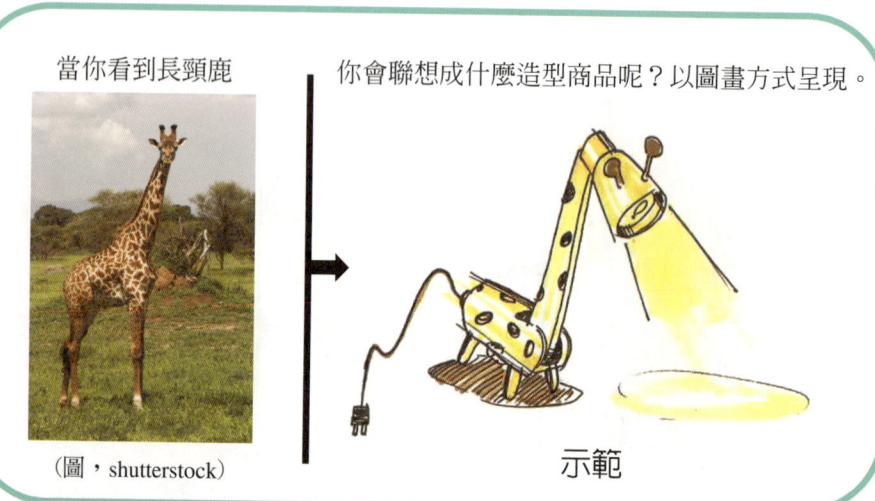

（圖，shutterstock）

示範

當你看到長頸鹿　　　　你會聯想成什麼造型商品呢？以圖畫方式呈現。

（圖，shutterstock）

記得唷~突破框架，留心生活觀察，想畫什麼都可以！

28

1. 日常生活的觀察與創意發掘

單元繪畫 1-3

試著就你所看到的東西找出特色，並且繪製在下圖。

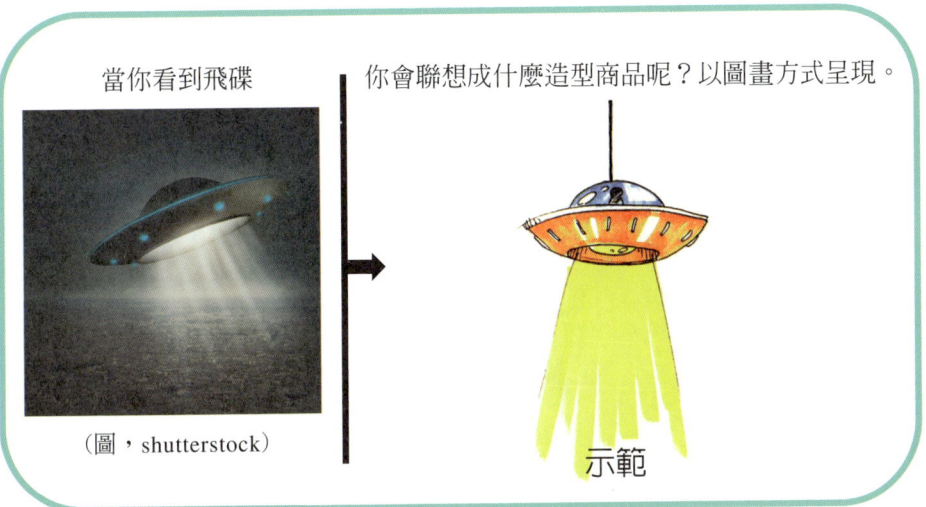

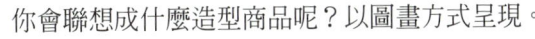

（圖，shutterstock）

記得唷~突破框架，留心生活觀察，想畫什麼都可以！

1. 日常生活的觀察與創意發掘

2. 何謂創意與創新及創意思考法簡介

創意與創新：

　　創意，可以是最生活化、最親近人的創新結果。其實周遭環境到處充滿了改善人們生活的創意，有很多人無時無刻都在發掘創意，只是沒注意到其中的價值。所以，如同書名所揭示，「人人都可以是設計師」，只要能發掘解決生活問題的新穎點子，就是所謂的創意！這個能力人人皆有，因為每個人的右腦都主管創意發想，在獲得創意前必須定下心來，好好找出自己發掘創意的方法。創意不等於創新，但創意絕對是執行創新前最重要的過程，除此之外，你必須知道你創新的方向？是科技創新、服務創新或是文化創新呢？我認為任何一個成功的創新，一定會結合很多不同的創新想法，絕不可能只有單一創新。好的創意須在現有技術與資源下可被執行，且滿足客戶潛在需求又具備商業價值，這樣才能叫作創新。但前提是，必須先有獨創見解及以解決人們生活問題的創意為優先喔！

（創意、創見、創新圓心圖，陳建志繪製，2015）

2. 何謂創意與創新及創意思考法簡介

創意與創新的分別：

分別	創意	創新
本質	天馬行空、無局限的	可執行、可以使用的
目的	發掘、觀察	可討論的、可測試
外在的認知	不需學習、天生習慣	可帶來商業效應的
定義	新發現、新發掘	如何去應用
操作	腦力激盪法+水平垂直法	行銷、市場分析
結果目標	創意沒好沒壞，愈瘋狂愈好，不局限	可不可以被執行

透過上述圖表可以得知，創意跟創新不一樣，兩組卻又是密不可分，舉例來說，吃飯得先有米，之後再有電鍋，就可以煮飯了，但米的部分，一定非得用白米不可嗎？有創意的烹調者，可以運用各種天馬行空的食材，來改變電鍋只能炊白米的想法，這部分就是創意，但有創意的食材變化組合，還是得透過插電的電鍋去炊煮，才能將美味的食材，變成一道色香味俱全的電鍋美食，這就是創新落實在日常生活的例子，我相信大家應該就很容易分辨出創意及創新的分別了吧。

2. 何謂創意與創新及創意思考法簡介

偉大的創意都來自敏銳的觀察：

　　若說生活中處處皆有創意也不為過，只是平常人沒發掘出來罷了，要用心觀察，潛藏的創意就會靈光乍現。因為，創意是沒辦法事先預測的。透過細心觀察與聯想，即便在做其他事情的時候，都有可能在意想不到的狀態下發現新創意。牛頓不正是意外被掉下的蘋果砸到頭，才提出著名的「萬有引力」的理論！說真的，被熟透了的蘋果砸到頭的機率並不少，但若非牛頓是個用心觀察的人，哪能發掘出萬有引力的理論呢？

（圖，shutterstock）

　　另外一位也是透過生活上不經意的觀察，發掘出影響整個工業革命的重要人物——瓦特。早期動力仰賴獸力、人力、水力或風力，直到瓦特偶然看到水壺的水燒開了，蒸汽不斷地向上冒而掀動著壺蓋，因而受到啟發，發明蒸汽機，開啟歐洲的工業革命。嶄新動力帶動機械化生產，產品邁向標準化、規格化，大大的影響歐洲各國，使得當時的英國擁有工業強國的美稱。

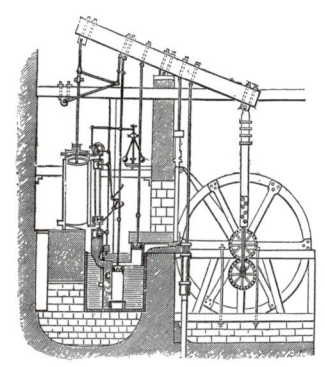

（圖，shutterstock）

2. 何謂創意與創新及創意思考法簡介

　　至於 1903 年發明了世界上第一架飛機的萊特兄弟，他倆從小就對機械和飛行懷有濃厚的興趣，除了觀察鳥群飛翔時的肌肉特徵外，也研究風箏的飛行方式。經過不斷的測試與試飛，終於在 1903 年完成了第一架飛機──飛行者 1 號。但萊特兄弟並非相關領域出身的專家，父親在他們小時候帶回一個類似中竹蜻蜓的直升機模型玩具，兄弟倆被這小東西迷住，不小心弄壞以後還試著自己仿製了一個，就此產生了他們對飛行的濃厚興趣，開始進行一連串飛機飛行的實驗。

（圖，shutterstock）

　　最後一位，是所有兒童們心目中的卡通之父──華德‧迪士尼，他曾說過：一切都是從一隻老鼠開始的！這是迪士尼樂園創辦人從發現一隻老鼠開始，最後創造出全世界兒童的卡通明星──米老鼠。緣由是有一天華德搭火車長途旅行，在旅行中發現一隻老鼠跑來跑去，華德觀察後覺得有趣，甚至還餵他吃東西，透過這個機緣，隨手畫了幾張各種不同動作表情的老鼠，回家後拿給太太看，連怕老鼠的太太都說老鼠好可愛，於是就創造全世界最受歡迎的卡通明星──米老鼠。

（圖，shutterstock）

2. 何謂創意與創新及創意思考法簡介

(圖,創意與創新的關聯性,陳建志繪製,2015)

　　以上介紹的偉大發明家及偉人,共通性就是觀察力與好奇心,更重要的是,它們都有突破框架的思維,這種創意思維除了與生俱來的天賦外,其實也可以透過訓練來學習。千萬不要死背書中的理論,重點是要吸收書本知識後再自我思考,配合記錄與觀察,先求產生出創意,再慢慢發掘出創新的結果。也就是說,創意如果是假設提出(生活上的不便),創新就是經由正確的推論過程後,所得到的正確答案(解決方案)。

從日常生活中汲取創意,破除慣性思維的限制:

　　所以,偉大的創意都來自於生活之中,其實到處都充滿著創意的源頭,只看你會不會抓住你的創意、把握機會。傳統以考試引導教學的填鴨式教育,在標準答案的規範下,學生被動的養成從有限選項中找尋答案的技巧,卻無法主動的發揮創造能力,形成慣性之後,流暢力、獨創力、變通力等技巧,也隨著逐漸低落,尋回創意的契機或許可以由日常生活著手。

2. 何謂創意與創新及創意思考法簡介

時時刻刻關注生活上的一切人、事、物：

敏銳的對生活周遭予以觀察，並隨手記錄，對於新技術、新產品與新出現的種種事物，都保持著好奇與探究的精神，發掘新的觀察角度，並注意使用上的便利與否，你會發現，唯有認真關注周遭事物，提升創意思考能力，才能讓生活更便利。

提升創意的五種能力：

想在生活中發掘創意，就必須培養以下五種思考能力。

（巫石吉，2009，從全腦模式談創意思考潛能開發，台灣，
http://www.hwsh.ylc.edu.tw/executive/guide1/95creativity/5.htm，2016.05 繪製引用）

創意力的培養，需要靠多學習及多思考唷!~

2. 何謂創意與創新及創意思考法簡介

1. 敏覺力（Sensitivity）：

敏覺力也就是對問題或事物的敏感度，是指一個人對事物的觀察很敏銳，具有發現事情重點，以及找尋問題的能力。例如：遇到問題時，能很快發掘出問題的關鍵，但這要慢慢訓練，必須養成時時觀察的習慣，來抓住那個一閃即逝的創意。不妨從衣、食、住、行、育、樂等小處著手，從生活中提高敏覺力，深入其中發掘問題，並試著思考如何透過創意來改善，提高生活品質。

2. 流暢力（Fluency）：

流暢力是指思考上的順暢，用最少的時間，盡量發揮最大的創意可能。例如：某人在討論問題時能提出許多看法，或對他人之意見產生許多不同的看法及建議，也就是能夠延伸想法，尤其是透過腦力激盪法發想創意時，就很需要擴散式延伸想法，建議能隨身攜帶創意思考用的工具（筆記本、相機等），隨時隨地記下突然發現的好創意。

3. 變通力（Flexibility）：

主要訓練交叉思考的能力，來觸類旁通並提出各種不同的意見，針對腦力激盪法激發創意時，往往需要交叉結合各種不同的想法（水平思考），看看能否激盪出不同的創意組合。

2. 何謂創意與創新及創意思考法簡介

4. 獨創力（Originality）：

　　尋找不同的觀察角度，發掘別人忽略的小地方，並嘗試慣性之外的種種可能性，即能產生意想不到的新奇創意能力。與別人創意愈不一樣，優勢就愈清楚，獨創力就愈高。說實在，如果找不到創意的獨特優勢及差異，再好的點子也只是跟別人重複而已。

5. 精進力（Elaboration）：

　　好創意絕對不是隨時出現，也不是想了個好創意，就讓你馬上創業賺大錢。你必須更專精分析新創意的各個面向，例如技術、市場、造型接受度等，透過檢驗與修正，才能逐漸邁向創新這條路。而剛開始接觸設計，去談創意，也不需要給自己這麼大壓力，建議可先從以下三點做起：

1. 修正創意，解決發掘到的潛在問題，努力測試到最好。
2. 聚焦創意觀念或看法，並且考慮周詳完整。
3. 將簡單的概念或事物發展地更多元，使其創意想法能夠完美，以及有效解決人們的問題。

這五種思考能力非常重要~要吸收進去唷~！

2. 何謂創意與創新及創意思考法簡介

創意與創新：

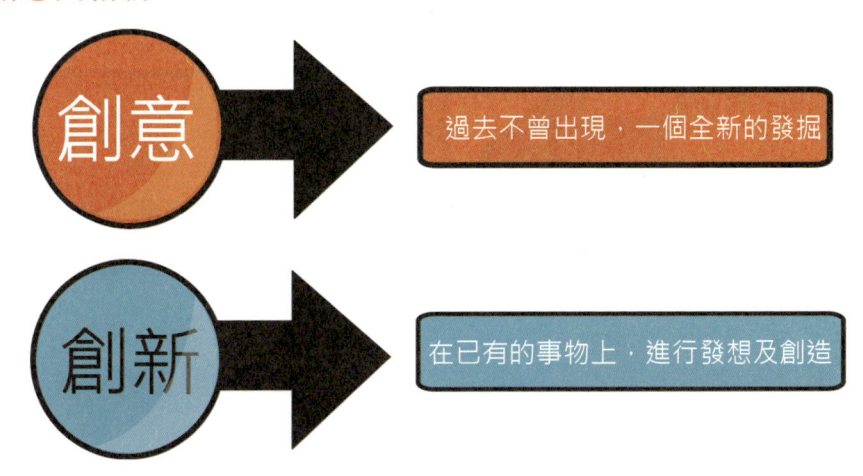

創意 ➡ 過去不曾出現，一個全新的發掘

創新 ➡ 在已有的事物上，進行發想及創造

在生活上，無論發明或發現，一開始都是來自於創意的思考過程，這種由疑問、觀察以及不受限制的天馬行空想像後所產生的大量創意，經過深入分析了解其學問、技術、操作、科學及行銷等方面，就可以慢慢接近到創新了。

所以一開始的創意階段，其實是最沒有壓力、最生活化的思考過程，為什麼呢？因為可以隨時隨地的在生活周遭中發掘到創意，但就像之前介紹的名人一樣，你必須擁有非常好奇的心，跟養成時時觀察的好習慣，才能發掘出一個全新的創意點。

但創新就有點不一樣了，會比較嚴肅一點，它不是一步登天，它是一個需要耐心的漫長討論，它不會像創意一樣，靈感一來，就可源源不絕，它是要透過一步步的了解各個條件限制、需求、技術及對使用者的掌握，是必須靠眾人跨領域、跨專長的合作，才能向創新的結果邁進。

2. 何謂創意與創新及創意思考法簡介

我們來談談創意的重點吧！

創意 ➡ 過去不曾有，全新的發想點子透過創意的設計想法，將其作品呈現出來，雖然較無可行性但其創意想法值得讚許及鼓勵

1. 創意的產生不受空間與時間限制，也不受問題或需求的限制及事物類型的影響，愈能跳脫框架的想像愈好。

2. 別擔心自己是否具備專業創意技術，因為每個人都有能力觀察出生活上潛在的問題。

3. 創意不是空想或白日夢，往往是經過潛意識長時間蓄積下的靈機一動。

4. 創意產生可因外部刺激（聽到、看到）或環境影響（感受到）而更加清晰，所以觀察非常重要，必須運用全身的感官去細心體會，並且記錄下來。

> 創意能力的養成與發掘是很重要的唷~

2. 何謂創意與創新及創意思考法簡介

為了讓大家更進一步了解,以下介紹幾個透過問題觀察而產生的精彩創意設計。

第一個作品介紹:

名稱:Clear 筆記本

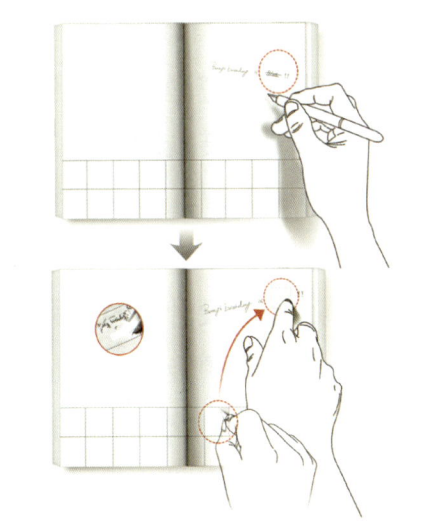

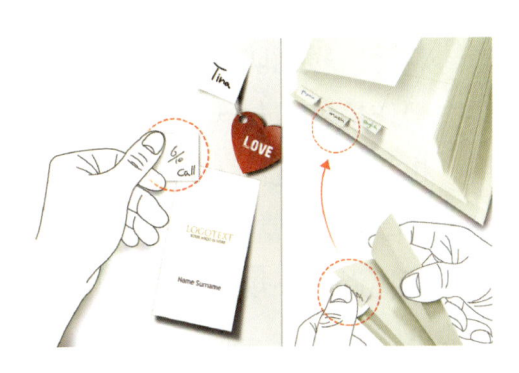

將既有的筆記本商品加上空白貼紙,這些貼紙既是修正液、便利貼,也可以是書籤貼紙。以貼紙取代修正液,不僅能有效提高環保效應,且降低地球上的汙染。白色貼紙也可以當作書籤用,或是留言記事用,簡單一個小設計讓筆記本擁有多種功能,也不會增加地球及健康上的負擔。

(圖,Clear 筆記本,陳建志提供,2010)

2. 何謂創意與創新及創意思考法簡介

第二個作品介紹：
名稱：夜空（Star light）──包裝即是燈罩──吊燈設計孔洞也是美感造型的一部分。

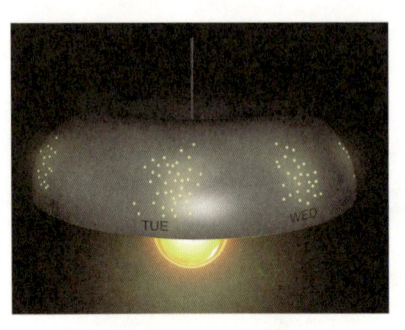

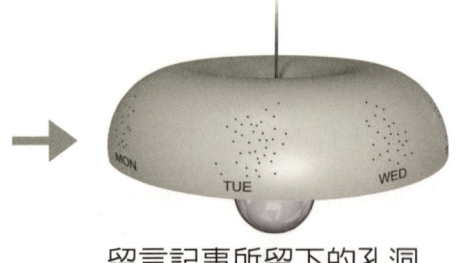

留言記事所留下的孔洞

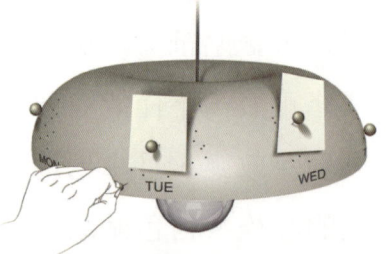

可插大頭針留言記事

大家都買過燈泡球吧！你們會怎麼處理包裝盒呢？通常都直接丟掉吧？這類包裝盒雖然不環保，但為了保護燈泡球卻又不得不如此設計。若你觀察到這類生活問題後，或許就因此啟動了創意動機。如果將燈泡的盒子變成燈罩，就可以降低盒子丟棄過度浪費的問題。若運用緩衝防撞的發泡材質去製作燈球包材，既可再利用，也可保護燈泡，且燈罩扎上大頭針還可當作留言記事本，而扎過的不規則孔洞，也變成美感裝飾的一部分。

（圖，Star light，陳建志提供，2011）

2. 何謂創意與創新及創意思考法簡介

第三個作品介紹：

名稱：灶腳裡的北歐時尚
（酒瓶式座椅設計）

不知道大家有沒經歷過柑仔店的時代呢？小時候為了賺零用錢，都會幫媽媽搬裝米酒瓶的箱子去柑仔店換零用錢，還可以順便買零嘴。但整箱的空酒瓶其實挺重的，搬到一半時，總習慣偷懶坐在酒瓶上休息片刻。

藉由這個取材自兒時生活經驗的元素，將平凡無奇的黃色酒瓶箱，設計成色彩繽紛的兒童座椅，從酒瓶箱，變成兒童座椅。反差極大的破壞式創新設計，也都是透過觀察發掘出來的創意概念。

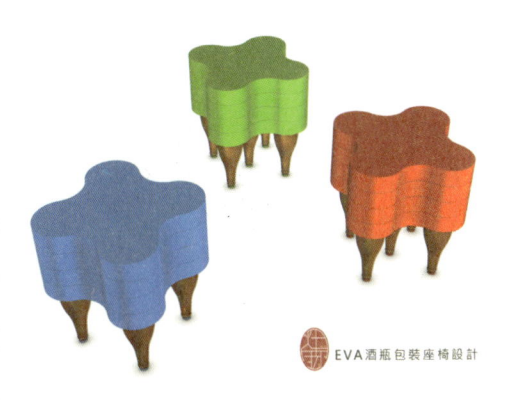

（圖，shutterstock）

（圖，酒瓶座椅設計，融答有限公司提供，2013）

2. 何謂創意與創新及創意思考法簡介

了解了創意，接著我們來看看創新的重點及案例吧！

創新 ➡ 在既有的資源及事物上，重新整合及設計，將其執行至可產生一個新的產品或商品。

　　下列的作品介紹，主要是要說明什麼是創新。創新是既有的事物或技術，加上新的創意，使它變得更好、更有利潤。把原來的創意要素（包括技術、科學、專業知識等）重新組合，改變產品功能，以滿足市場需求，從而創造其附加價值。換言之，就是要突破教育方式的框架，透過跨領域的結合，將各專業領域的建議運用在你們的創意中，讓創意想法變得更具體可行。

　　記住，創意跟創新，絕對不是只靠設計人才，還要適時搭配機械、行銷、科學等跨領域的知識，讓創意不再局限於執行而已，更能站在巨人的肩膀上大幅改善生活上的不便。

> 現在是個跨領域結合的時代，而不再是單打獨鬥的時代了。

2. 何謂創意與創新及創意思考法簡介

　　以下要介紹的三組作品都有了不錯的創意當基礎，但創新不只有漂亮的外觀圖而已，還必須有其他相關技術互相搭配，才能相輔相成。

第一個作品介紹：

名稱：摔不破的桌燈（設計＋傳產發泡材質特性技術）

　　1. 設計創意階段（桌燈──發想、草圖繪製）

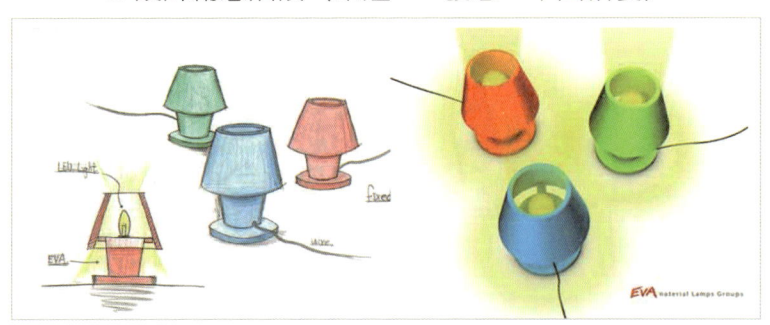

　　2. 傳產產業技術測試、討論（透過傳產技術運用並協助其轉型）

　　3. 傳產材質運用於創新研發產品階段（創意設計＋傳產技術）

（圖，摔不破的桌燈，融答有限公司提供，2013）

2. 何謂創意與創新及創意思考法簡介

第二個作品介紹：

名稱：居家寵物手機座設計（設計＋傳產發泡材質特性技術）

　　運用傳產發泡材質技術，設計桌上的可愛造型手機座，除了當手機座使用外，同時也是桌上可愛的療癒小寵物。

1. 設計創意階段（寵物造型手機座——發想、草圖繪製）

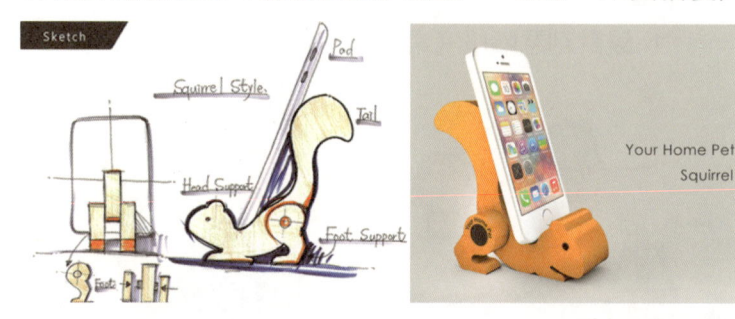

2. 傳產產業技術測試、討論（透過傳產技術運用並協助其轉型）

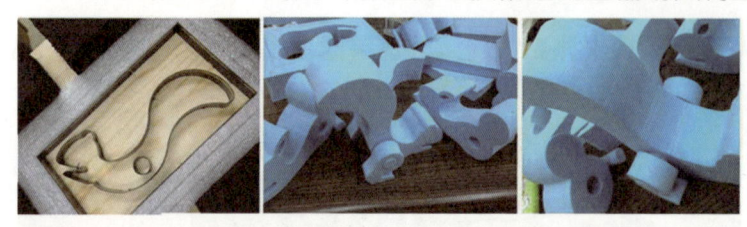

3. 傳產材質運用於創新研發產品階段（創意設計＋傳產技術）

（圖，居家寵物手機座設計，融答有限公司提供，2013）

2. 何謂創意與創新及創意思考法簡介

第三個作品介紹：

名稱：防撞毛巾架設計（設計＋傳產發泡材質特性技術）

　　大家有沒有觀察到，居家環境最容易摔傷的地點，就是浴室，尤其現在邁入高齡化社會，老人家在浴室更是容易摔傷，常常不小心撞到毛巾架。此創意透過材質柔軟的發泡材質，不斷測試適合浴室毛巾架的軟硬度，最後透過創意思考想出了不佔空間，且不易撞到的創新毛巾架設計。

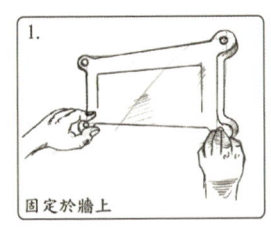

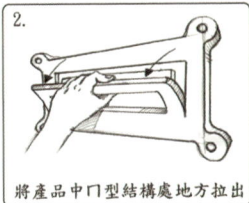

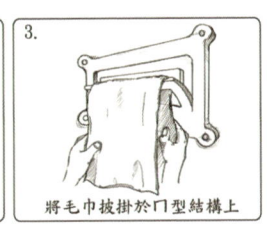

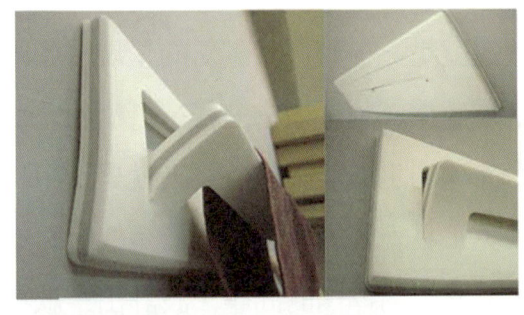

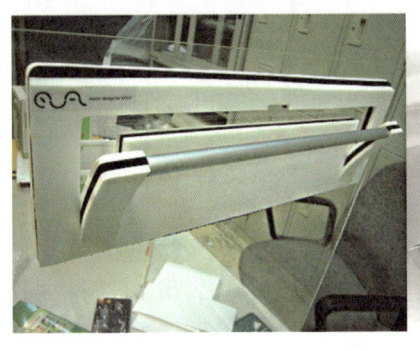

（圖，防撞毛巾架設計，融答有限公司提供，2013）

2. 何謂創意與創新及創意思考法簡介

創意的發掘　＋　創新的執行　＝　破壞式創新
（生活上的問題）　（如何解決問題）

透過材質特性應用　＋　與市面上設計產生差異　＋　以人為出發點

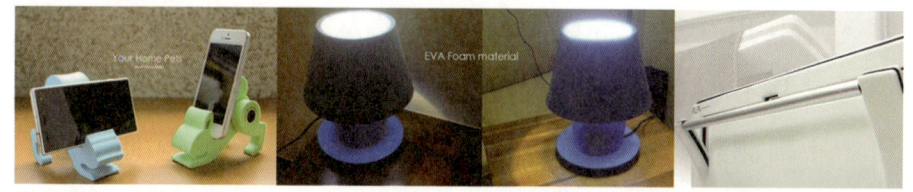

手機座＋桌上公仔　　摔不壞的桌燈設計　　　　防撞＋毛巾架

（圖，您的居家寵物＋摔不破的桌燈＋防撞毛巾架設計，融答有限公司提供，2013）

　　創新就是運用現有的傳統產業材料或技術，搭配設計師的創意巧思，設計成以人為出發點的創新商品。將傳統產業工廠的發泡材技術運用於生活，不僅協助傳統產業轉型，更是技術創新及商業模式創新的好範例，這就是一種破壞式創新的呈現。如同前述提及的寵物手機座，既是手機座也是寵物公仔，可療癒繁忙的上班族外，也突破原本冷冰冰的手機座設計；再來就是活用材質特性，設計成摔不破、且免工具安裝的桌燈；最後是改變原本毛巾架的結構及材質，針對浴室容易摔傷的問題，設計出一款撞到也不會痛，且可收納的毛巾架。這些不都是源自生活發掘出來的問題？細心觀察周遭生活環境，就是創意的開始，接著去思考該如何對症下藥，提出跨領域的解決方案，就是創新的開始。而創新的最終目標就是解決人們生活上的問題，讓商品及服務使用起來可以更加便利、更好操作，這也算是破壞式創新的一種，因為你的創意，可以讓使用者生活更加簡單。

2. 何謂創意與創新及創意思考法簡介

什麼是破壞式創新（Disruptive innovation）？

破壞式創新大師——克雷頓・克里斯汀生（Clayton M. Christensen）曾說過，破壞式創新的主要重點在於創新不是創造更好的產品給既有的客戶，而是破壞既有的市場，來推出更簡單、方便及便宜的產品，來服務市場另一端的新客戶。

而克雷頓・克里斯汀生也表示，創新可以分成兩種類型，一種是維持性創新，另一種就是新市場及低價市場的破壞。

維持性創新 ← 創新 → 破壞式創新
　　　　　　　　　　　　→ 新市場的破壞
　　　　　　　　　　　　→ 低價市場的破壞

既有產品市場的掌握者，為了保持產品持續性的銷售，將產品品質與價位提高所做的創新改變。

什麼是維持性創新？舉例來說，智慧型手機就是一個維持性創新的最佳範例，品質好、高單價為主要特色，但智慧型手機其實也是破壞式創新的例子。怎麼說呢？在還沒有智慧型手機之前，大家還是很仰賴筆電，但智慧型手機出現後，改變了原本的使用方式。

Notebook → 破壞式創新（讓產品更便利）→ Smart Phone

（圖檔，陳建志提供，2015）

2. 何謂創意與創新及創意思考法簡介

現在，人手一支智慧型手機，成為產品市場的既有掌舵者，為了持續銷售，往往以不斷提高新的功能，同時也會調整產品價位來因應市場，比如手機市場中較火紅蘋果公司所推出的各代 iPhone 手機，就是以這樣的策略，不斷的推出價格與性能均引人關注的新產品，這就是維持性創新的一個例子。但是對非「果粉」而言，iPhone 太貴了，就是會有人希望新手機功能少一些、價格低一些。所以「很好用」的產品，走高品質路線，雖服務了金字塔頂端的客人，但金字塔底端的市場說不定更大。該端有「感覺服務過好的」顧客以及「尚未消費的」顧客，這便是「破壞式創新」的機會，因為開始關注那些潛在的需求了。

賈伯斯曾說過：如果我們能洞悉消費者的需求、感覺和動機，就可以生產出他們想要的東西（Steve Jobs on Apple I, 1976）。克里斯汀生也曾提出，最重要的是「了解消費者需要完成什麼工作」，唯有觀察消費者內心的心理機制與知覺，觀察使用者不均衡的感受所衍生出來的生活需求，針對不方便的需求去改變及破壞原有的市場，以吸引需求未被滿足的現在客戶。

發掘出差異性=破壞式創新的開始唷~！

2. 何謂創意與創新及創意思考法簡介

破壞式創新

用心去觀察客戶潛在的需求，幫消費者解決了問題，而讓產品更好用、更便利。

創新 創意

發掘生活上不便的問題之後，將現有的資源及事物，重新整合成可執行的產品。

共通點

（圖，破壞式創新與創意與創新-1，陳建志提供，2015）

　　透過觀察，發掘並解決生活上的問題，來達到生活上的更便利、更好用。

　　透過生活上細微的觀察與發掘，運用我們的創意改善它，不管是科技創新、服務創新或是文化創新，只要可以讓人們更便利、更快樂的使用，提供了不同的貢獻，即是達到破壞式創新。

　　所以，本書談的破壞式創新，不像其他商業書藉由企業經營等面向談起，筆者希望以人為出發點，透過觀察與發掘，來滿足消費者的潛在需求。

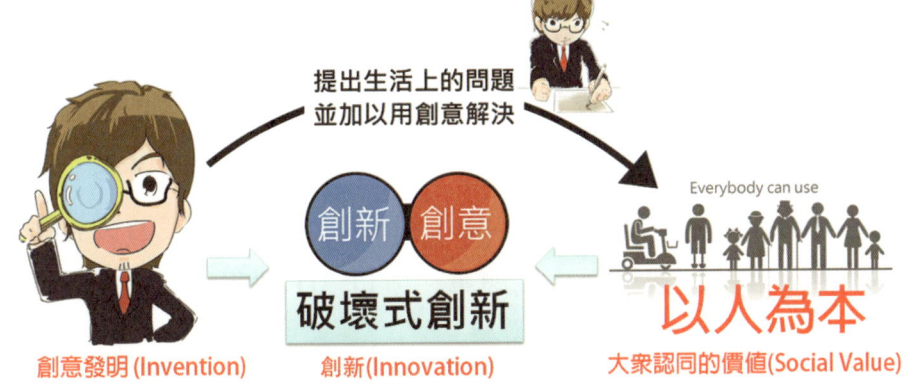

提出生活上的問題並加以用創意解決

創意發明(Invention) → 創新 創意 破壞式創新 ← 大眾認同的價值(Social Value)
　　　　　　　　　　　創新(Innovation)　　　　　 以人為本
　　　　　　　　　　　　　　　　　　　　　　　　Everybody can use

（圖，破壞式創新與創意與創新-2，陳建志繪製提供，2015）

2. 何謂創意與創新及創意思考法簡介

破壞式創新分兩種：

低價市場的破壞式創新：
衝擊原有產品的低價市場，也就是更便宜，針對處於高階市場而不需要商品完全功能的顧客，像是平價智慧型手機，功能一樣，雖沒品牌加持，但也一樣可以用，而且更便宜。

新市場的破壞式創新：
還沒有人服務過的市場，尚未消費的新客戶，針對想滿足之前未被滿足需求的潛在客戶，像百元剪髮。

(圖，低價市場的破壞式創新與新市場的破壞式創新，陳建志提供，2015)

所謂破壞式創新，破壞的是該產品的原有市場，以開發新客群的角度為主，思考如何生產更為簡易與便宜的創新商品，而非僅著力於新產品開發。藉由破壞舊有的市場，開發出尚未發掘的新商機。

舉一個最簡單易懂的例子就是3D列印，只要按下一個「列印」鈕，3D列印技術就能縮短產品從設計到製造之間的距離，可以由工廠製造業轉向個人化生產，自己當設計師，進一步走向個性化、社群化的募資模式，跟群眾對話、讓消費者參與製造，商品販售變得更為簡單。所以3D列印可稱之為第四次工業革命的開始也不為過。

2. 何謂創意與創新及創意思考法簡介

破壞式創新的案例：

　　本書在介紹創新時，不是用大企業的故事及歷史，與其看長篇大論，不如直接看案例圖式，因為創意不是用背的，是要用敏銳的觀察及嗅覺，去發掘出市場需求及商機，且持續驗證市場客戶的需求。以下透過簡單的案例，讓大家知道何謂破壞式創新。

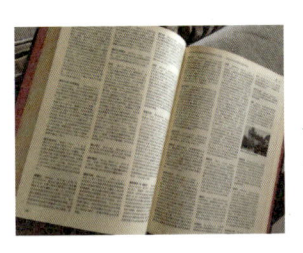

（圖，百科全書，陳健志拍攝，2016）

百科全書開始變成一種居家裝飾而已，人們查資料開始重於網路服務，讓紙本版正式走入歷史。

（圖，shutterstock）

透過網路及行動裝置搜尋，即可搜尋到想要的資料（維基百科）。

　　以前，找資料文獻時，都會去翻百科全書，但網路世界的崛起，現在大家都用網路去找資料，不但快速，而且上網查資料也不用花錢。我想現在應該很少人在拿百科全書查資料了吧？而常用的維基百科就是一個破壞式創新的例子。

2. 何謂創意與創新及創意思考法簡介

（傳統地圖，陳建志拍攝，2016）

（Smart map，陳建志拍攝，2016）

已經愈來愈少人在買一大張的紙本地圖了，而且很難找出自己的所在地。

透過網路及行動裝置搜尋，即可很快的搜尋到想要的路線或地標。

自從大家人手一台智慧型手機後，手機內的行動裝置搜尋，讓人已經忘了那一大張既不方便又難找的地圖，透過一支可上網的智慧型手機，就可以透過網路地圖幫你找路，同時即時定位，既安全、又方便、又好操作。

（圖，模型加工，周采葳拍攝，2016）

（圖，ATOM2.0，陳建志拍攝，2015）

以前，要製作一個創意模型，必須要去工廠加工製作，要用工廠的加工設備來修改，耗時間又耗體力。現在，個人化的時代來臨，透過一台 3D 列印機，就可以輕鬆製作屬於自己的商品，可即時透過社群募資來與民眾討論，成為一種社群製造業，不但省時，也省下很多製作費。

2. 何謂創意與創新及創意思考法簡介

（圖，刮牛油，陳建志拍攝，2016）

奶油硬梆梆的，很難順利挖出來，不然就是刮得亂七八糟。

破壞式創新

（圖，奇想奶油刀，陳建志拍攝，2016）

以人體本身恆溫的特性，透過手指與刀器的接觸傳達溫度，即可輕易的完成冰塊與冷凍奶油融切動作的產品。

相較於一般的奶油刀，奇想奶油刀使用高導熱金屬，迅速將手的溫度傳遞到刀尖，可輕鬆融化冰凍的奶油，十分容易塗抹取用，它也可以用來切開冰塊。

（圖，shutterstock）

傳統吸塵器需要透過人力控制與操作且需要插電源線，操作不便。

破壞式創新

（圖，shutterstock）

在機械人發明之後，透過 Roomba 吸塵器的創新設計，幫助改變你我的生活。

透過機械人吸塵器的自動化清潔，就不用滿頭大汗的打掃，既累又浪費時間，這也是一個的破壞式創新。

2. 何謂創意與創新及創意思考法簡介

百元剪髮也是一種「低價破壞」的發明。同樣是剪髮服務，有些人不需要以往完整的剪髮功能，他們不需要設計與造型，可是卻被迫接受全套的傳統剪髮服務，於是百元剪髮出現了，提供給這些不需要全套服務的顧客一種簡單修剪的選擇，既便宜、又便利。

（圖，百元剪髮，陳建志拍攝，2016）

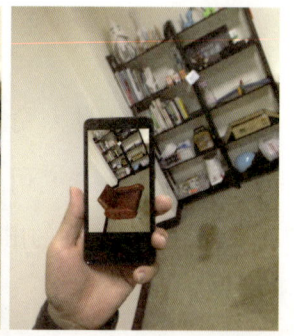

AR 擴增實境 + 智慧型裝置（手機、平板）
（圖，擴增實境操作，陳建志拍攝，2016）

透過實品與自家空間的結合，有效的告訴消費者，這家具很適合他家中的裝潢，可以節省很多時間。

IKEA 屹立全球四十年，以「解決客戶的問題」組織企業活動，設計時尚實用的家具、規劃賣場的動線與擺設，就是相當成功的例子，除此之外，透過 AR（擴增實境）技術的虛擬合成，搭配手機 QR Code，讓消費者評估要買的家具是否適合居家空間，非常省時又方便。IKEA 的成功案例既是新市場的破壞，也是低價市場的破壞，這也是 IKEA 至今依然成功的一種行銷手法。

2. 何謂創意與創新及創意思考法簡介

破壞式創新手法案例——科技創新：

（圖，科技創新，陳建志提供，2015）

　　科技創新是指創造和應用新知識、技術、創意，並採用新的使用方式和經營管理模式，開發生產新產品，提供嶄新的使用服務。上圖的示意圖即為一個改變我們生活的案例，以往靠一台電腦或筆電提醒你該注意處理的事情，但現在，電腦本質不變，變的是透過科技技術，將原本電腦可做的事情轉變成靠穿戴式技術來完成，我們不再需要帶著笨重的電腦。透過新科技的運用，例如隨身攜帶的智慧型手機，等於將電腦放進口袋隨處可用，甚至智慧型手錶、手環，或是眼鏡，都具備記錄身體狀況和全球定位的功能。透過科技技術的創新與便利，改變人們的使用方式，就是科技創新。

2. 何謂創意與創新及創意思考法簡介

破壞式創新手法案例──文化創新：

（圖，shutterstock） 　　　　　　（圖，近在咫尺、BB糖心杯組、台客精神拖鞋造型杯墊組，融答有限公司提供，2016）

　　近二三十年來，台灣在地的文化產業在世界各地可是相當的蓬勃發展，例如在地的客家文化、原住民文化，以及台灣盛產的竹藝文化，都讓國內外觀光客大為驚豔。但如果不知道怎麼推廣，這些台灣文創產業也將面臨瓶頸，所以勢必要創新改變。

　　而文化創新主要是如何運用新思維，將舊有的文化、技藝及故事，透過創新來展示，可以是產品、服裝，或是影劇或觀光事業，透過上圖所示，將舊有的文化及技藝，透過創意重新包裝呈現，讓更多人了解在地文創之美，讓台灣文化藉由創新達到傳承及延續。

2. 何謂創意與創新及創意思考法簡介

破壞式創新手法案例──服務創新：

（圖，shutterstock）

（照片，陳建志拍攝，2016）　　（照片，國立高雄第一科技大學，陳建志拍攝，2015）

　　服務創新是指透過新的設想創造新服務，或是改善以往的服務模式。此類創新主要通過非物質的方式，增加有形的服務，提高加價的經濟活動。例如國立高雄第一科技大學所標榜的創業型大學，就是顛覆以往填鴨式教學，透過翻轉教學方式引導學生創新思維，進一步媒合跨領域團隊輔導創業。校內創夢工場提供優質的實作與討論空間，培養學生職場的創意能量。愛心鐵馬是另一項服務創新的表現，以往穿梭在東西兩校區需耗費許多時間，現在可騎乘校園愛心鐵馬，不僅提高效率，又能彰顯環保價值，也是以服務為主的破壞式創新的好案例。

2. 何謂創意與創新及創意思考法簡介

創意思考法的運用介紹：

　　前面所提及的科技、服務及文化創新，都必須先發掘出創意。之前的創意課程中曾有學生反應：「老師！我不是設計系的，也不會畫圖，我該怎麼進行創意呢？」，我們會跟學生說：「我不是要你圖畫的好，要的是你的創意好」。其實，重點不在於圖畫的美，而是有沒有透過小組的創意思考法來討論過程及發想，找出生活上潛在的小問題。只要有思考的能力，任何人都可以產生創意。我們的大腦分左、右腦，左腦掌管邏輯性，右腦掌管感性，很多人會說：「我邏輯好，所以左腦發達」，也有人說：「我愛畫圖，所以右腦發達。」其實在進行創意思考法時，經常是得左、右腦並用才行唷。

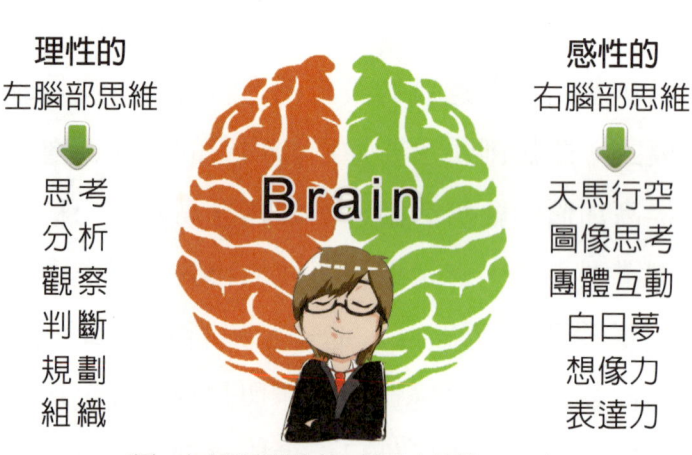

理性的
左腦部思維
⬇
思考
分析
觀察
判斷
規劃
組織

感性的
右腦部思維
⬇
天馬行空
圖像思考
團體互動
白日夢
想像力
表達力

（圖，左右腦思維比較，陳建志繪製，2016）

創意，必須透過思考組織，以及圖像構成，才能讓人看得懂你的創意唷!~

2. 何謂創意與創新及創意思考法簡介

左右腦創意思考微笑曲線：

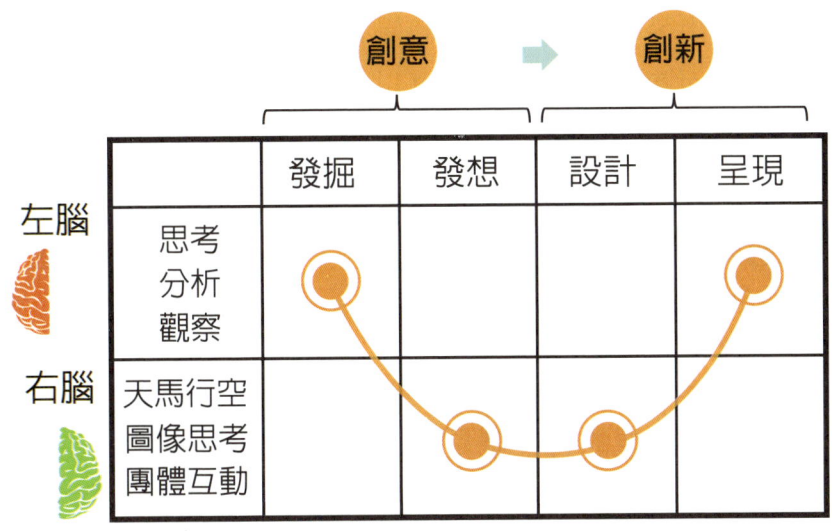

	發掘	發想	設計	呈現
左腦 思考 分析 觀察	●			●
右腦 天馬行空 圖像思考 團體互動		●	●	

創意 → 創新

（微笑曲線圖，陳建志整理，2015）

　　創意在左右腦的分工非常重要，有些人的思考法偏重圖像記憶，較有天馬行空的浪漫天真想法，比較不會去作邏輯式的處理；也有些人思考分析較為縝密，較沒有什麼圖像概念跟瘋狂的想像。也就是因為這樣，才更應該把這兩種類型的人結合在一起，共同去發掘創意。如上圖所示，一開始的準備期，就必須非常認真去思考，整合生活上真實存在的潛在問題，但在執行的醞釀期，就應該天馬行空的將生活式的問題做多方嘗試及組合，而進行到豁朗期時，就要將天馬行空的組合創意，做微觀的篩選，看哪些創意真的是大家生活上的問題。到最後驗證期就開始要去思考市場、使用者行為、成本及如何行銷等驗證行為，如果上述都有按部就班地透澈執行，我們所期待一個好創意就可以慢慢的邁向創新階段。

2. 何謂創意與創新及創意思考法簡介

　　所以，好的創意絕對不是一個人或是同樣類型的人組在一起就想的出來，必須跨領域的媒合，以截長補短的方式去激發創意。而跨領域媒合後，可以運用創意思考法來帶著小組以流程方式去進行，針對新團隊跟跨領域的媒合團隊是非常重要的，我們會介紹幾個企業常用的創意思考法給大家認識，透過簡單的圖文方式去介紹，讓大家不需去閱讀長篇大論，也可很快了解幾個常用的創意思考法運作。

水平思考法（Lateral Thinking）：

　　水平思考主要的特性就是毫無拘束、天馬行空地自由聯想。不去談有沒有邏輯，只要聯想到就好，不要問為什麼會想到這個或那個，也不用問想到的點子好不好。所謂「自由發想」就像是暫時鬆開韁繩的一匹野馬，試著讓想法像馬一般在草原上自由地奔跑。水平思考的重點在於「想像力」，而不是「判斷力」。在水平思考的過程中即便是判斷，也是非常快速與簡單的判斷，不需要太過於慎重或仔細去分辨，這是水平思考的一個重要性。

針對主題，沒有限制的橫向擴散增加想像力

Idea ← Idea ← Idea → Idea → Idea

（水平思考圖，陳建志整理，2015）

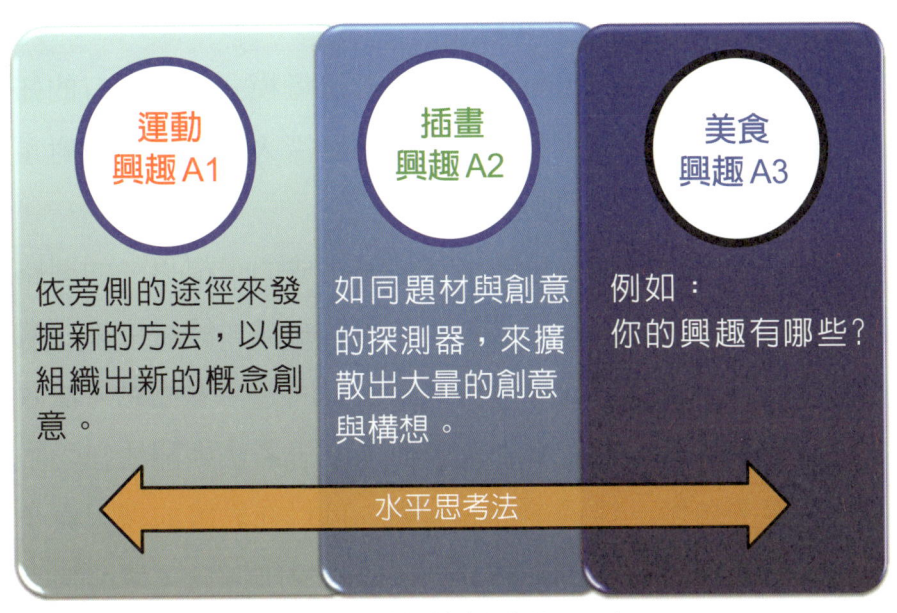

2. 何謂創意與創新及創意思考法簡介

運動興趣 A1	插畫興趣 A2	美食興趣 A3
依旁側的途徑來發掘新的方法，以便組織出新的概念創意。	如同題材與創意的探測器，來擴散出大量的創意與構想。	例如：你的興趣有哪些？

↔ 水平思考法 ↔

（水平思考圖，陳建志整理，2015）

　　針對相同的主題，產生不同的想法交互激盪，如上圖範例，主題可以是你的興趣，它可以是插畫，可以是運動，也可以是美食，之後可任意抽取一樣概念，然後試著將它套入我們正在考慮的問題，看看能否組合發展出什麼關係（跳躍性思考），例如上圖的美食加運動的跳躍式組合，可以變成現在很夯的運動主題餐廳，或是插畫加美食的跳躍式組合，也或者透過目前最夯的 3D Printing 將插畫變成一組蛋糕，既美觀又好吃，這就是水平思考的跳躍式組合。

透過水平思考法可以生成新創意與新方法。

2. 何謂創意與創新及創意思考法簡介

垂直思考法（Vertical thinking）：

　　垂直思考是我們用來深入探討的思考模式，以既有的知識系統與經驗為基礎，利用垂直並層層深入釐清，可以對預設的問題，做更為深入與細緻的探究。

　　水平思考法與垂直思考法是相輔相成的，但思考的理路卻並不相同，它講求的是盡量避免既有知識與經驗帶來的慣性思維，強調發掘新的思考面向來面對問題。垂直思考法關注的是思維的單向性層層深入，而水平思考法則關注在思維的新穎與多角度，透過二者的互動，可以在思維的深入與多樣性，形成較為完整的發展，以專一的思維方向，層層向下深挖，而無須對該方向之外的事物特別關注，也因這樣，會具有較多的創新可能性。

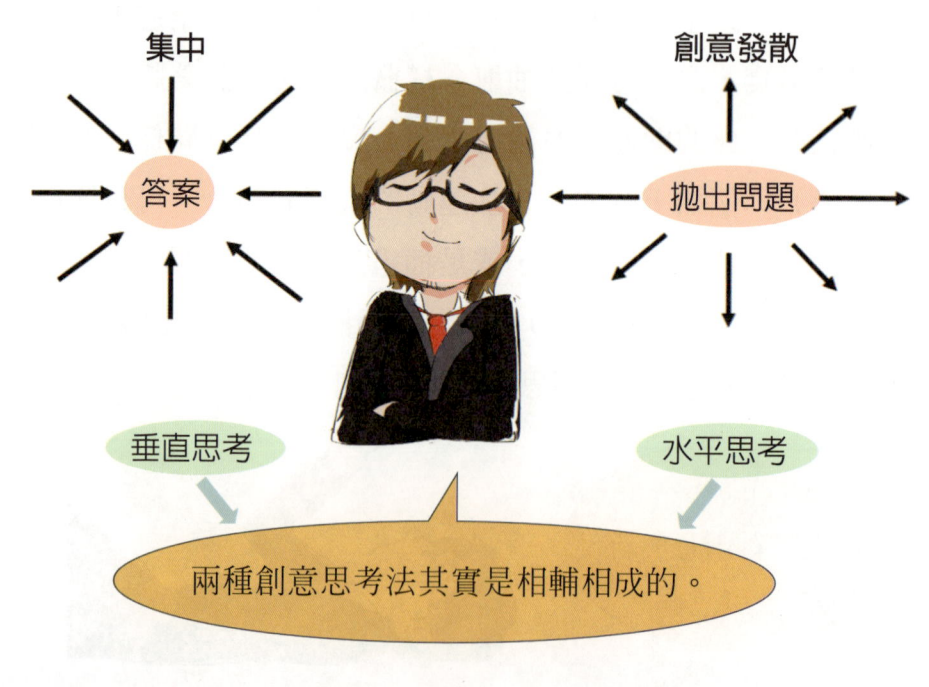

集中　　　　　創意發散
答案　　　　　拋出問題
垂直思考　　　水平思考

兩種創意思考法其實是相輔相成的。

2. 何謂創意與創新及創意思考法簡介

> 以專一的思維方向，層層向下深挖，而無須對該方向之外的事物付出關注。

> 集中目標，專心一致的向下開挖，則思考自然就會層層深入

> 注意思考主題的範圍，並以「適合的深度」來規範垂直思考，切勿毫無限制且無意義的過度開挖。

（圖，垂直思考，陳建志整理，2015）

　　所以，垂直思考法比較偏向邏輯思考的發想，如同上圖所示，以單一的思維路線，進行往上或往下開挖式的思考，就像挖地工人一樣，搭配著主題目標一直不斷的向下鑽探。換言之，垂直思考法關注的是思維的單向性層層深入，而水平思考法則關注在思維的新穎與多角度。垂直思考跟水平思考就像是我們的大腦一樣，左腦為循序邏輯性，所以較偏向垂直思考，右腦較偏向隨機的圖像性，所以較偏向於水平思考。

> 一個好的創意，勢必要理性與感性並存，才能達到平衡唷!~

2. 何謂創意與創新及創意思考法簡介

水平思考法＋垂直思考法的運用介紹：

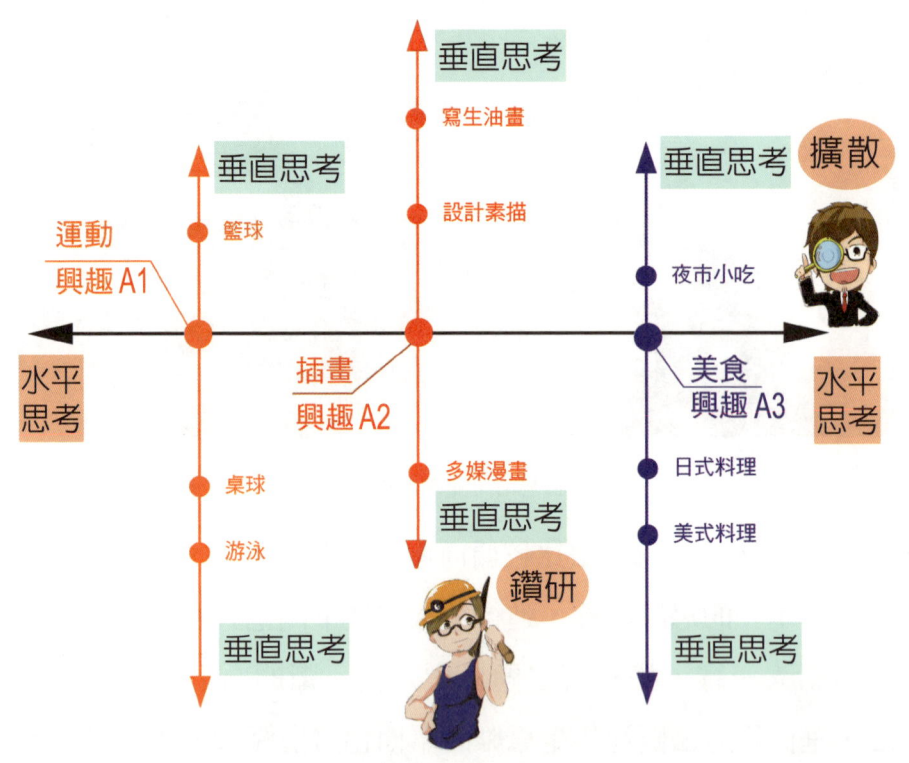

```
              垂直思考
                ↑
         寫生油畫
   垂直思考        設計素描        垂直思考    擴散
    籃球                                夜市小吃
運動
興趣A1     ●         ●          ●      美食     水平
←─────────────────────────────────────→ 興趣A3   思考
水平                插畫
思考              興趣A2                 日式料理
    桌球        多媒漫畫              美式料理
    游泳       垂直思考
   垂直思考      鑽研              垂直思考
                ↓
```

（水平思考＋垂直思考圖，陳建志整理，2015）

　　透過水平思考法可以生成新創意與新方法，提供更多的創意選擇，擴展垂直思考的單一面向；而垂直思考則可以深入發掘水平思考多樣的創意，二者可說是相輔相成的。

1. 垂直思考可以深入問題，而水平思考可以擴展思考面向。
2. 垂直思考可以在單一面向上深入淺出，而水平思考則具備天馬行空的多樣性。
3. 垂直思考具備深層分析問題的可能性，而水平思考則因思考面的廣度而產生更多的創意可能性。
4. 垂直思考偏於理性思維，水平思考則偏於感性的觸動。

2. 何謂創意與創新及創意思考法簡介

水平思考法 + 垂直思考法實際案例介紹-1（可背式椅子）

　　此案例主要透過一個明確主題──興趣，一開始先使用水平思考（橫向），從一種觀念聯想出與此相似、相關的事物，例如興趣有很多種，有運動、看電影、露營等等。以露營主題為例，進一步思考露營需要什麼？從中發掘了椅子跟背包（除了椅子跟背包，露營會用到的東西非常多，只是發想者針對這兩種物件練習），最後將垂直思維的部分改以橫向思考，創意方案從單維發展到多維，而具有較多的創新可能性，最後就透過椅子跟背包聯想到可背式椅子。

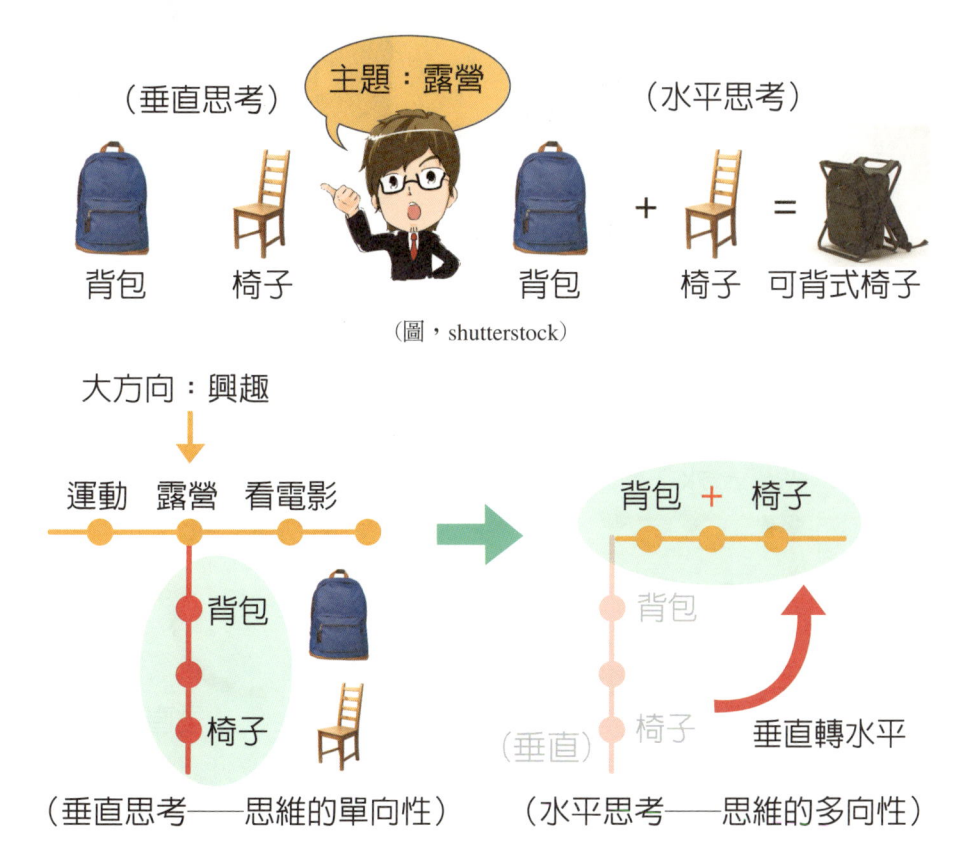

（垂直思考）　主題：露營　（水平思考）

背包　椅子　　　　　　背包 ＋ 椅子 ＝ 可背式椅子

（圖，shutterstock）

大方向：興趣

運動　露營　看電影　　　　　背包 ＋ 椅子

背包

椅子　　　　　　　　　　　　　　　垂直轉水平

（垂直思考──思維的單向性）　（水平思考──思維的多向性）

67

2. 何謂創意與創新及創意思考法簡介

水平思考法 + 垂直思考法實際案例介紹-2（燈泡蠟燭）

　　此案例的原理就跟上述介紹的可背式椅子一樣，先從垂直思考法培養思維的單向性，輔以水平思考法拓展思維的多向性，最終得到結合燈泡與蠟燭的創新產品。透過兩個案例分享後，相信大家更懂得如何活用垂直思考以及水平思考了吧，記得多花時間做練習，才會懂得活用。

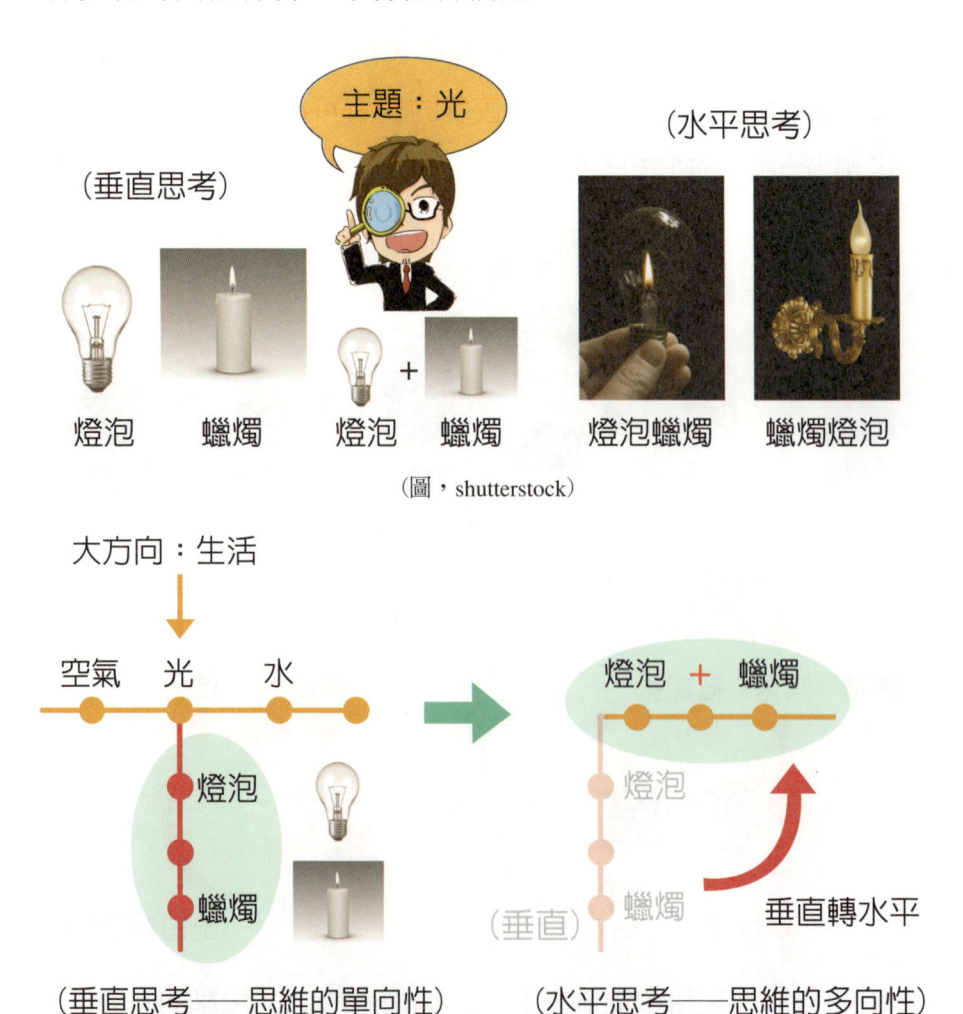

主題：光

（垂直思考）　　　　　　　　（水平思考）

燈泡　蠟燭　　燈泡 + 蠟燭　　燈泡蠟燭　蠟燭燈泡

（圖，shutterstock）

大方向：生活

空氣　光　水　　　　　　　燈泡 + 蠟燭

燈泡　　　　　　　　　　　燈泡

蠟燭　　　　　　　　　　　蠟燭

　　　　　　　　　　（垂直）　　　垂直轉水平

（垂直思考──思維的單向性）　（水平思考──思維的多向性）

2. 何謂創意與創新及創意思考法簡介

腦力激盪法（Brainstorming）：

一群人在短暫時間內獲得大量構想的方法。就好像人人比賽當創意點子王，動腦力、比創意構想的產量，想出大量且與眾不同的創意，較適合來自不同領域的創意團隊。

腦力激盪法的原則：

1. 大家的創意想法愈多愈好。
2. 禁止彼此批評，阻礙想法發展。
3. 自由創意發想，不受局限。
4. 從各種不同觀點及角色來看問題。
5. 整合與想法的改進。

（創意思考圖，陳建志整理，2015）

　　腦力激盪團隊以 5~8 人分組為佳，地點最好是空曠的室內。小組成員透過創意思考板及便利貼的運用，捕捉靈感，快速記錄下來。先清楚說明要討論的目標，成員們在短時間內寫下自己的想法，然後將各種想法分類歸納。腦力激盪主要是鼓勵學員們想出更多點子，以量求質，逐步選出最好點子。

（創意思考討論過程圖，陳建志整理，2015）

2. 何謂創意與創新及創意思考法簡介

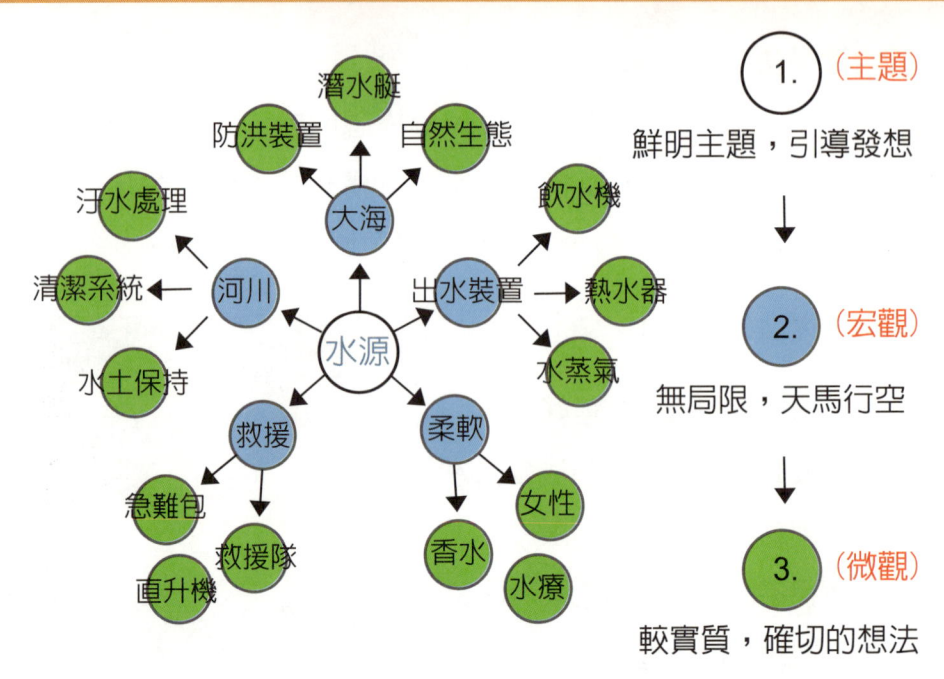

```
                    潛水艇
              防洪裝置    自然生態              1.  （主題）
      汙水處理                    飲水機        鮮明主題，引導發想
                    大海
      清潔系統 ← 河川     出水裝置 → 熱水器
                    水源                      2.  （宏觀）
          水土保持              水蒸氣          無局限，天馬行空
              救援      柔軟
          急難包              女性
                  救援隊  香水                 3.  （微觀）
              直升機        水療               較實質，確切的想法
```

（創意思考圖，陳建志整理，2015）

　　一般在實施腦力激盪法時，一定會先有個明確的主題（指的是白色區域），在第一階段發想時，先以宏觀的方式天馬行空想像，宏觀的意思就是不設限答案，什麼樣的想法都可提出（指的是藍色區域），之後強調各方面的微觀想法（指的是綠色區域），幫助小組成員釐清創意的輪廓，依此規劃具體可行的方案。此思考法較適合跨領域團隊，透過不同專業的碰撞，給予刺激及想法。

　　隨著時代的轉變，人們慢慢發現自己的設限導致創意難產，於是腦力激盪法的嘗試在創意性課程中具備極佳的引導性，設計與討論得當，具備打破慣性思維迷障的特點，而且可以多角度的針對問題進行思辨。

2. 何謂創意與創新及創意思考法簡介

六頂帽子思考法（Six Thinking Hats）：

　　六頂思考帽是 1980 年代初期 Edward De Bono 推出的思維方法，屬於一種思維型的訓練模式，可以在思維過程中避免因為立場不同，將時間浪費在爭端之中，而取代以六個不同面向的思考架構，依此架構方式進行各角度的思維。就像我們一般進行思考，總會因為顧及的層面不同、立場各異，產生許多的無端矛盾，因而影響判斷的時機與抉擇。採取六頂帽子思考法，可以基於對預設立場的理解，逐次專心一致考慮問題的不同面向。針對同一問題，分別象徵性的戴上白色、紅色、黃色、黑色、綠色、藍色六種不同色彩的帽子，同時變換思考的角度，進行多樣角度的思考。通過這樣類似角色扮演方式的思考，可以盡量避免因為主觀產生的思維盲點，完成較為全面的認知。

W	R	Y	K	G	B
事實、客觀	直覺、感受	樂觀、正面	悲觀、負面	希望、未來	組織、展望

（六頂帽子思考圖，陳建志提供，2015）

　　利用六頂不同顏色帽子來扮演六個不同思考者的角色，幫助戴上不同帽子的同學能全心全意的進入角色，無所顧慮地由六個面向去探討及發言。

2. 何謂創意與創新及創意思考法簡介

什麼是六頂帽子思考法呢？

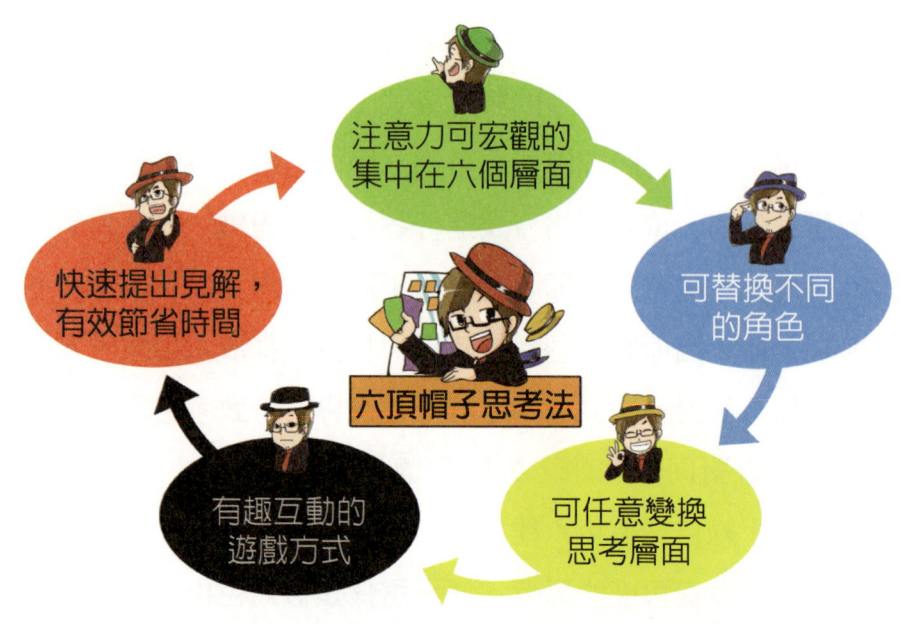

（圖，六頂帽子思考法的好處，陳建志提供，2016）

　　六頂帽子思考法是透過大家的力量，用最快的方式來節省討論的時間，且透過角色的替換，讓人可以提出更加客觀的見解，在沒有壓力之下，提出自己對於主題的直覺感受，來給予更多元的評論，對於那種長時間開會，且會議時又常有人各執一詞，在無法達成共識的情形下，往往造成時間的冗長。

　　所以透過六頂帽子思考法，我們可以簡化思考，一次只做一件事情，並且讓思考者自由變換思考型態，有了此系統，團隊就很容易地進入相同的思考範圍內，以及有效地提出相關的重點，並且綜合之前所介紹的垂直思考法及水平思考法的創意發想，這樣針對創新提案的歸納整合就有很大的幫助。

2. 何謂創意與創新及創意思考法簡介

該如何運用六頂帽子思考法呢？

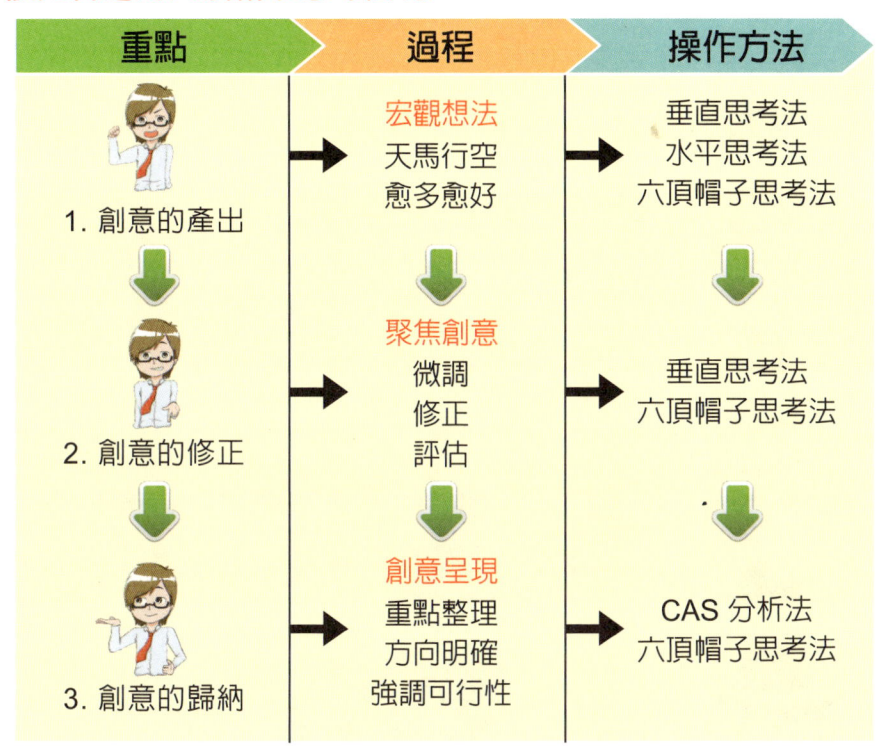

重點	過程	操作方法
1. 創意的產出	宏觀想法 天馬行空 愈多愈好	垂直思考法 水平思考法 六頂帽子思考法
2. 創意的修正	聚焦創意 微調 修正 評估	垂直思考法 六頂帽子思考法
3. 創意的歸納	創意呈現 重點整理 方向明確 強調可行性	CAS 分析法 六頂帽子思考法

（圖，六頂帽子思考法運用流程，陳建志提供，2016）

　　創意思考法其實是可以相輔相成的，前面所介紹的垂直思考法及水平思考法，強調的是創意的發想及發掘，若在其中加上六頂帽子思考法的各式帽子的情境模擬，即能輔助創意的發掘。到了創意修正階段，則可運用垂直思考法來更加聚焦解決方式，並同時搭配六頂帽子思考法來輔助創意的聚焦及修正。最後創意的歸納，也可以搭配著運用 CAS 分析法，來讓此創意更明確。所以，六頂帽子思考法若能跟前面所介紹的思考法相互運用得當，則創意的價值也就會愈明確。

2. 何謂創意與創新及創意思考法簡介

1 事實、客觀
設法提出中立客觀的事實，不提出意見及詮釋方法。

2 直覺、感受
代表情緒上的直覺與感受，允許成員將自己的感覺放進來，不需要道歉、解釋。

3 樂觀、正面
具有建設性與啟發性，可做出具體的建議與提案，且關心如何使事情成功。

4 悲觀、負面
注重負面評估，指出一切錯誤的地方。

5 希望、未來
強調對於事情的希望及聯想，可藉此尋找各種可能性與假設。

6 組織、展望
代表思考過程的組織及掌握，來提出最後結論與最後決定。

（圖，六頂帽子思考法說明整理，陳建志繪製提供，2015）

2. 何謂創意與創新及創意思考法簡介

單元遊戲 2-1

之前已經介紹過創意思考法的種類跟運用方式，大家應該對思考法有相當的認識了。接下來我們透過下列情境圖的遭遇，請大家幫忙圖中的情侶想辦法解決問題吧，透過玩的方式，來讓大家更能了解思考法的運用。

你有帶鑰匙出門嗎？

有啦！

1.

好像忘記將鑰匙放進包包裡了！

怎麼辦？

2.

哈哈~放心，我們一起分組來幫這對小情侶想想看，在沒帶鑰匙的狀況下還可以用什麼方法進家門囉！

（情境圖，陳建志、林家駿繪製整理，2015）

2. 何謂創意與創新及創意思考法簡介

我們來幫忙想想，提出五種忘記帶鑰匙的解決方式吧！可以天馬行空一點，想想如果沒有鑰匙，該如何進家門呢？

1.
2.
3.
4.
5.

忘記帶鑰匙出門，那該怎們進家門呢？

（創意思考圖，陳建志整理，2015）

此方法有沒有跟之前的單元似曾相識呢？沒錯，就是腦力激盪法不設限的創意發想，而發想主題就是當你沒帶鑰匙出門，有哪五種創意發想可以順利進家門。

透過大家集思廣益，來幫忙想想看有什麼方法囉！

2. 何謂創意與創新及創意思考法簡介

單元遊戲 2-2

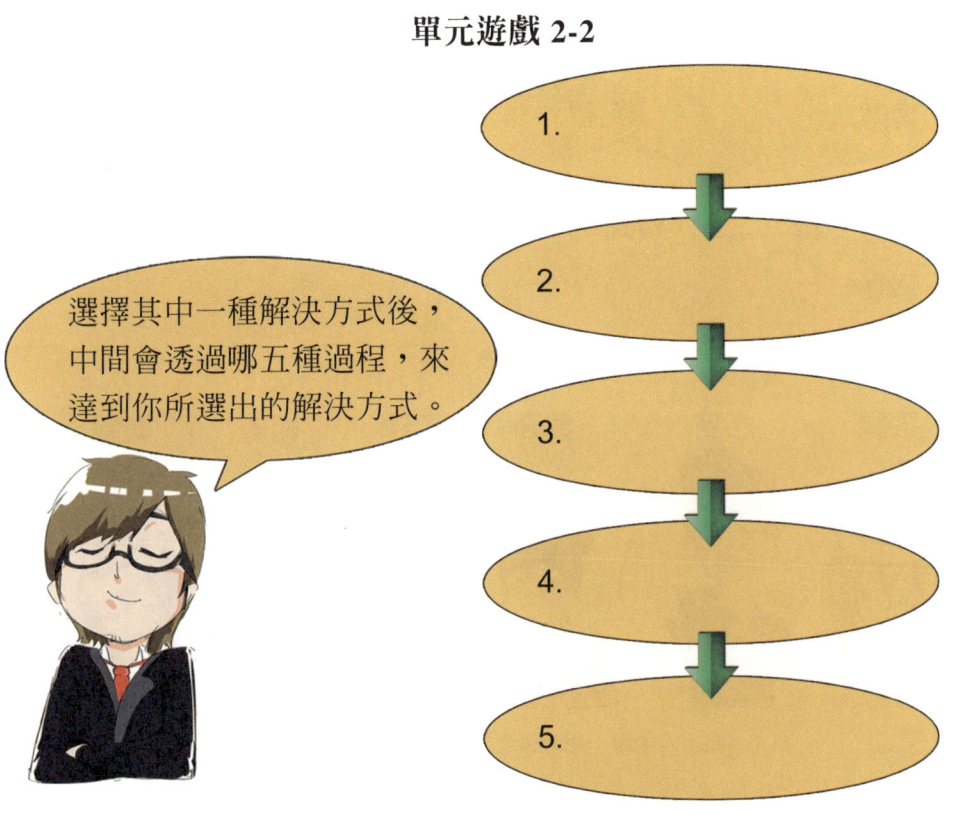

> 選擇其中一種解決方式後，中間會透過哪五種過程，來達到你所選出的解決方式。

1.
↓
2.
↓
3.
↓
4.
↓
5.

(圖，垂直思考，陳建志整理，2015)

　　這項沒帶鑰匙的遊戲發想過程，主要是訓練垂直思考法練習，針對一個主要的議題，一直向下鑽研，強調思維的單向性。如上圖所示，選出一個能解決沒帶鑰匙的方式，經由哪五種過程才能達到你所選出沒帶鑰匙的方式，這就是垂直思考法的重點囉。

> 透過簡單的情境遊戲，就能取代長篇大論的文章說明囉!你說是吧!~

2. 何謂創意與創新及創意思考法簡介

單元遊戲 2-3

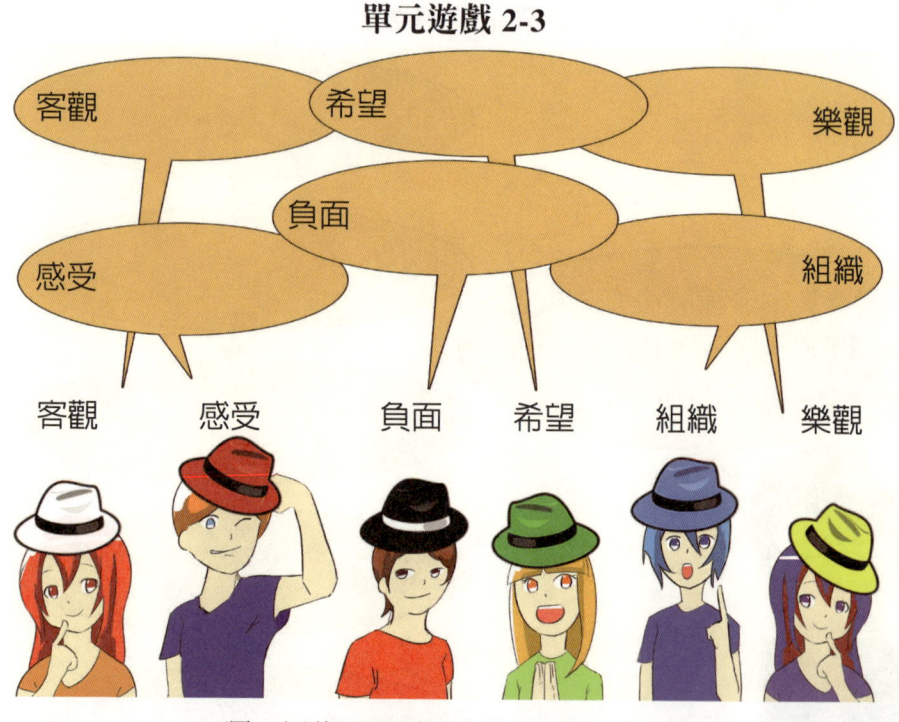

客觀　感受　負面　希望　組織　樂觀

（圖，六頂帽子思考情境，陳建志提供，2015）

　　這方法如同彩色印表機一樣，先將各種顏色分解成單一的基本色（CMYK）[1]，然後將每種基本色印在相同的紙上，最後得到全方面的彩色。也如同是一道料理，但這盤菜也必須透過各種不同的調味以及不同的食材，搭配的烹調，也才能完成一道色香味俱全的菜色。六頂帽子思考法，簡單說明即配合六頂不同顏色的帽子加以區別，並分別搭配了代表六種不同思考面向的創意思考，如同需要四色印刷的印表機，以及一道美味的佳餚一樣。此法就是希望我們像戴帽子一樣，一次只戴一頂，專心一致的只用一個面向來思考問題。

1　印刷四原色（CMYK）分別是青、洋紅、黃、黑，主要是模擬印刷油墨的四色表現。

2. 何謂創意與創新及創意思考法簡介

記錄下你對創意及創新的認知或是其他的想法囉！～

每天養成不斷做筆記的習慣，別讓突然來的創意飛走囉!~

2. 何謂創意與創新及創意思考法簡介

Using the right way, everybody can be a designer

3. 題目選定及腦力激盪法之運用

何謂腦力激盪法（brainstorming）？

　　腦力激盪法，是由 BBDO 的四位創辦人共同創立的廣告公司，成員有 Batten, Barton, Durstine, Osborn 四位創辦人，這間公司隸屬全球最大的傳播集團 Omnicom 集團（奧姆尼康集團）。而由當中的亞歷山大・奧斯本（Alexander Osborn）在 1939 年所發明的腦力激盪法，除了幫助 BBDO 發掘出許多令人驚艷的創意之外，迄今為止它仍是一種廣泛流行的思考方法之一。

　　腦力激盪法可以由一個人或一組人進行，參與者圍在一起，隨意提出與研討主題有關的見解，然後將大家的見解重新分類整理。在整個過程中，無論提出的意見和想法是多麼可笑、天馬行空，其他人都不得打斷和批評。思想互相激盪的結果將產生許多新觀點和問題解決方法，這是透過集體思考。

　　腦力激盪法是目前全世界運用最多的一套創新思考的策略與技法。腦力激盪法在希臘文的意思是精神病患者的頭腦錯亂的狀態。特點是包含了天馬行空的思維方式，不受拘束與不在意他人眼光的意見分享，想說什麼就先讓他說出來即可，毫不做作。腦力激盪法可分為團體及個人兩種，團體腦力激盪就是中國人所謂的「三個臭皮匠勝過一個諸葛亮」的意思；個人腦力激盪則是利用宏觀的擴散思考，進而激盪出大量的點子的一個方法。

（idea 思考圖，陳建志提供，2015）

3. 題目選定及腦力激盪法之運用

　　亞歷山大・奧斯本（Alexander Osborn）認爲想有效激發創意，必須遵守以下 4 項基本原則：

（idea 思考圖-1，陳建志提供，2015）

1. 千萬不可以在意見表達時提出批評

　　避免下列類似舉例的言語批評：
批評的話（當頭棒喝型）
——少俗了！
——太誇張了！
——做不出結果的。
——別傻了！
——醒醒吧，別作夢了！
——只有傻子才會這樣做！
——根本不行！

任何會影響他人的激烈言語，都盡量避免。

> 在執行思考法時，千萬不能有言語上的批評，要記住唷！

3. 題目選定及腦力激盪法之運用

2. 累積一定的數量的想法

　　量多才能轉變成較好的本質，才會有突破性的想法，才有機會成為創意表現的可運用資源。因此，發想過程中盡量不輕易放棄荒誕的構想，如同下圖所示，一開始鼓勵宏觀發想，idea 愈多愈好。

（idea 思考圖-2，陳建志提供，2015）

3. 自由運轉異想天開

　　自由奔放的構想，換句話說，不要放棄任何即使只是天馬行空的想法，也不要在參與腦力激盪的所有人身上加諸任何不必要的拘束。為了將腦力激盪的效果充分展現，在練習的過程當中，不妨試著提出一些看似不可行、不存在的討論主題，比如「假設人如果跟章魚一樣有八隻手，我們可以做到哪些只有兩隻手做不到的事？」

（idea 思考圖-3，陳建志提供，2015）

3. 題目選定及腦力激盪法之運用

4. 重組與改進既有的想法

　　盡量思考別人構想的長處，結合自己和別人的想法，鼓勵巧妙地結合並改善，產生一個綜合的改進構想，從中獲得更不一樣的新想法。

（idea 思考圖-4，陳建志提供，2015）

　　腦力激盪法除了主要上述四大遊戲規則須遵守外，操作時還須要特別注意以下五大要點：

(1) 主題須明確（Theme）：主題愈具體，愈能產生好點子。
(2) 人數須控管（Participants）：5~8 人最恰當。
(3) 組長須控場（Chair）：由組長帶動發言。
(4) 秘書做記錄（Records）：準備便利貼、A3 紙或白板，以及記錄發言。
(5) 小組討論隊型（Seats）：圍坐四腳桌旁，形成ㄇ字型，讓與會者彼此眼神交會。

（idea 思考圖-5，陳建志提供，2015）

3. 題目選定及腦力激盪法之運用

(1) 主題須明確（Theme）

主題愈具體，愈有助於產生好點子。

⬇

發想過程中，要有很淺顯易懂的主題，但又不能太過於局限題目，所以題目要明確。

例：主題→生活上讓你最不方便的事情？（透過愈生活化的主題，愈容易幫助組員發想）。

主題明確

（宏觀發想圖，陳建志提供，2015）

(2) 人數須控管（Participants）

一組約 5~8 人是最恰當的思考法團隊。

⬇

腦力激盪的理想人數約 5~8 人，如果成員中有與主題有關的專家，比例為半數以下較為恰當，因為集合各領域人才，對於擴大發想內容更有幫助。

來自不同領域的專業人才

（idea 思考圖-6，陳建志提供，2015）

3. 題目選定及腦力激盪法之運用

(3) 組長須控場 (Chair)

由思考法團隊的組長帶動發言跟統整。

⬇

熟於帶動討論的組長在腦力激盪會議前，會預先了解主題可能發想的領域，協助成員從不同角度思考。為了掌握整體氣氛，組長須鼓勵成員踴躍發言，如果成員人數不多，組長也可協助記錄秘書來幫助記錄會議內容。

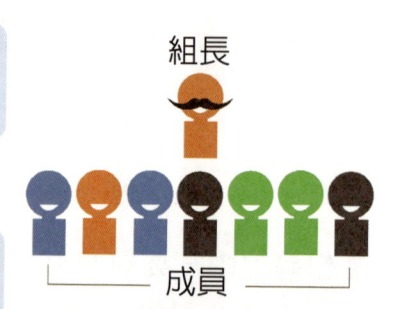

（idea 思考圖-7，陳建志提供，2015）

(4) 秘書做記錄 (Records)

秘書要事先準備便利貼、思考板，以及記錄會議成員的發言內容。

⬇

備妥白報紙或便利貼，組長在思考板上寫上發想主題，組員將寫滿點子的便利貼黏在思考板上，並加以分類。

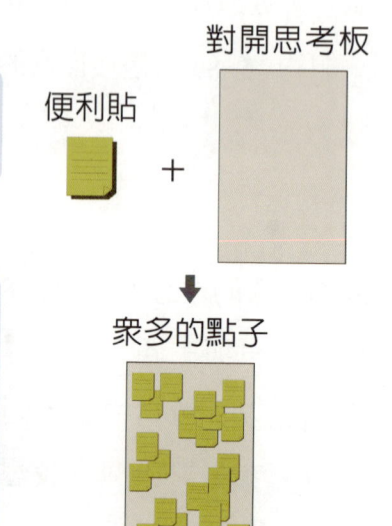

（idea 思考圖-8，陳建志提供，2015）

3. 題目選定及腦力激盪法之運用

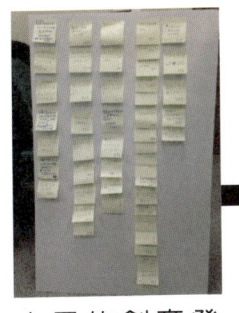

大量的創意發想（先求量多，再以量取質）

秘書進行分類歸納大家的想法

詳細記錄過程對話及發言

(5) 小組討論隊型（Seats）

圍坐四腳桌旁，形成ㄇ字型，讓參與思考法的人彼此眼神交會，有助於專注思考。

↓

成員圍坐成ㄇ字狀，運用各種方法，發動「思考串連」以拋磚引玉，激起輕鬆愉快的歡笑聲。在輕鬆的發想情境之下，讓團員們彼此眼神交會，較能進入集思廣益的氛圍之中。

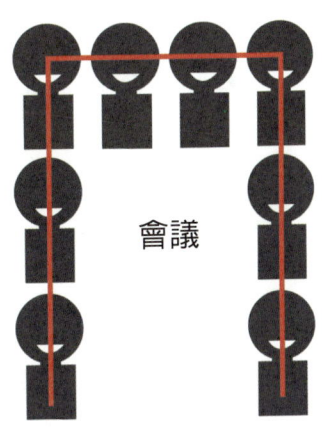

會議

（idea 思考圖-9，陳建志提供，2015）

3. 題目選定及腦力激盪法之運用

成功的腦力激盪法需注意的 10 個要件：

1. 徹底執行方法中的四大規則

   1 禁止批評
   2 自由運轉，異想天開
   3 多多益善
   4 組合與改進

2. 運用各種方法，來發動「思考串連」

（思考圖插畫-1，陳建志提供，2015）

3. 拋磚引玉，提供暗示的組合

4. 激起輕鬆愉快的歡笑聲

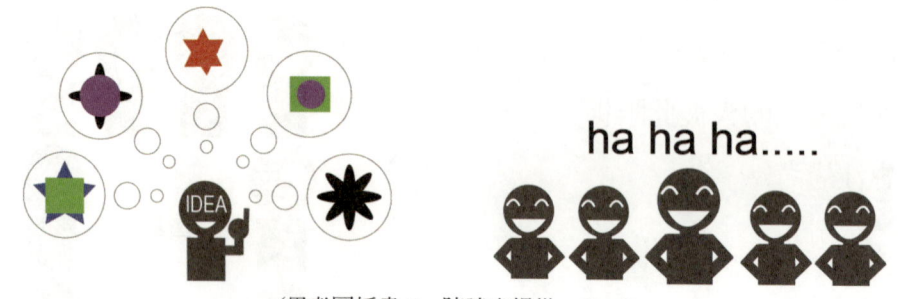

ha ha ha.....

（思考圖插畫-2，陳建志提供，2015）

　　腦力激盪並不是為了提出創意來讓他人去評估和選擇。通常在思考法的最後階段，組員們會自己評估這些創意想法，並從中挑選出解決問題的方法，其中最重要的角色就是組長，他必須掌握團隊氣氛，帶領大家以和諧的方式來進行。

團隊的和諧氣氛是非常重要的唷!~

3. 題目選定及腦力激盪法之運用

5. 資深、資淺各半

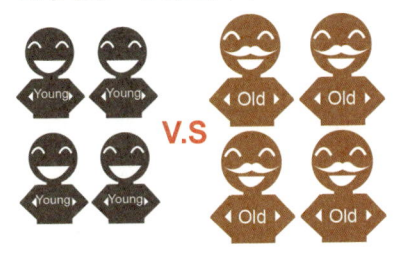

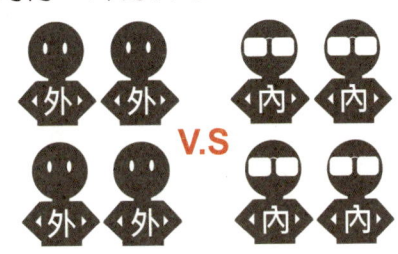

6. 內行、外行各半

（思考圖插畫-3，陳建志提供，2015）

7. 理想人數為 5 至 8 人

8. 創意想法先求量再求質

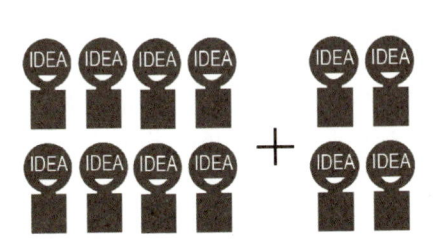

（思考圖插畫-4，陳建志提供，2015）

9. 協助記錄及歸納的秘書
   (1) 字體清晰、整潔
   (2) 有摘取要點的能力
   (3) 能適時的幫組長分類歸納想法

10. 團體成員的踴躍參與發言。基本上只要有說話的能力，即可自由表達，沒有優先順序之分。

（思考圖插畫-5，陳建志提供，2015）

3. 題目選定及腦力激盪法之運用

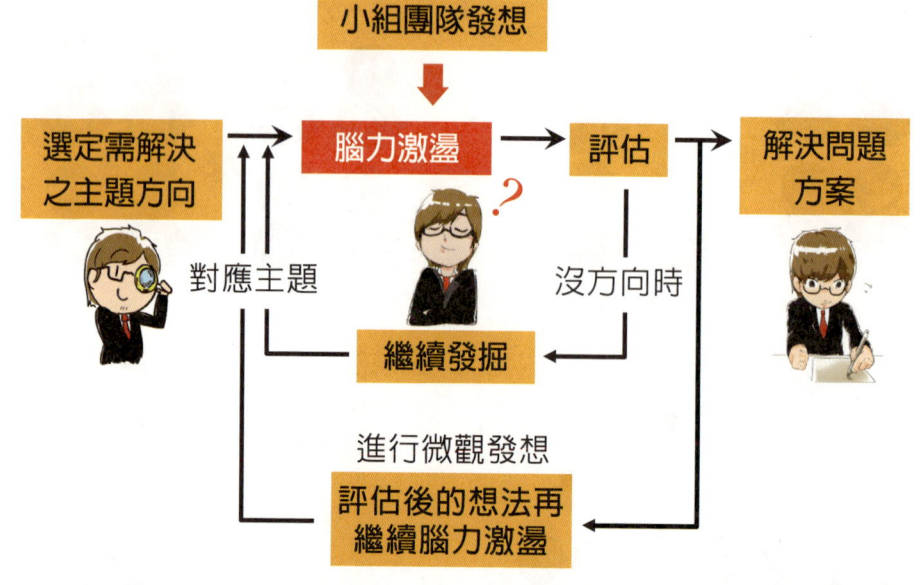

```
                    小組團隊發想
                         ↓
選定需解決      →    腦力激盪    →    評估    →    解決問題
之主題方向     ←                              方案
         對應主題           沒方向時
                    繼續發掘
                         ↑
              進行微觀發想
         ┌─────────────────────┐
         │  評估後的想法再      │ ←
         │  繼續腦力激盪        │
         └─────────────────────┘
```

（吳明雄，2011，百度文庫──自台灣師大工業教育系所　激發群體創造力策略腦力激盪術，wenku.baidu.com/view/2cfcc1a8d1f34693daef3e11.html，2016.04 引用）

　　一個好的創意產生，絕非是一件容易的事，必須透過小組成員之間不斷腦力激盪、發掘想法，並評估與原先主題是否契合。在天馬行空的擴散性思考當中，很多聯想有可能會離題或是沒抓準方向，此時，組長就必須帶領團隊回到主軸，從諸多的宏觀發掘當中，評估是否對應到需要解決的問題之後，再繼續針對問題的解決方案做二次的微觀發想。

> 發掘跟評估，是腦力激盪法中最重要的一環喔！

3. 題目選定及腦力激盪法之運用

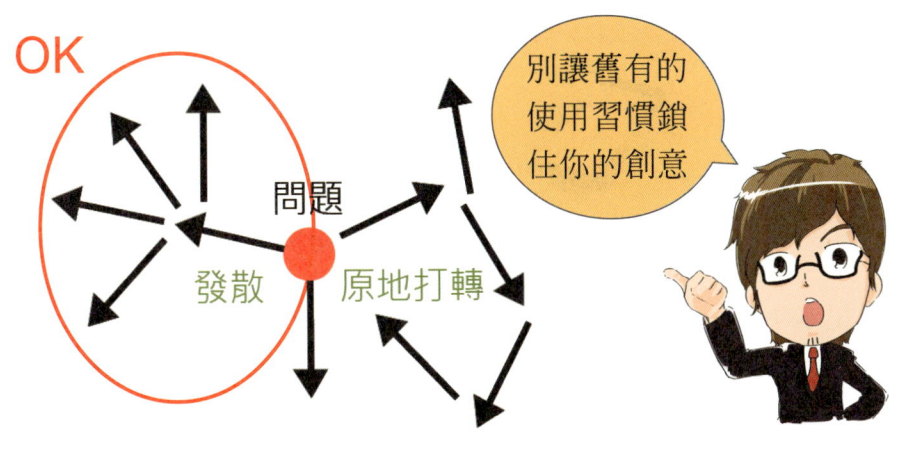

OK

別讓舊有的使用習慣鎖住你的創意

問題

發散　原地打轉

（插圖，陳建志提供，2015）

擴散性思考的特色就是不受任何的束縛。你有足夠的自由，可以進行多樣化天馬行空的思考，推翻舊的解決方法，往某方面突破、創新，成功的機率也愈大，所以也可稱為開放性思考。但須避免原地打轉、抓不到方向，或被舊有的方式鎖住，所以在進行腦力激盪法時，一定要拋開舊有的認知思維。唯有這樣，才能創造出令人眼睛一亮的創新思維。

進行討論，時有冷場或彼此沈默不語的狀況，組長或帶領討論的人，宜透過一些互動技巧推動討論的熱絡氣氛，以一些社交語言，減少因為彼此的陌生感所產生的凝重。並以引導的方式，盡量讓參與者能維持在思考與交流的互動狀態中，也可以試試點名或依序輪流提出意見等，但一定要注意千萬不要用強迫的方式，必須仔細觀察現況隨時緩和提不出意見的參與者窘況。

3. 題目選定及腦力激盪法之運用

創意思考過程中的四種輔助工具：

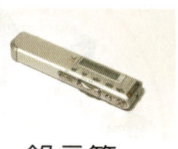

| 筆記本 | 智慧型手機 | 相機 | 錄音筆 |

（圖，shutterstock）

筆記本：

隨時將你觀察到的想法問題寫下，方便日後歸納整理。

智慧型手機：

現在手機功能愈來愈多，幾乎包含了大部分工具，可隨時寫字、拍照，數位化的資料存於電腦中，方便日後編輯。

相機：

有些靈感不是文字就可以記錄下來，可利用相機拍攝，這些影像都可能成為未來創作的獨家素材。

錄音筆：

在不方便寫字時，如：搭車、上廁所、睡覺前……都可以利用錄音筆將想到的東西錄下來。

正所謂工欲善其事，必先利其器。要啟發創意除了要自動自發外，工具的配合也是很重要的，如果能善加運用上述工具，絕對能幫助你提高發掘問題及解決方案的效率。

> 養成隨身攜帶上述工具的好習慣，將有助於發掘創意唷！

3. 題目選定及腦力激盪法之運用

將影響人們生活的東西轉變為發想靈感原則：

1. 首先列出生活中讓你不便的事物（先不要局限任何可行及不可行的點子，先求量多再求質精）。

⬇

2. 從這些名單中挑出幾個比較可行的構想項目（由擴散，再開始收斂）。

⬇

3. 開始刪減之前，先考慮每項解決方法或是交叉群組，來探討新的可能（開始思考）。

⬇

4. 如果該構想項目已想到聰明的解決方法，或許將成為較有創意的點子（針對想法）。

　　發想當中，適時的將想法交互應用或是稍做改變的小玩法，可當作是在玩遊戲，因為沒有壓力的遊戲較能刺激靈感、進行思考，當然所呈現出來的效果跟氣氛都會比較流暢。

加一加　玩一玩
減一減　分與合
改一改　逆思考
變一變　笑一笑
換一換　快一點

無壓力
無局限

（圖，思考方式分享，陳建志繪製提供，2015）

3. 題目選定及腦力激盪法之運用

反覆進行互換擴散性思考及收斂性思考：

透過擴散性思考（大量發想創意）及收斂性思考（整合與分析各個創意），當作一整套的步驟來進行，把集中起來的創意，一次一次的打散，重新收斂出更好的創意。

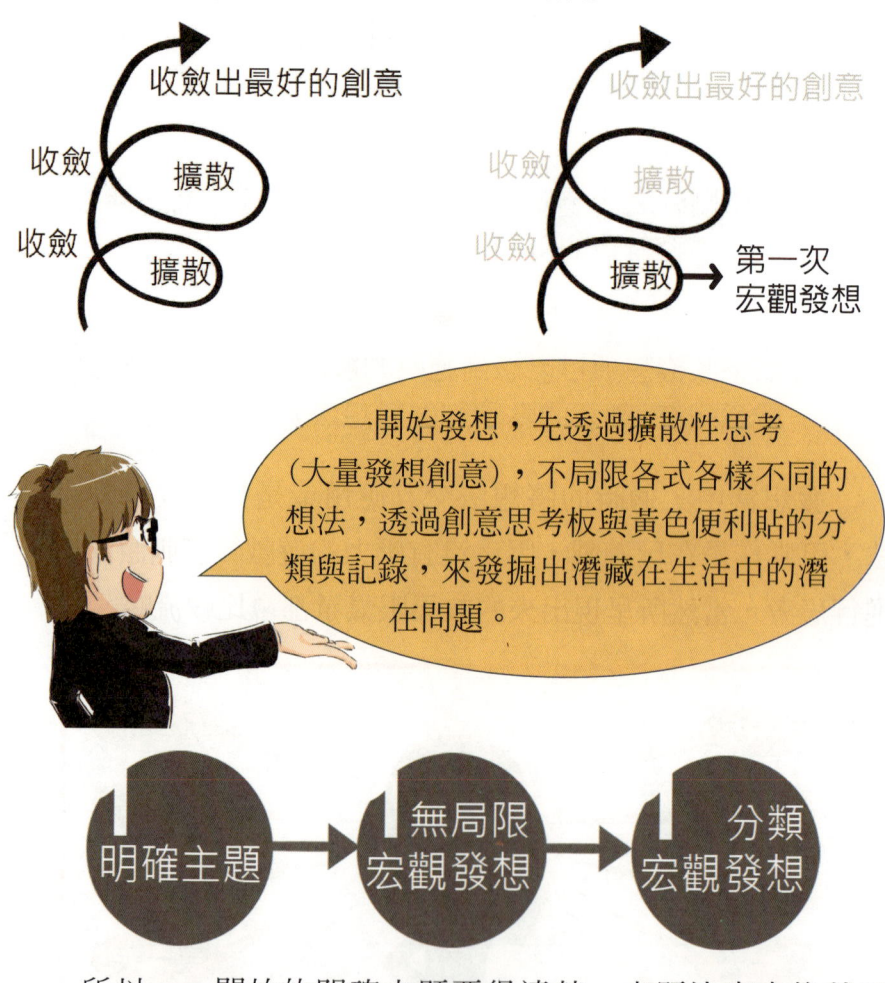

> 一開始發想，先透過擴散性思考（大量發想創意），不局限各式各樣不同的想法，透過創意思考板與黃色便利貼的分類與記錄，來發掘出潛藏在生活中的潛在問題。

明確主題 → 無局限宏觀發想 → 分類宏觀發想

所以，一開始的明確主題要很清楚，主題決定之後就可以用玩的輕鬆方式，來進行宏觀的大量發想。這部分可透過創意思考板及便利貼，加以輔助分類與記錄。

3. 題目選定及腦力激盪法之運用

明確主題 → 無局限宏觀發想 → 分類宏觀發想

先選定明確的主題　　1. 針對主題，先求量多　　2. 進行分類與記錄

什麼主題呢？

（黃色便利貼）

（宏觀思考過程圖示，陳建志提供，2015）

黃色便利貼　　（第一次宏觀發想）　　（群組分類）

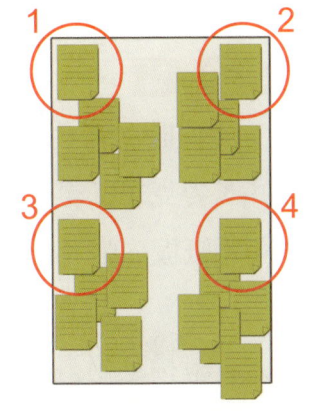

為宏觀發想時所用的顏色區分。

用對開的珍珠板來分類想法與記錄過程，一開始，問題愈多愈好。

將發掘的問題進行群組分類（分四類為主）。

3. 題目選定及腦力激盪法之運用

創意思考板的第一階段進行發想操作——（明確的主題）

先選定題目

　　生活中讓你感到最不方便的小事情是什麼？從此發想，激盪出可實際解決問題的最適方案。

⬇

分組方式

　　團隊裡面至少要有 5~8 人為一組，成員最好來自不同領域，透過這樣多元的組合才會激盪出不同的火花。團隊裡必須選出一位組長來帶動發言跟統整，以及一位負責記錄發想過程的秘書，秘書須協助組長整理及分類思考板上的構想。

（宏觀情境-1，陳建志拍攝，2015）

⬇

思考法工具

　　便利貼（黃色：第一階段宏觀思考）、相機（拍下討論過程）、麥克筆（至少兩色）、筆記本（秘書用，要記錄過程）、全開厚紙板一張（創意思考板）。

> 組長跟秘書必須要帶動團隊和諧愉悅的討論氣氛唷！

3. 題目選定及腦力激盪法之運用

第一次宏觀：擴散發想

在腦力激盪法思考範例當中，我們從眾多不方便的小事中分類出食衣住行等項目，如右圖示範，組員們集思廣益地從生活中發掘問題，透過簡單的文字敘述或草圖表達，呈現方式以易懂為原則。

（宏觀情境-2，陳建志拍攝，2015）

第一次聚焦收斂

針對食衣住行的分類項目，投票排序出覺得不便的問題。選出後再針對該議題，進一步擴散式提出更多且更細微的使用問題。如下圖所示，紅圈內就是大家聚焦收斂後所選出最迫切解決的四種問題。第一次的宏觀擴散及第一次聚焦收斂，都使用黃色便利貼操作。

收斂出最好的創意

收斂　擴散
收斂　擴散

（2.第一次聚焦）
選出四種

（1.第一次宏觀）

（聚焦分類-3，陳建志拍攝，2015）

3. 題目選定及腦力激盪法之運用

如右圖所示，紅圈內就是大家宏觀發想後，進行第一次聚焦後，先選出較不便且迫切需要解決的四項問題點（先選出四種為主）。

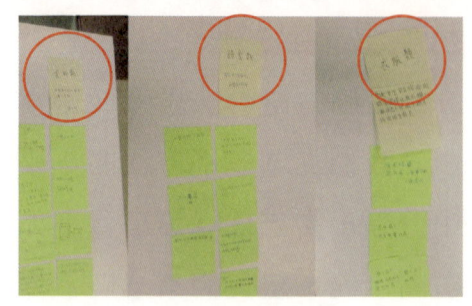

（聚焦分類-4，陳建志拍攝，2015）

如右圖所示，分類之後，再透過綠色便利貼，針對第一次聚焦後的黃色便利貼（先選出四種），之後進行第二次的宏觀發想，這階段會用到綠色便利貼。

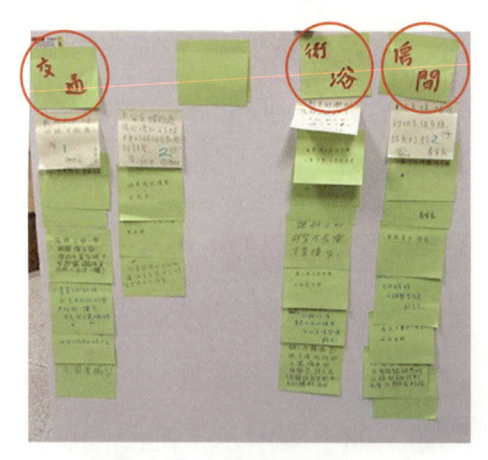

（聚焦分類-5，陳建志拍攝，2015）

> 黃色便利貼的運用範圍，相信大家應該很了解囉，消化完之後，開始來進行你的問題發掘吧！

3. 題目選定及腦力激盪法之運用

單元宏觀發想操作 3-1

愈多愈好！

生活中，最不方便的小事情是什麼？

將你發掘到的生活問題，寫在便利貼上囉！

3. 題目選定及腦力激盪法之運用

單元聚焦收斂操作 3-2

類別　　　　　　類別

第一次聚焦分類（可以分四類），將相同性質的問題進行分類

類別　　　　　　類別

將之前的宏觀問題開始聚焦收斂，最多選出四個類別。

3. 題目選定及腦力激盪法之運用

當你在進行宏觀發想時，有沒有遇到什麼問題呢？

每天養成不斷做筆記的習慣，別讓突然來的創意飛走囉!~

3. 題目選定及腦力激盪法之運用

Using the right way, everybody can be a designer

4. 創意的市場調查及資料蒐集

創意為什麼要市場調查（Marketing research）？

　　在前面的單元中，介紹了「創意」與「創新」的觀念及差別、創意思考法，以及如何透過創意思考板和便利貼，進行日常生活問題之發掘。透過日常生活中各式大小問題的提出與討論，慢慢地將眾人意見收斂、聚焦，進而找出大家認為最需要解決的問題。之後，我們必須進到市場調查的階段，以了解目前市場上是否已有同質性商品，以作為下一階段創意發想前之問題修正方向思考與創意切入點評估。

　　不管今天是什麼創意，我們回歸到創意的本質，就是讓人們使用得更方便，以及主要的使用族群是什麼，此時，在創意產生之前，我們可以針對特定的消費者做觀察與研究，有目的的分析他們的購買行為，或是利用問卷測試，透過他們的反應來研究此產品未來的市場走向，以及接受度為何。所以，市場調查就是指運用科學的方法，有目的地、系統地蒐集、記錄、整理有關市場銷售訊息和資料，分析市場情況，了解市場的現況及其發展趨勢，為市場預測和銷售決策提供客觀、正確的資料。

創意與市場調查絕對是息息相關的唷!~

4. 創意的市場調查及資料蒐集

創意發展與市場調查過程圖：

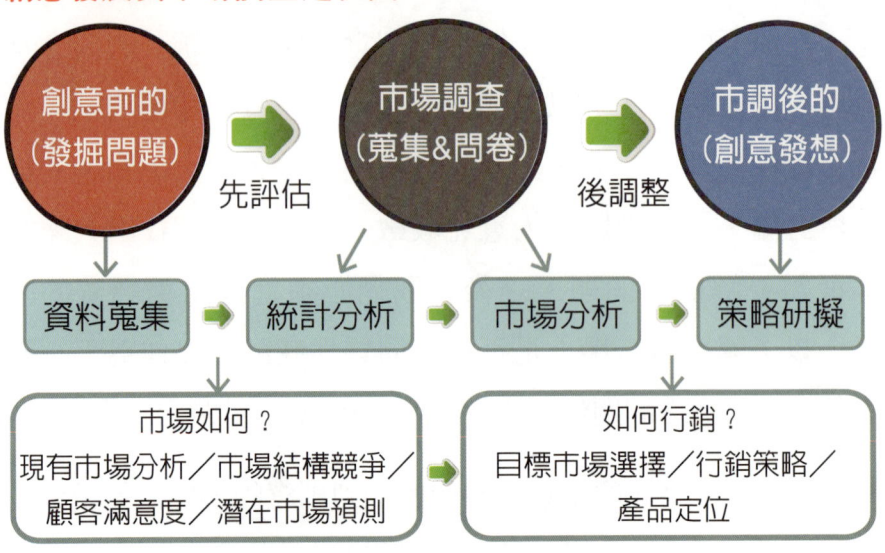

```
創意前的              市場調查              市調後的
(發掘問題)  →先評估→  (蒐集&問卷)  →後調整→  (創意發想)
     ↓                   ↓         ↓           ↓
  資料蒐集  →  統計分析  →  市場分析  →  策略研擬
                ↓                      ↓
         市場如何？                如何行銷？
      現有市場分析／市場結構競爭／    目標市場選擇／行銷策略／
      顧客滿意度／潛在市場預測           產品定位
```

（創意發展與市場調查過程圖，陳建志提供，2015）

　　依上圖所示，透過創意發掘前的市場調查，來進行問題的微調與修正後，在調整所修改的問題發掘之後，將所得知的資料跟訊息，有效的反映在你的創意上，除了可以更了解市場及使用者反應之外，也較不會造成創意相似的問題。

　　取得寶貴資訊永遠都不嫌晚。在創意產品或服務上市之前、期間及之後，市調都是你取得寶貴見解的最佳利器，可以讓你了解，要為使用者創造和改進的事項有哪些，畢竟市場調查主要還是以人為出發點，以市場調查檢視使用者、產品與市場間的關係，乃是進行創意設計不可或缺的過程。

觀察的：　　　創意　　　　　　　市場　　　觀察的：
是生活及使用　　　　　　　　　　　　　　　是使用者

4. 創意的市場調查及資料蒐集

市場調查——七何分析法（5W2H 分析法）：

大家有沒有想過，「有時創意構想明明很好，但商品為什麼賣不出去？」就如同「為什麼每次提的設計總是不被主管採納」的疑問一般。其實，當問題產生時，很多人的腦中經常都會浮現一個相同的疑問：「到底問題在哪裡？為什麼不管怎樣都想不通？」就像福特汽車前執行長唐諾·彼得森（Donald Peterson）曾說過的：「提問對的問題，就可以減少尋求答案時花費的許多時間、氣力。」也如同愛因斯坦說：「精確的陳述問題比解決問題還來得重要」。意思就是，創意產出之前，必須先對於議題有深入的了解與剖析，並對問題有足夠的敏感度。

在二次世界大戰期間，美軍的兵器修理部門提出了「5W2H 分析法」：5W 包括 Why（為何要如此做？）、What（做這件事的目的是什麼？）、Where（從何處？採取怎樣的角度入手？）、When（何時購買？在怎樣的時間點進行？）、Who（誰來操作進行？），而 2H 則包括 How（如何進行？）與 How much（花費成本的估算）。這個方法易於操作、學習，之後被廣泛的應用於公司內部的企業管理，在管理層面的思考上，有極大的幫助。[1]

> 在所有邏輯思考法中，「5W2H」可說是最容易學習和操作的方法之一，這可以讓您事半功倍唷。

1　經理人月刊編輯，2008，5W2H：從各種角度想問題，http://www.managertoday.com.tw/articles/view/1304，2016．05 引用。

4. 創意的市場調查及資料蒐集

5W2H 分析法又稱「七何分析法」，包括：Why（為什麼做）、What（做什麼）、Where（在哪裡做）、When（何時做）、Who（由誰做）、How（如何做）、How much（成本是多少）。

人(Who) 創意是給什麼人用？

事(What) 創意要怎麼用？

時(When) 創意該在什麼時間用？

地(Where) 創意該在哪裡使用？

要怎麼行銷創意商品呢？

創意商品

原因(Why) 為什麼要用你這創意？

策略(How) 如何用你這創意？

成本(How much) 創意花多少預算？

（圖，七何分析法圖示過程，陳建志繪製，2015）

為避免在創意產出販售後，才試著去解決該商品的問題。所以創意產生前，充分的提出疑問以及發現問題、解決問題，是很重要的。所以，一個好的創意團隊，應具有問題發掘與解決能力。因為提出一個好的潛在問題，就意味著這發掘到的問題，已解決了一半。

提出創意的問題等於解決一半的問題了唷!~

4. 創意的市場調查及資料蒐集

三種常見的產品市場調查？

1. 消費者調查：

　　選定消費顧客進行觀察研究，從預設目的探討其購物行為和消費心理的改變，也就是說要給什麼族群的人使用，創意是要賣給誰使用的，要非常清楚。

2. 市場觀察：

　　針對特定的產業區域做對照性的分析，從經濟、科技等有組織的角度來做研究，也就是說，要在什麼地方販售，什麼樣的市場適合此創意。

3. 產品調查：

　　選定特定性質的相同產品，探究其設計特色、外觀與差異性，就是要提出與市面上相同類似的商品，探究其設計特色、外觀與差異性。

1. 商品是賣給誰用的？

2. 商品是在哪裡販售?怎麼販售?

消費者

3. 跟市場上類似性質商品的差異性？

（圖，三個常見的市場調查圖，陳建志整理，2015）

4. 創意的市場調查及資料蒐集

1. 消費者調查（商品是要買給誰用？）：

選定消費顧客進行觀察研究，從預設目的探討其購物，透過下圖範例進行說明。

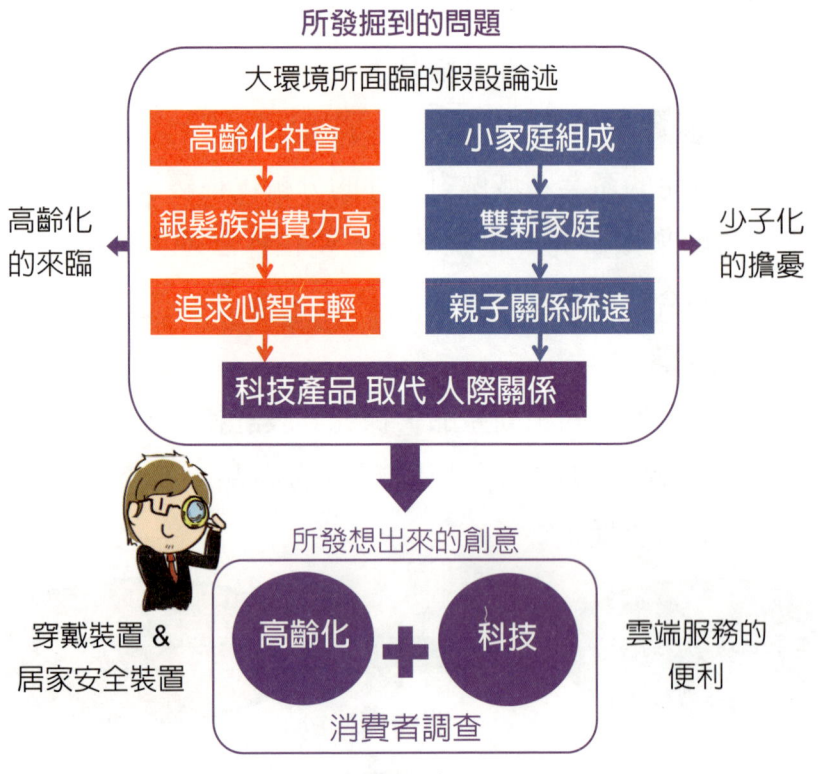

所發掘到的問題

大環境所面臨的假設論述

高齡化社會 → 銀髮族消費力高 → 追求心智年輕

小家庭組成 → 雙薪家庭 → 親子關係疏遠

高齡化的來臨 ← → 少子化的擔憂

科技產品 取代 人際關係

所發想出來的創意

穿戴裝置 & 居家安全裝置　　高齡化 ＋ 科技　　雲端服務的便利

消費者調查

（消費者調查範例圖-1，陳建志整理，2015）

透過大環境的**趨勢**分析得知，高齡化及少子化的衝擊來臨，家庭開始重視居家安全，但又由於年輕夫婦工作繁忙，而沒多餘時間照料，「如何發掘出消費者未滿足的狀態？」就是創意發想的市場調查，透過這樣的問題需求，可發想出透過雲端遠距照料的穿戴裝置及居家安全裝置。上述的例子就是透過現有的科技技術，解決發現高齡化及少子化問題，進而提出發解決的創意。

4. 創意的市場調查及資料蒐集

2. 市場觀察（商品在哪裡販售？怎麼販售？）：

　　對選定的產業類別（食品安全）做對照性分析，以經濟、社會等角度來進行研究，透過下圖範例進行說明。

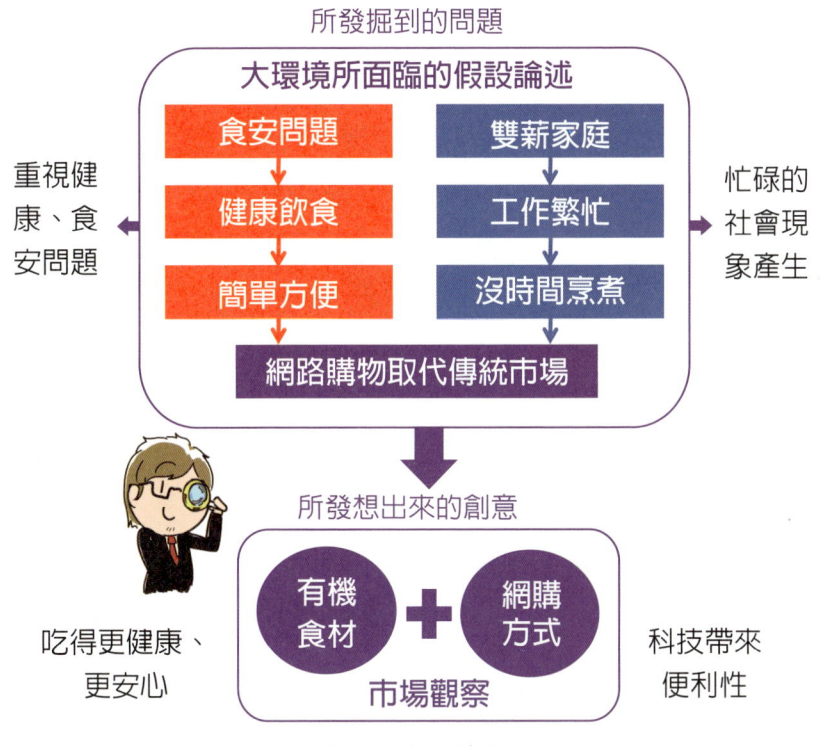

所發掘到的問題

大環境所面臨的假設論述

食安問題	雙薪家庭
健康飲食	工作繁忙
簡單方便	沒時間烹煮

重視健康、食安問題 ← 　　　　　　　　→ 忙碌的社會現象產生

網路購物取代傳統市場

所發想出來的創意

有機食材 ＋ 網購方式

吃得更健康、更安心　　　市場觀察　　　科技帶來便利性

（消費者調查範例圖-2，陳建志整理，2015）

　　一開始也是透過假設論述得知大環境的需求，進而開始發現到消費者重視食安問題，擔心餐廳的食物是否真的可以吃得安心，此外，亦發現工作繁忙經常外食的社會現象問題，為了要吃得健康，現在只要動動手指上網訂購，就能買到認證好菜！吃得安全又健康，不但幫忙省下買菜的時間，同時解決了買菜時難以選擇的問題，透過如此便利的購物方式，不但可以照顧家人飲食健康，也節省了不少時間。

4. 創意的市場調查及資料蒐集

3. 產品調查（跟市面上類似性質商品的差異性）：

　　針對某一性質相同產品研究的特色、外觀設計、差異性等因素進行調查與分析。最常用的方式就是十字 MAP 分析法，這是一種針對當時市場上類似競爭產品所做的產品意象圖，藉此可以讓設計師、公司及客戶了解目前公司產品在市場中所處的位置，以及其產品與市場中產品之差異。主要以 X 及 Y 軸呈現出四個象限圖表，兩軸代表了兩種意象的形容詞，並將所要比較的類似商品圖放入相近詞句的區域當中，試著找出自己創意差異性的位置，如下圖所示。

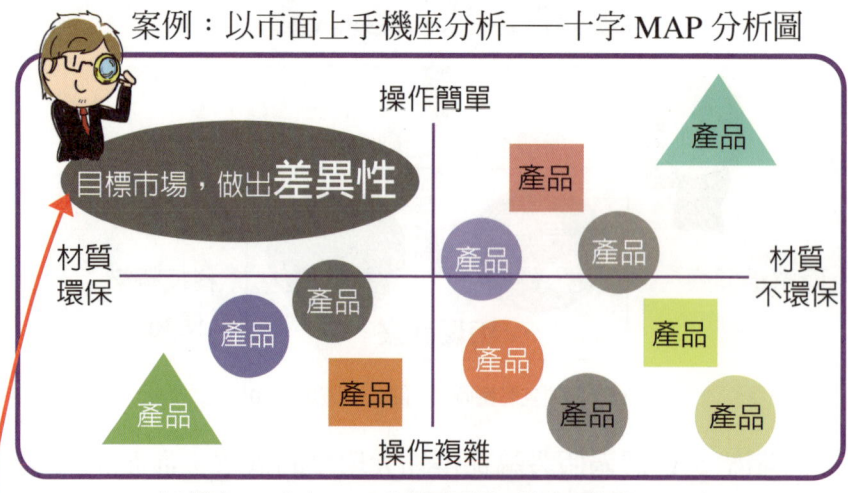

案例：以市面上手機座分析──十字 MAP 分析圖

目標市場，做出**差異性**

操作簡單　　　　　　　　　　　　　　操作複雜

材質環保　　　　　　　　　　　　　　材質不環保

（手機座──十字 MAP 分析圖示範，陳建志整理，2015）

市面上的手機座：
1. 功能性導向為主，造型較為工業
2. 零件關節複雜（螺絲，螺帽……）
3. 大多數為塑膠件射出及金屬件

如何做出差異性：
1. 材質環保，可二次回收
2. 免工具安裝，簡單 DIY 組裝設計

4. 創意的市場調查及資料蒐集

　　所以，就連發明家——愛迪生，也經常在多次實驗的失敗中學到一個教訓：如果不先思考，到底什麼東西，可以確實被消費者接受的，如果不思考，無論絞盡腦汁想出多少創意，也都是沒用的。也就是說，不管任何創意想法，如果沒去了解消費者及市場的需求，以及做好市場調查的話，就無法產生會暢銷的創意商品。所以，好的創意一定要先了解使用者需求，並做好市場調查，讓創意有可能成為暢銷商品。

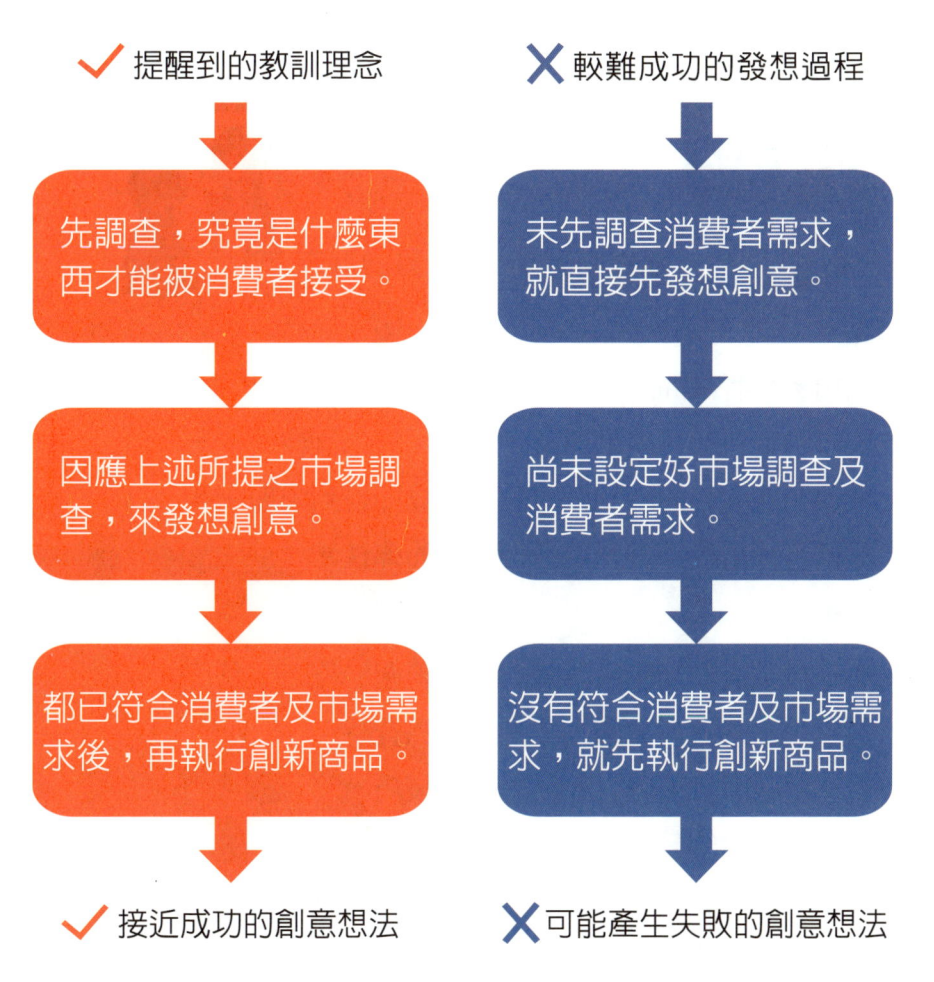

✓ 提醒到的教訓理念	✗ 較難成功的發想過程
先調查，究竟是什麼東西才能被消費者接受。	未先調查消費者需求，就直接先發想創意。
因應上述所提之市場調查，來發想創意。	尚未設定好市場調查及消費者需求。
都已符合消費者及市場需求後，再執行創新商品。	沒有符合消費者及市場需求，就先執行創新商品。
✓ 接近成功的創意想法	✗ 可能產生失敗的創意想法

4. 創意的市場調查及資料蒐集

四種市場調查的研究方式？

1. 定性市場研究 Qualitative marketing research ／質化研究

　　此為經常被使用的方法，由受訪者的回覆內容直接進行分析，並不針對不特定的大量對象進行大型統計。比較常見有焦點團體（focus groups）與深度訪談。焦點團體訪談由 6-12 位參與者針對設計好的主題，進行較為自由的互動討論，是一種可以蒐集到較為深入與真切的討論意見的調查方法。因為焦點團體有團體互動訪談與討論的過程，因此也稱為焦點團體訪談法。

焦點族群 focus groups ＝ 深度訪談 in-depth interview

面對面訪談 ＝ 重質的調查

優點：
1. 經由參與者之間的互動，取得較為真實的資料。
2. 取得的資料較為容易理解，不必再經過詮釋。
3. 取得相關資料的時間較短，可以立即得到處理。
4. 具備可以重複探詢想要獲得資訊的彈性。

克服點：
1. 不易控制焦點團體所討論的主題範圍。
2. 討論得出的資料量龐大，分析較為費時。
3. 帶領討論者必須擁有較高的互動技巧。
4. 要聚集討論的參與群體，有時比較困難。
5. 團體成員同質性太高時，意見可能相對有差異。
6. 人數有限，所取得的討論意見較難以具備代表性。

4. 創意的市場調查及資料蒐集

深度訪談法（in-depth interview）是由訪談者透過結構性、非結構性與半結構性訪談，與受訪者達成互動，基本上是個人單獨性的接觸，預設目的乃為發掘受訪者的動機、想法與態度。值得注意的是，在深度訪談的過程中，訪談者宜盡量減少不必要的提示與引導，讓受訪者可以在不受限制的訪談環境中，針對主題暢所欲言。

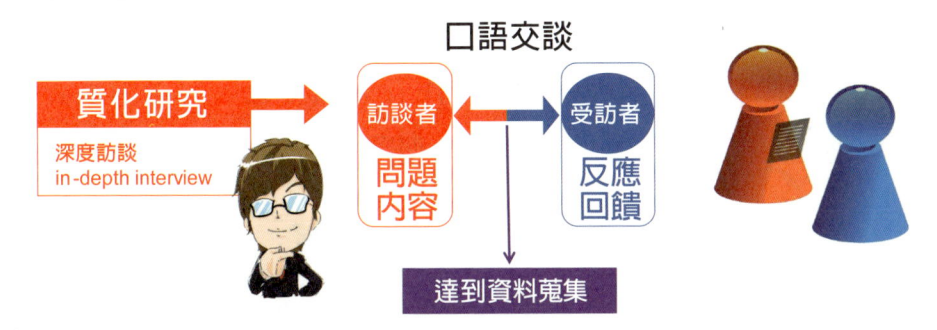

口語交談

質化研究
深度訪談
in-depth interview

訪談者 問題內容 ⇄ 受訪者 反應回饋

達到資料蒐集

結構性訪談 structured interviews：

依據預設的一份設計嚴謹的題目進行提問，受訪者必須按照題目設計來回覆問題，不管是提問回覆的範圍，均不離預先設計的題目範圍。

非結構性訪談 Unstructured Interviews：

就是事先不預先設計任何的提問問題，而是完全和受訪者進行天馬行空的談話，訪談者從受訪者談話的內容找出有興趣的內容加以深入的探究，讓受訪者在沒壓力之下，說出內心想法，針對較害羞受訪者，此法頗可行，講簡單一點，就是申論題的意思。

4. 創意的市場調查及資料蒐集

半結構性訪談 focused or Semi-structural Interviews：

　　仍是必須預先準備一份粗略設計的訪談題目，但實際提問時不必局限在這些題目中，還可根據受訪者的回答，作深入探究題，且回答的內容不只局限在事先設計的題目上。

2. 定量市場研究 Quantitative marketing research ／量化研究

　　最常被使用、採用假說的形式，使用任意採樣、並從樣本數來推斷結果，這種手法經常用在人口普查、經濟力調查等大型的研究。常見的例子有：大型問卷、諮詢表系統等。

問卷就是一套有目的、有系統的問題表格設計。

	封閉式問卷	開放式問卷
缺點	受測者可能隨意猜測	受測者極易出現煩厭
	受訪者可能因答案均不適合，而感到挫折	受測者的個別差異難以控制
	由於強迫選答，無法顯現受訪者們的微幅差異	資料太繁雜，分析分類困難
優點	答案標準化，方便比較	答案難以由題目引導
	問卷題目意義容易了解	受測動機可深入了解
	問卷題目意義容易了解答案經過設計，較完整	能得到廣泛性及差異性大的多樣廣泛答案

4. 創意的市場調查及資料蒐集

3. 觀察技術 Observational techniques

從研究者的角度觀察社會現狀,並據以擬定十字 MAP 分析,就是應用水平式比較、與垂直式比較分析競爭者在目標市場中的定位,了解各競爭者在知覺圖中的相對位置,然後再來決定本身的定位。

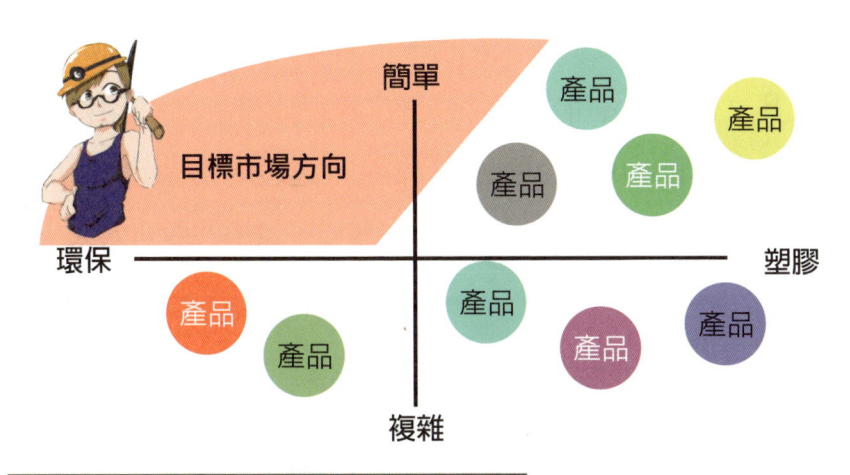

4. 實驗技術 Experimental techniques

試售(test marketing)商品,一般是指還沒有在市場展售過,或者指根本還沒進入市場的新產品或改良後的舊產品。此法可應用的範圍極廣,凡是未進入市場的新產品,或經過改變性能、外觀、顏色、包裝、價格等的舊產品,要預測其進入市場可能的銷售情形,都可以採取這個方法。但試售的方式並非唯一,比如設立試售專櫃與門市試售專區,或委託商店寄售等均是。試售已經是一種實際的商品消費方式,因此可以透過買賣的互動情形理解顧客的購買需求,包括對於商品外表、顏色、設計感等實際意見,甚至可以評估價錢是否合適?產品是否適合於現在的市場需求等。

4. 創意的市場調查及資料蒐集

　　這種透過觀察後來決定要賣什麼商品的試銷方式，有兩個成功的案例，其一是蘋果 Apple Watch 採用的一套突破性的商業模式，多數 Apple Watch 的購買者，都會選定自己喜歡的錶帶，亦即錶帶的獲利將遠大於錶體之上，也因為這樣，販售的區域跟地點就有很大的關聯，舉例來說，透過試銷的方式，如果這地點都是較偏運動族群的人消費，此賣場就會販售運動系列的錶帶。其二是吉列公司（Gillette）有名的刀片與刮鬍刀銷售模式（買刮鬍刀就必須用它的專用刀片）。上述這兩種透過試銷試驗以及刀片與刮鬍刀銷售模式，成功的進行了效率的販售效果。

（圖，shutterstock）

4. 創意的市場調查及資料蒐集

市場調查後會產生的四種修正類型：

　　有了調查行為，就會產生資料可供分析，進而從中發掘出核心問題。並可對核心問題提出產品計畫，大約可分為以下四類的修正方向，因你所發現的問題，對症下藥地進行商品的修正，以達到消費者的需求為主，以下說明以居家生活最需要的電鍋為例：

1. 產品組合的增減

　　增加或減少現行已有產品的類型、產品線或系列。

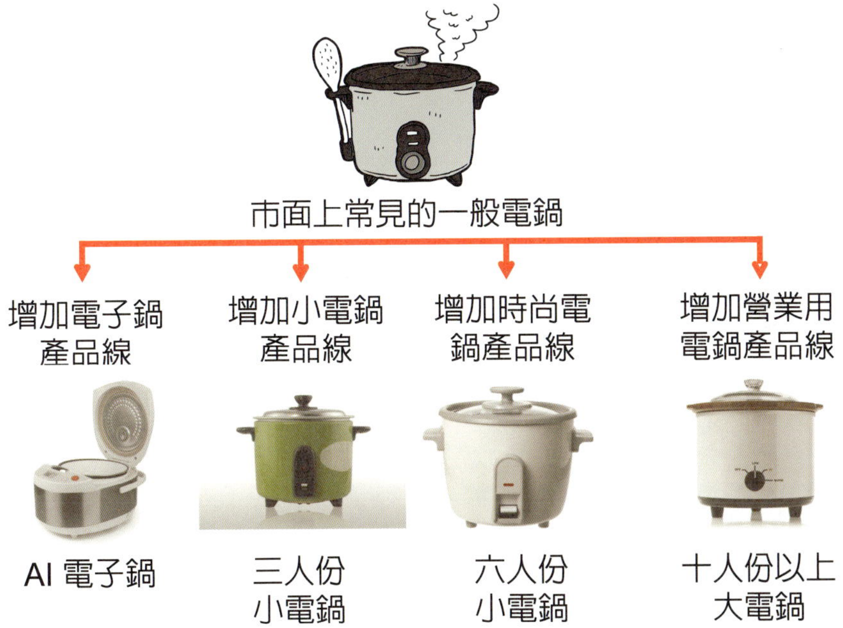

市面上常見的一般電鍋

- 增加電子鍋產品線：AI 電子鍋
- 增加小電鍋產品線：三人份小電鍋
- 增加時尚電鍋產品線：六人份小電鍋
- 增加營業用電鍋產品線：十人份以上大電鍋

（圖，shutterstock）

> 透過市調來了解消費者需求，再對症下藥去做適當的微調囉！

4. 創意的市場調查及資料蒐集

2. 產品組合的變化

因應消費市場的需求,將不同功能的產品做創意性的變化或新組合。

(圖,shutterstock)

3. 產品局部改良

對已經上市販售的產品,局部改變其性能、外觀或色彩等構成要件。

(圖,shutterstock)

4. 創意的市場調查及資料蒐集

4. 新規格產品的開發

基於市場變化、顧客需求或營業政策的決定而開發全新商品。

因應使用者需求所做的變化

因消費者品味需求，而做設計的變化

（圖，shutterstock）

　　因此，要開發出有創意又暢銷的商品，光有創意沒有用，還是得透過市場調查，發掘消費者的潛在需求才行。透過市場調查，可得知消費者的需求，有效地了解創意的市場定位及差異性，以開拓新的市場。如果市場上已呈現飽和的狀態，更要去發掘出消費者真正的潛在需求是什麼，這樣才能真正地把創意，有效地發展為創新產品。

使用者需求、差異性跟市場定位，是非常重要的!

4. 創意的市場調查及資料蒐集

蒐集創意資料的管道：

　　當一個創意產出後，隨之開始要進行市場調查，因此搜尋的管道也就格外重要，除了做問卷調查的量化研究，以及透過深度訪談的質化研究之外，自己能夠蒐集資料的地方也是很多的喔，不只是單單靠一般網路搜尋而已，還可以透過下列所介紹的搜尋方法來幫助你的創意，透過資料蒐集與觀察，更有效率的解決使用者的未滿足需求。

搜尋管道

- 臺灣博碩士論文知識加值系統 — 相關技術資料、文獻、理論
- 創意募資平台 — 創意設計及時尚新趨勢
- 圖書館館藏系統 → 達到驗證與強度
- 雜誌（設計/資訊/時事）→ 了解趨勢及差異性

有效的資料蒐集，能提高有效創意的強度及接受度。

（資料蒐集架構圖，陳建志提供，2015）

4. 創意的市場調查及資料蒐集

臺灣博碩士論文知識加值系統（技術、文獻、驗證、方法等資料搜尋）

可利用簡易查詢的方式搜尋，以找到需要的文獻資料，以及相關延伸的參考資料，包括碩、博士論文、期刊、技術報告等，透過想要了解的方向，去找尋適合參考的技術資料或驗證方法。閱讀論文或期刊時，先從摘要或研究動機、目的去了解這篇論文是否有您需要的資料或關鍵字，目前很多論文與期刊資料都可在網路上找到免費的電子全文。

可依據作者、論文名稱、關鍵詞、學校名稱進行下載電子全文來參考。

（圖，臺灣博碩士論文知識加值系統，2015）

> 從臺灣博碩士論文知識加值系統可以參考到很多技術方面的或是不同的論述看法。

4. 創意的市場調查及資料蒐集

雜誌（設計/資訊/時事） 可了解各國的時事議題、設計創意、流行趨勢及科技技術發表等。

透過雜誌的內容，可即時了解各國的時事議題、設計創意、流行趨勢，以及科技技術發表，對於目前世界的創意趨勢技術，以及發展資訊的取得，會有很大的幫助，因為很多潛藏的資訊，絕對是自己上網沒辦法發掘到的。

趨勢　設計　技術　案例

（圖，雜誌，整理拍攝至國立高雄第一科技學圖書館，陳建志拍攝，2016）

4. 創意的市場調查及資料蒐集

創意募資平台（可了解現在的原生創意作品，並當作參考）

網路平台提供了極為便利的展示方式，無論是展示計畫內容、設計商品或與任何的具體創意，甚至還能為可能的接受方提供創意的詮釋。而且，很有機會透過如此方式，吸引支持者與有購買慾望的瀏覽者，進一步以各式實質「贊助」方式，讓計畫、設計與夢想有機會實踐。

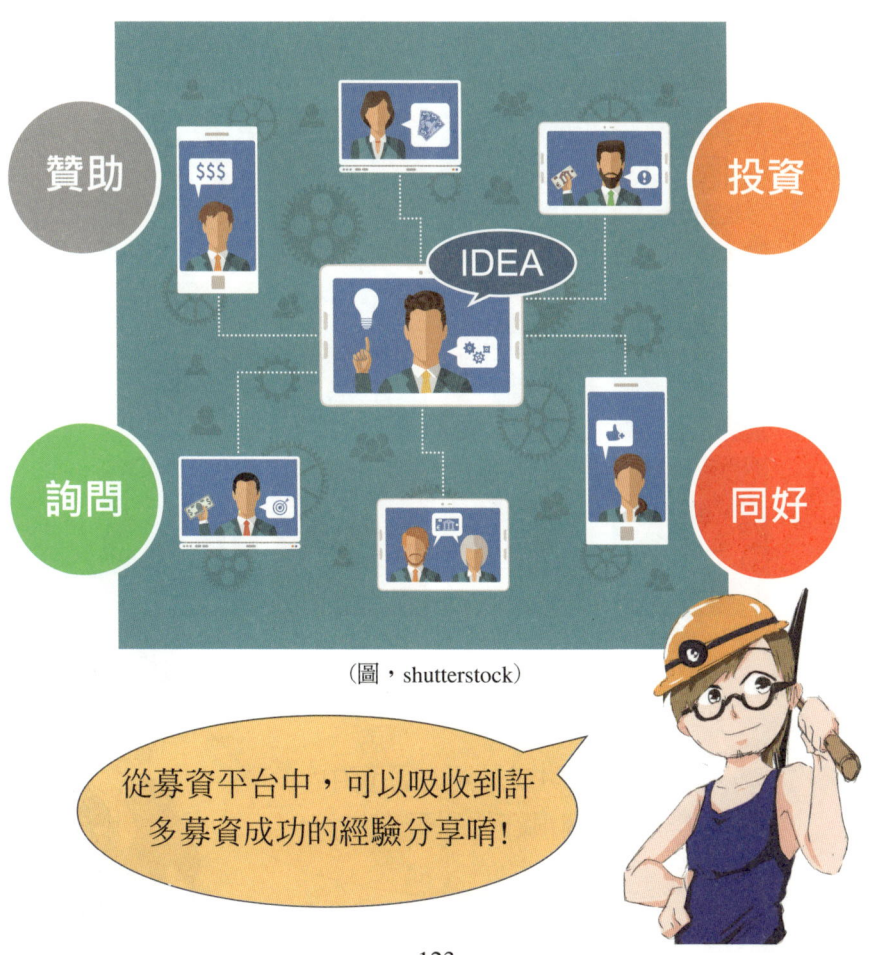

（圖，shutterstock）

> 從募資平台中，可以吸收到許多募資成功的經驗分享唷！

4. 創意的市場調查及資料蒐集

隨著科技的進步，宣傳最好與最快的方式，無疑已經由傳統實際管道轉移到了網路世界，透過各式社群媒體無與倫比的傳播力，我們得以利用較低的成本，簡單有效的找到各種曝光的機會，透過創意證明自己的價值之外，也可以看到許多優秀的募資團隊的作品，看看別人是如何透過創意成功？是如何透過社群力量來與群眾對話？

（圖，shutterstock）

多看看募資成功或是正在募資中的案例，是一個很好的學習與借鏡！

4. 創意的市場調查及資料蒐集

圖書館館藏系統 （可透過學校圖書館來查閱相關技術及資料）

也可以多透過學校、社區及國家級的圖書館的資源，好處當然是免費借書、看報紙雜誌、借影片、可以有系統的找到資料，也可以搜尋到紙本或電子館藏的圖書、期刊等相關資料，圖書館收藏豐富，而且沒錢買書或不想買書的人都可以利用圖書館來借閱。這些都是日常生活中，既經濟實惠，又便利取得資源的知識寶庫。

以 e 化雲端服務查詢

（圖，國立高雄第一科技大學圖資館，2015）

以國立高雄第一科技大學的第 e 書房為例，圖書館全面以 e 化雲端服務，以達到自動化與數位化的借閱方式，提高借閱的便利性。

e 化的借閱方式，可以有效地提高借書的便利性，要多多運用。

4. 創意的市場調查及資料蒐集

製作問卷的注意事項：

一個問卷的圖問方式有分五種類別，主要有以下五點：

> 一　問題表格設計呈現
> 二　開放式問題
> 三　半開放及半封閉式問題
> 四　封閉式問題
> 五　問卷上的問題須具體

一　問題表格設計呈現

　　設計出一張問卷讓人填寫時，請記住對方沒有義務要幫你做這份問卷，所以問卷的題目設計上，切記不要一次讓人寫一大堆問題，又或者你的問卷設計讓人看不懂，不知如何用直接的判斷去寫你的問卷。所以在問卷表格設計上，盡量不要問題太多，盡量放重點問題即可，盡量以白底黑字去呈現問卷，這樣會比較讓人淺顯易懂。

二　開放式問題的設計

Q：請問您目前的職業是什麼？(請受訪者具體說明)
　　公司名稱：＿＿＿＿＿＿＿＿＿＿＿＿＿
　　職　　稱：＿＿＿＿＿＿＿＿＿＿＿＿＿
　　工作屬性的描述：＿＿＿＿＿＿＿＿＿＿＿＿＿

　　所謂開放式問題項目即受測者可以不受任何影響而自由作答，不須由問卷上所擬定之答案圈選。

> 簡單來說，開放式問題的設計，就像是寫申論題一樣。

4. 創意的市場調查及資料蒐集

三　半開放及半封閉式問題

Q：請問您平時喜歡甚麼運動？
　　　□ 1. 籃球
　　　□ 2. 游泳
　　　□ 3. 高爾夫球
　　　□ 4. 排球
　　　□ 5. 跑步
　　　□ 6. 保齡球
　　　□ 7. 賽車
　　　□ 8. 其他 ＿＿＿＿＿＿＿＿＿＿

　　半開放、半封閉式的問題項目，因融合開放式問項及封閉式問項之優點，所以普遍使用在各式問卷中。

四　封閉式問題的設計

Q：請問今年您家中共有幾個人(包含您自己)有工作收入？
　　　□ 1. 一位
　　　□ 2. 二位
　　　□ 3. 三位
　　　□ 4. 四位
　　　□ 5. 五位以上

Q：您現在的住處是否也是店家或是辦公室？
　　　□ 是的
　　　□ 不是

　　封閉式問題項目是讓受測者在事先擬定的答案中圈選答案，講簡單一點，就像是做選擇題一樣。

4. 創意的市場調查及資料蒐集

五　問卷上的問題須具體

❌

Q：您對本飯店之滿意度為何？
　□1. 滿意
　□2. 普通
　□3. 不滿意

問卷上的問題需具體 ✓

	不滿意	普通	滿意
Q：您對本飯店菜色之滿意度為何？	□	□	□
Q：您對本販店裝潢之滿意度為何？	□	□	□
Q：您對本販店服務態度之滿意度為何？	□	□	□

　　通常、可能、偶爾……等字眼，很難去界定其程度，在問卷中盡量應避免使用，以免受訪者不知該怎麼去評斷。

避免用含糊不清的句子：

❌　Q：您通常做什麼活動？

❌　Q：您最近有無牙痛或發燒？
　　　□1. 有
　　　□2. 沒有

4. 創意的市場調查及資料蒐集

問卷範例：

針對開放式、封閉式、半開放式及半封閉式的問卷範例如下：

真好味菜單滿意度調查

1. 請問您最近半年到真好味用餐幾次？ ☐1次 ☐2次 ☐3次 ☐5次以上

2. 請問您今天用餐的感覺是……(請單選)：

	非常滿意	滿意	普通	差	很差	原因
料裡的溫度	☐	☐	☐	☐	☐	_____
料理的味道	☐	☐	☐	☐	☐	_____
料裡的擺盤	☐	☐	☐	☐	☐	_____

其他：_____

3. 請問您選擇本餐點的理由：

☐菜單照片　☐價格　☐菜色特別　☐服務生推薦　☐店面海報、宣傳物

4. 請問您認為本餐點的份量： ☐太多　☐剛好　☐普通

5. 請問您認為本餐點的價格： ☐貴　☐普通　☐便宜

6. 請問您對本餐點的建議……

_____

性別：☐男　☐女

年齡：☐20以下　☐20~30　☐30~40　☐50以上

非常感謝您的寶貴意見

4. 創意的市場調查及資料蒐集

談談市場調查及問卷對於創意的重要性在哪裡呢？

每天養成不斷做筆記的習慣，別讓突然來的創意飛走囉!~

5. 創意構想提出

人人都可以進行創意設計嗎？

很多人從概念聚焦之後，開始進行到創意發想階段時都會問：「我不是學設計的，要怎麼想出創意呢？」很多人到這一關通常會卡住，此時，不妨回想你小時候透過勞作課帶著趣味完成作品，從發想到製作完成的喜悅感。而市面上看到的優秀創意設計，很多的產出過程就像小時候所上的美勞課一樣。把創意發想當做興趣般的學習，最後所得到的甜美果實，不也跟設計師在發想創意時一樣嗎？所以，產品設計流程，從字面上看，似乎十分專業，但在作業流程上所投入的心力，的確是跟小學生做勞作是一樣的。

請回想一下小學時期的勞作課，有沒有做過杯墊勞作呢？

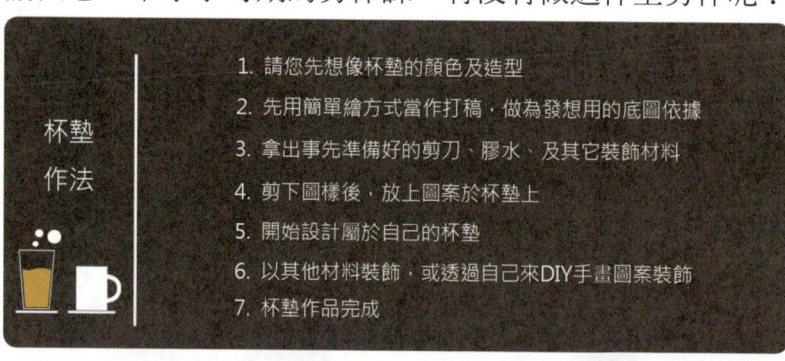

杯墊作法
1. 請您先想像杯墊的顏色及造型
2. 先用簡單繪方式當作打稿，做為發想用的底圖依據
3. 拿出事先準備好的剪刀、膠水、及其它裝飾材料
4. 剪下圖樣後，放上圖案於杯墊上
5. 開始設計屬於自己的杯墊
6. 以其他材料裝飾，或透過自己來DIY手畫圖案裝飾
7. 杯墊作品完成

小學生勞作流程 ＝ 工業產品設計流程

小學生勞作課做杯墊流程
1. 先思考外觀和造型
2. 在紙上大致繪畫出創意的草圖
3. 拿出事先準備好的文具材料
4. 剪下圖樣後，放於杯墊上開始設計
5. 開始製作屬於自己的創意杯墊
6. 以其他料裝飾，透過自己DIY手畫圖案裝飾
7. 作品開心的完成

工業產品設計的作業流程
1. 市場調查及相關產品資料分析
2. 在紙上繪製設計圖或透過3D軟體建製外觀設計
3. 外觀、材質、顏色的選擇
4. 透過3D圖，來製作模型以供討論
5. 透過產品模型討論問題及外觀
6. 問題微調過後，開始製做final樣品
7. 開始陸續進行製作生產的工作

5. 創意構想提出

　　產品設計從一開始的市場調查到最後量產出產品，所有的流程其實跟小學生做勞作時的流程差不多，差別其實是設計師日以繼夜培養其創意的感覺，包含了表現能力、創意能力、企劃能力及判斷能力。這些是需要透過持續不斷的培養以及強烈的興趣，透過訓練與反覆練習，無論任何人都可以發想出有創意的作品。

創意思考流程圖

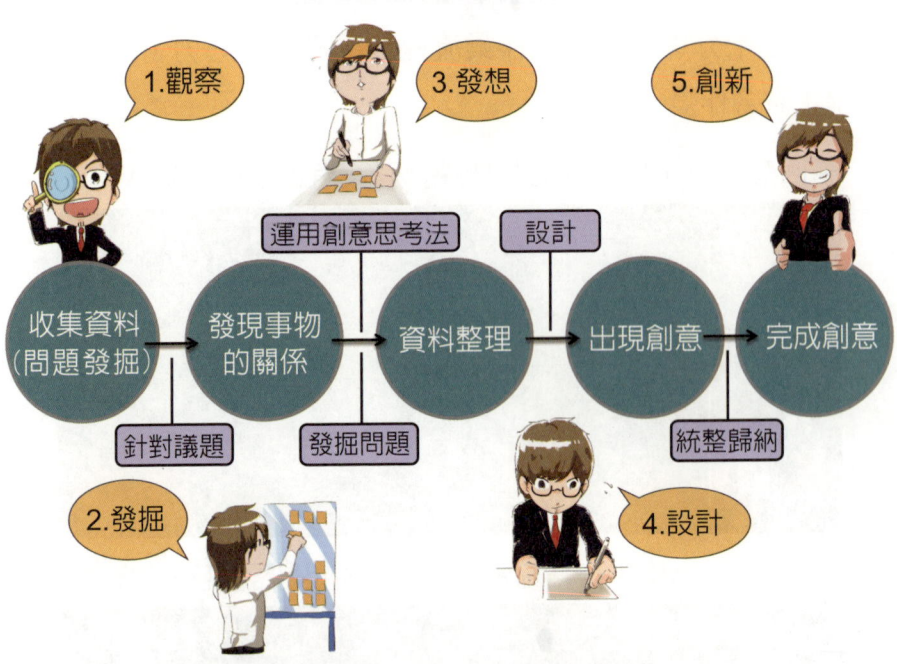

1. 觀察 — 收集資料（問題發掘）
2. 發掘 — 針對議題 → 發現事物的關係
3. 發想 — 運用創意思考法 → 發掘問題 → 資料整理
4. 設計 — 設計 → 出現創意
5. 創新 — 統整歸納 → 完成創意

（圖，創意創新流程，陳建志繪製，2015）

　　開始以使用者為中心去思考，在發掘問題時，必須以使用上所發生的問題去挖掘，透過思考法的腦力激盪，及真實確切的生活上的問題去做發想及消化，所得知的創意結果會比較完整，也較具有需求性及可行性。

5. 創意構想提出

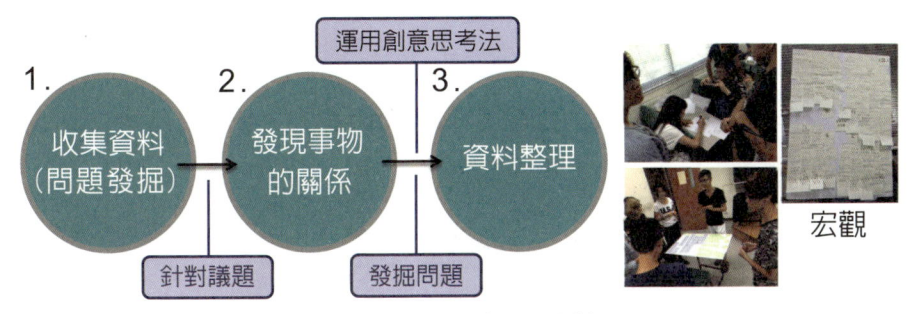

1. 收集資料（問題發掘）→ 2. 發現事物的關係 → 3. 資料整理

運用創意思考法

針對議題　發掘問題

宏觀

（圖，創意創新流程，陳建志繪製，2015）

開始針對議題的問題發掘，透過腦力激盪法的進行，讓小組成員集思廣益地發掘問題（宏觀發掘），透過便利貼將發掘的問題進行分類（如上述步驟）。

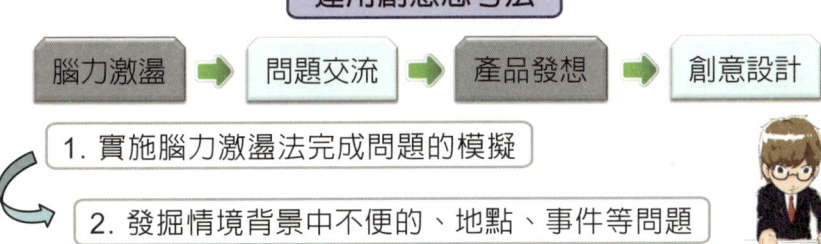

運用創意思考法

腦力激盪 → 問題交流 → 產品發想 → 創意設計

1. 實施腦力激盪法完成問題的模擬
2. 發掘情境背景中不便的、地點、事件等問題
3. 情境影像敘述、評估問題重要性
4. 記錄者(秘書)將參與討論產生的各種結果，進行分類歸納與評估
5. 以小組互動的方式，進行創意的繪製
6. 在設計發展的階段，提供思考的情境模擬

記錄秘書

（創意思考法圖示，陳建志，2015）

在第三單元有提到的宏觀發掘

5. 創意構想提出

（圖，創意創新流程，陳建志繪製，2015）

　　從眾多宏觀的問題發掘之後（黃色便利貼），針對所歸納出最想解決的問題點及解決方式（綠色便利貼），之後再透過紫色的便利貼，將其構想以圖文並茂草繪方式呈現記錄（草繪構想必須量多）。

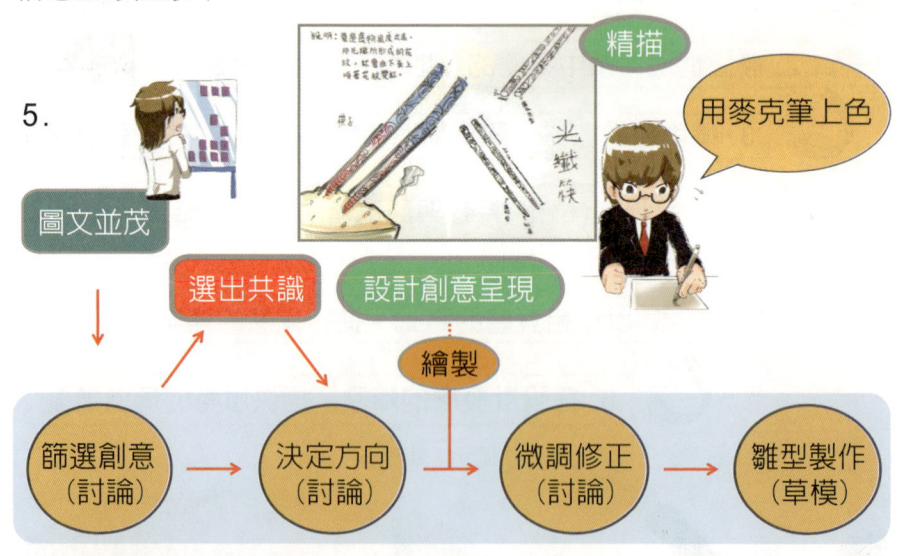

　　透過紫色的便利貼，將其構想用草繪方式呈現之後，就要開始進行精細繪製圖（A4）。

5. 創意構想提出

結果呈現：

　　針對第一次聚焦（黃色便利貼）找出生活上的問題之後，進而邁向第二次宏觀發想（綠色便利貼），再從中透過第二次微觀篩選，此時會運用到紫色便利貼的部分，透過圖文並茂的方式去進行草繪，之後在將草繪進行到 A4 大小的精細繪製圖。

1. 可當一般筷子使用

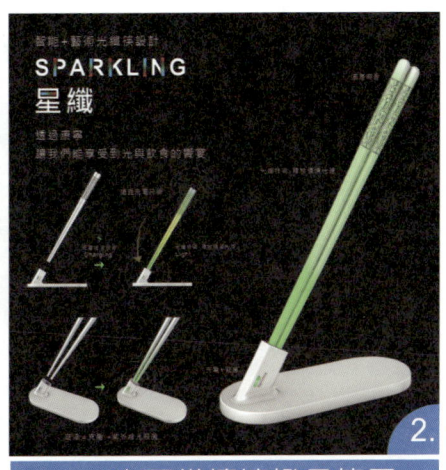

2. 也可當情境燈具使用

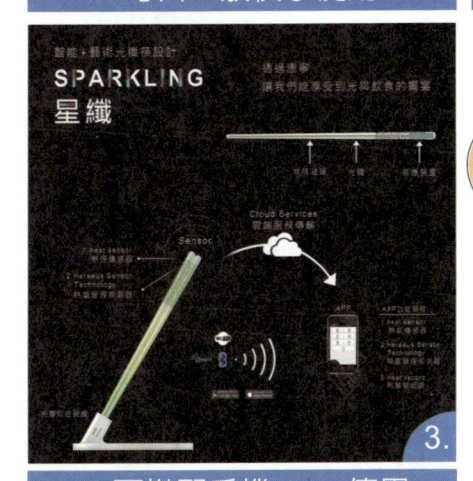

3. 可搭配手機 App 使用

（圖，星纖筷設計，鄭詩亞、洪意婷、蕭舜誠、林振鍠、徐翊婷、陳建志，2015）

> 筷子呈現提醒健康需求的服務設計，也是一種破壞式創新的呈現唷！

5. 創意構想提出

破壞式創新的呈現

功能
- 差異性
- 獨特性

與市面上的筷子產生出差異性及獨特性（是筷子、也是情境燈）。

使用
- 便利性
- 數位化

破壞式創新

行銷
- 健康
- 藝術享受

透過手機 App，可及時通知食物的熱量及熱度，能有效幫助使用者做記錄及提醒。

除了吃得更健康之外，同時也可以是裝飾藝術情境燈。

完整的創意發想過程 SOP

1. **發掘問題**
   觀察生活上的潛在問題

2. **黃便利貼**
   第一次宏觀發掘 & 分類
   （問題點愈多愈好！）

3. **黃便利貼 問題點篩選**
   第一次聚焦篩選
   （選出四個迫切需解決的問題）

4. **綠便利貼 提出創意**
   第二次宏觀發想
   （提出解決方法）

5. **紫便利貼 繪製情境**
   第二次聚焦 + 第三次宏觀繪製
   （紫色便利貼以圖文並茂呈現）

6. **用 A4 紙繪畫**
   開始進行精描
   （精緻圖表現）

5. 創意構想提出

透過解決整個創意發想過程的 SOP，相信大家應該都已知道從無到有的創意思考過程了，再透過下圖所示，就更容易了解其實創意與創新要的是什麼了。

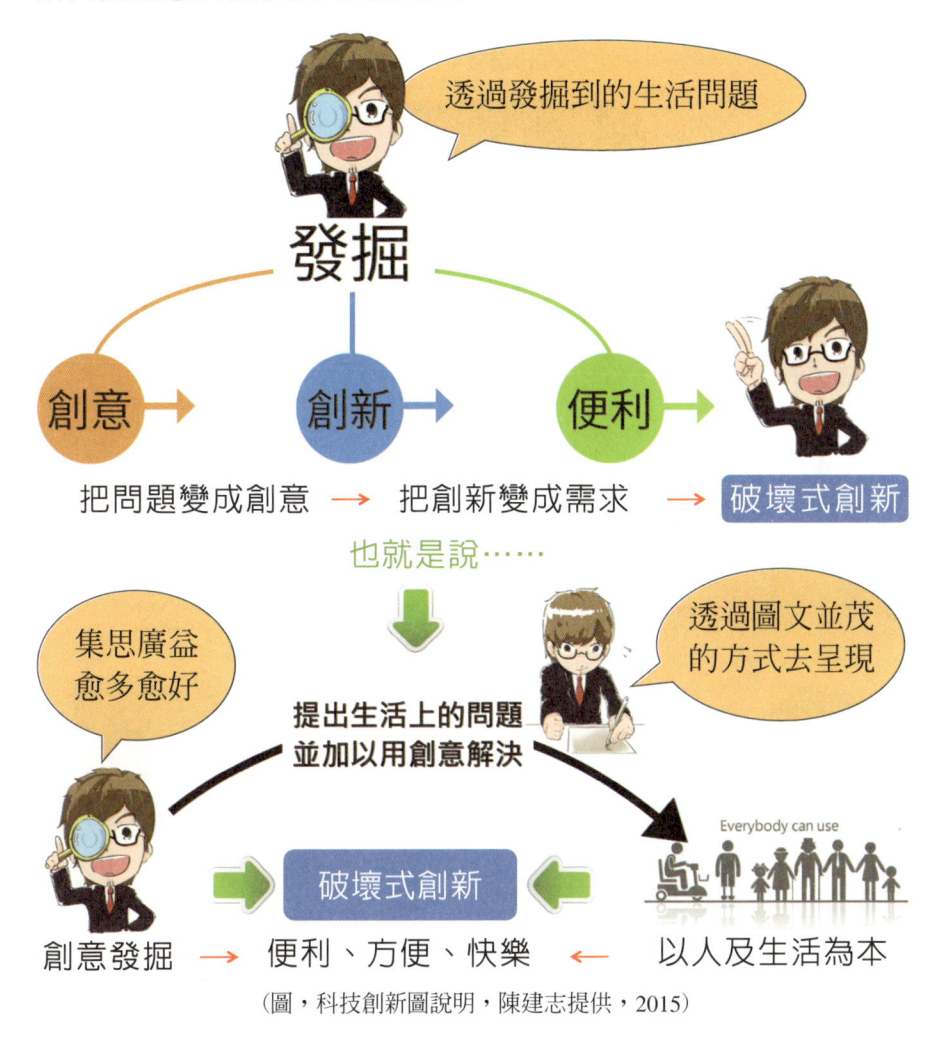

(圖，科技創新圖說明，陳建志提供，2015)

透過生活上細微的觀察與發掘，結合創意構想，進而改善它，不管是從科技技術、科技服務或是文化創新，只要可以讓人們生活更加便利，即是達到「破壞式創新」的精神了。

5. 創意構想提出

下列幾個案例,說明如何透過科技創新、服務創新及文化創新的操作,來形成大家需要的破壞式創新?

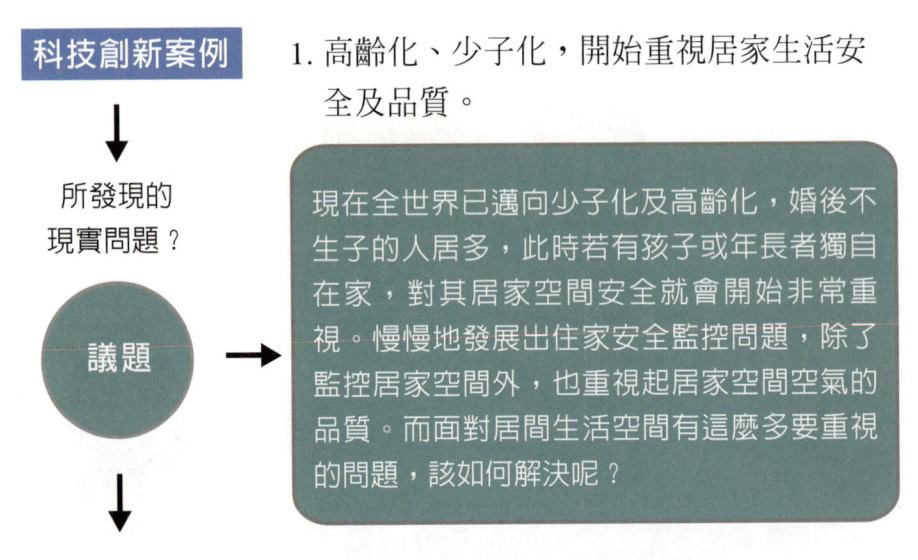

科技創新案例

所發現的現實問題?

議題 →

1. 高齡化、少子化,開始重視居家生活安全及品質。

> 現在全世界已邁向少子化及高齡化,婚後不生子的人居多,此時若有孩子或年長者獨自在家,對其居家空間安全就會開始非常重視。慢慢地發展出住家安全監控問題,除了監控居家空間外,也重視起居家空間空氣的品質。而面對居間生活空間有這麼多要重視的問題,該如何解決呢?

2. 透過目前的趨勢,即現有技術以及物聯網的崛起。

趨勢 → 居家空氣品質偵測 ＋ 居家安全監控

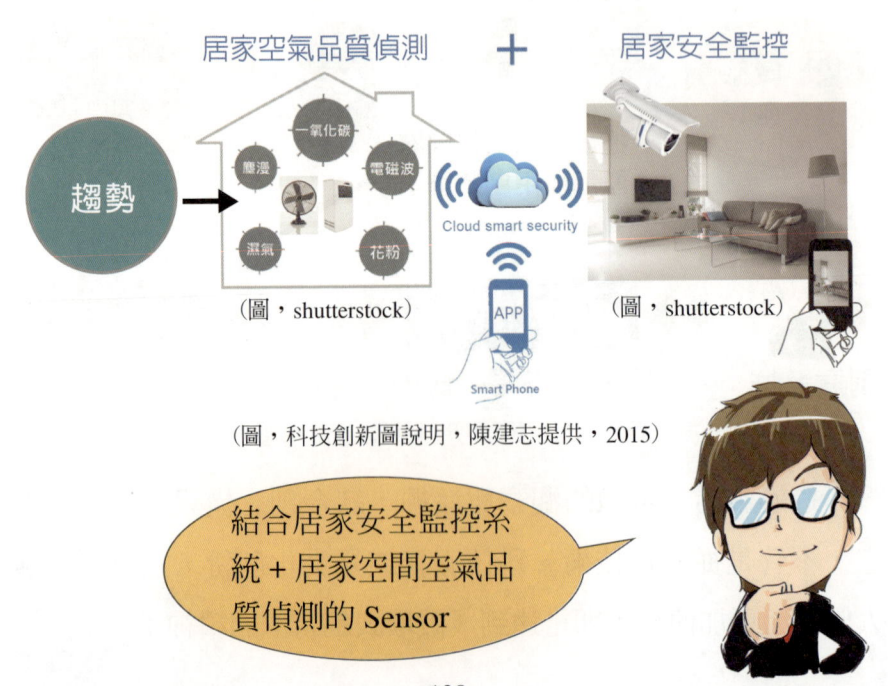

(圖,shutterstock)　(圖,shutterstock)

(圖,科技創新圖說明,陳建志提供,2015)

> 結合居家安全監控系統＋居家空間空氣品質偵測的 Sensor

138

5. 創意構想提出

3. 感覺不夠友善，覺得像是被監視的感覺

　　除了重視居家生活安全及品質，也注意到現有裝置，給人壓迫感的造型。

問題 →

（圖，shutterstock）

問題 ↓

運用創意思考法：
將空氣偵測 Sensor 跟監視器結合，造型以可愛動物為主，讓家中可以多點活潑跟趣味性。

收集資料 → 發現事物的關係 → 資料整理 →

針對議題：
面對高齡化、少子化的衝擊，開始重視居家生活的安全及空氣品質。

發掘：
結合居家監控安全系統＋居家空間空氣品質偵測的 Sensor。

全組一起集思廣益，針對議題彼此討論與分享

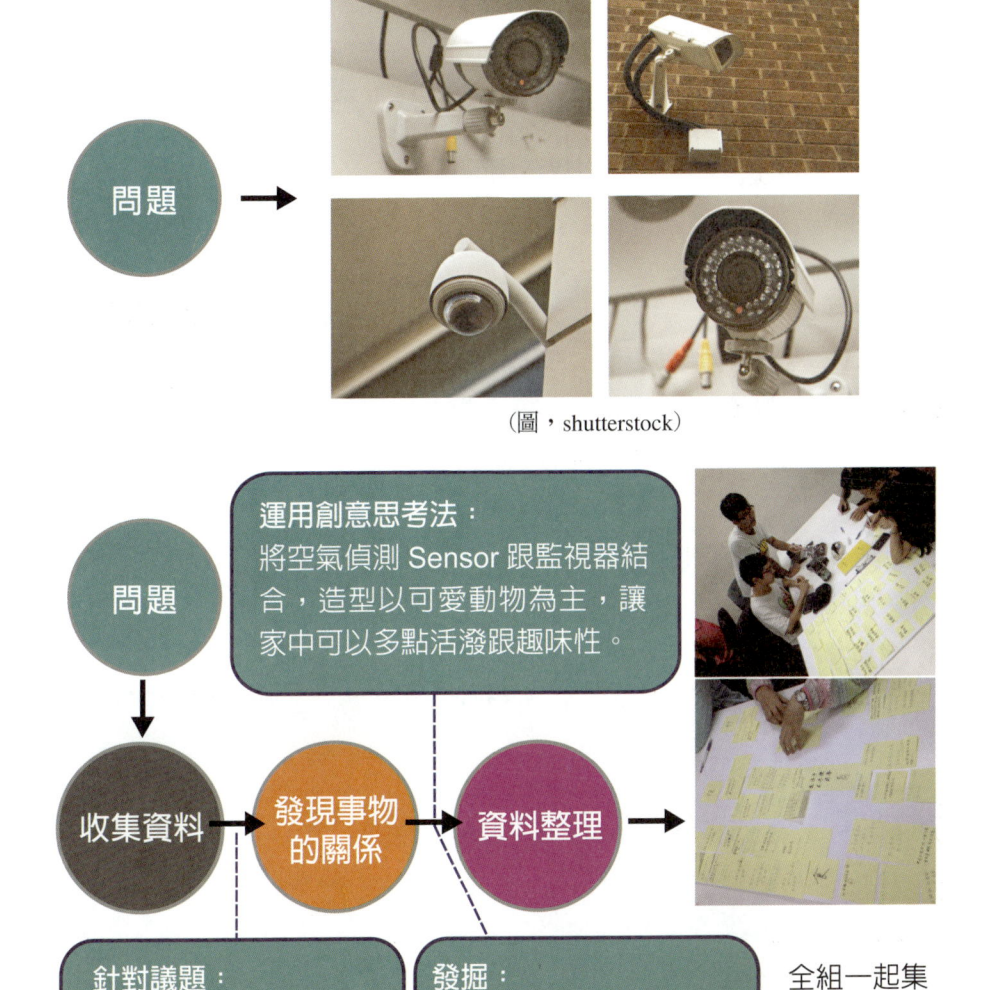

（圖，科技創新圖說明，陳建志提供，2015）

5. 創意構想提出

4. 出現創意，透過微觀想法去進行草圖繪製

設計階段：
將其微觀想法收斂，得知小組會以居家牆壁上的監視器為主，透過可愛跳躍的松鼠意象造型，結合可偵測居家空氣中 CO、CO_2 及灰塵的 Sensor。

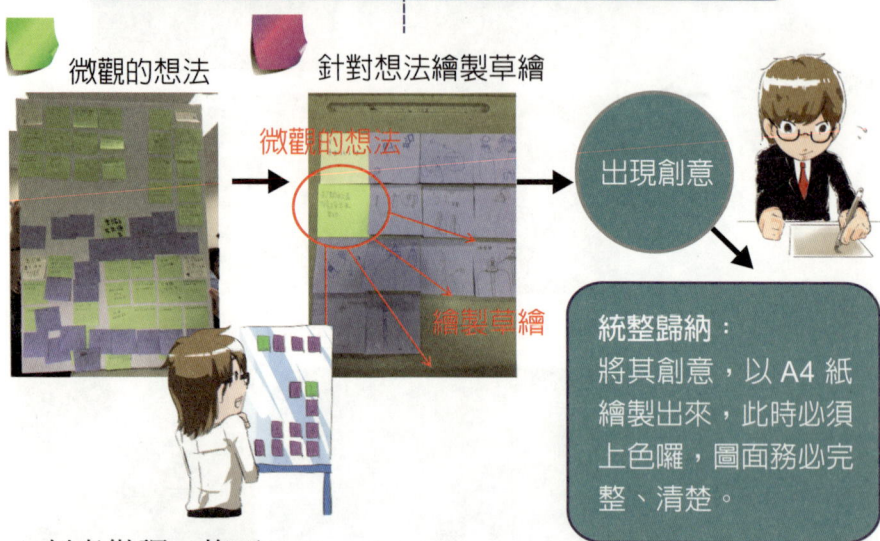

微觀的想法　→　針對想法繪製草繪　→　出現創意

統整歸納：
將其創意，以 A4 紙繪製出來，此時必須上色囉，圖面務必完整、清楚。

5. 創意微調、修正

創意完成階段：
透過可愛的松鼠造型監視器，內部加上可偵測室內 CO、CO_2 及灰塵的 Sensor，並可同時透過手機的 App 來有效控管居家安全及空氣品質，當發現空氣不好時，可透過手機 App 遠端開啟家中空氣濾淨器或電扇，同時也可透過手機監控家中的安危。

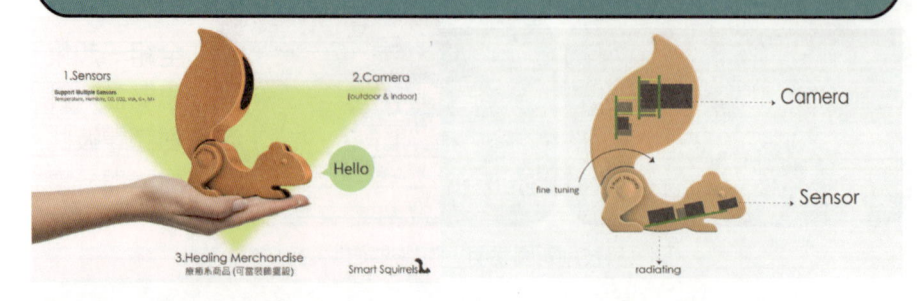

5. 創意構想提出

科技創新案例（實際市場範例）

誰也沒能預料在 1984 年間造成流行的 Walkman 與 CD，在短暫的二十年之後……

2004 年 iPod＋iTunes 成為全球第一的可攜帶式音樂媒介。

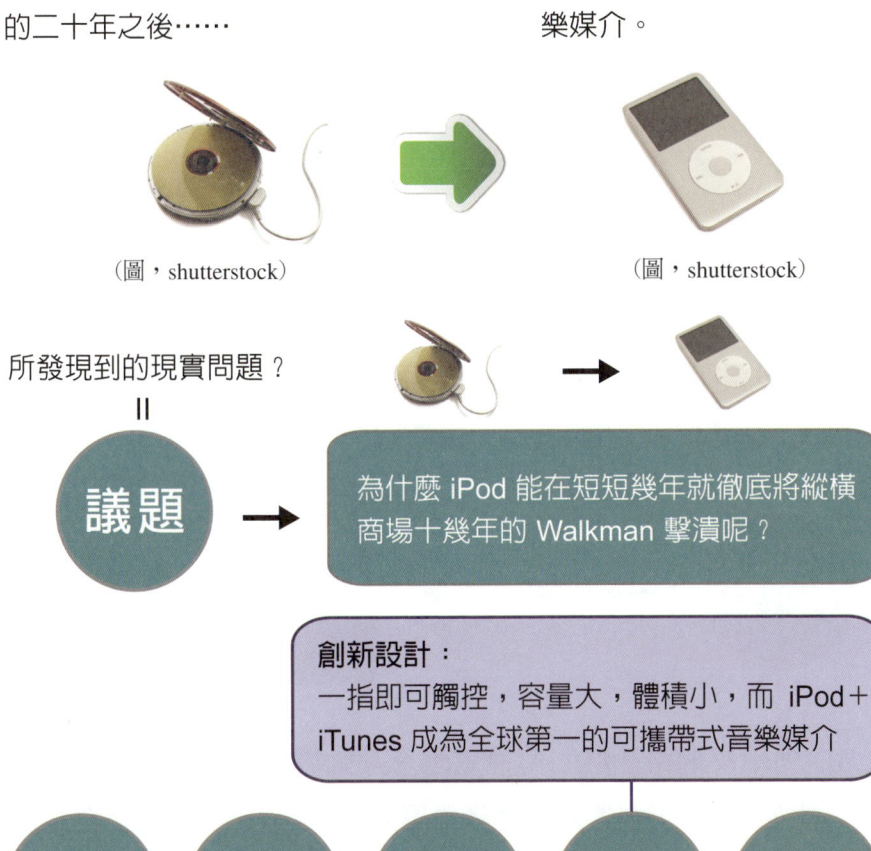

（圖，shutterstock）　　　　　（圖，shutterstock）

所發現到的現實問題？
＝
議題 → 為什麼 iPod 能在短短幾年就徹底將縱橫商場十幾年的 Walkman 擊潰呢？

創新設計：
一指即可觸控，容量大，體積小，而 iPod＋iTunes 成為全球第一的可攜帶式音樂媒介

收集資料 → 發現事物的關係 → 資料整理 → 出現創意 → 完成

統整歸納

發掘的問題：
目前市面上的 Walkman+CD 容量小，體積大，攜帶不方便，操作及使用上較麻煩。

Walkman 被淘汰的原因？

iPod+iTunes 的崛起

5. 創意構想提出

服務創新案例　1. 傳統授課已經過去,該如何翻轉?

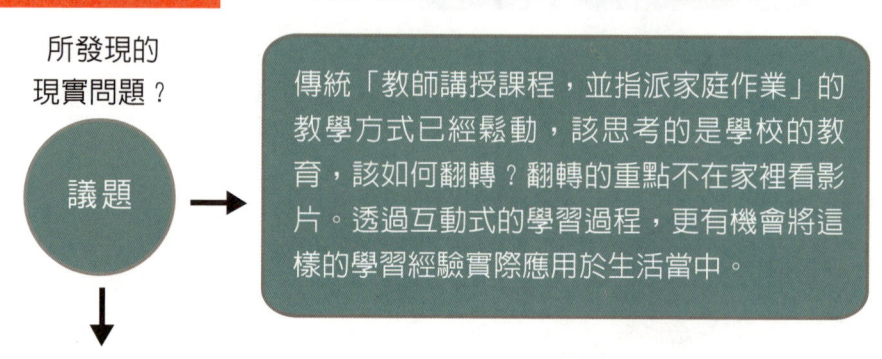

所發現的
現實問題?

（議題）→ 傳統「教師講授課程,並指派家庭作業」的教學方式已經鬆動,該思考的是學校的教育,該如何翻轉?翻轉的重點不在家裡看影片。透過互動式的學習過程,更有機會將這樣的學習經驗實際應用於生活當中。

2. 傳統的填鴨式教育,是否已不適合現在的孩子

　　傳統式教學,孩子不需與他人接觸或討論。然而,現今的社會,強調與多種多樣的人共生互助,學習與他人交流,透過活動充分將學到的知識運用於生活當中。

（問題）→ 傳統式教學

（圖,shutterstock）

3. 3D 列印及網路社群的傳播效應、互動機制

　　比如客群的回饋與資金募集等,造成「由顧客群參與意見與產品製造過程」的趨勢,而新的 3D 列印技術日新月異,也一定程度推動了更為個性化的產製形式。

（圖,國立高雄第一科技大學,3D 列印圖,陳建志攝影,2015）

142

5. 創意構想提出

4. 傳統式教育，很難引起學生興趣與學習熱忱

- 問題
- 收集資料
- 發現事物的關係
- 資料整理

運用創意思考法：
討論該如何翻轉教育？現今所關注向群眾說話、讓消費者參與製造的 3D 列印製造者時代來臨。

針對議題：
傳統填鴨式教育無法提升孩子的學習意願。

發掘：
操作「學習共同體」的學校，經由實際的課程參與及互動，提升學生的學習效果。

全組一起集思廣益，針對議題彼此討論與分享

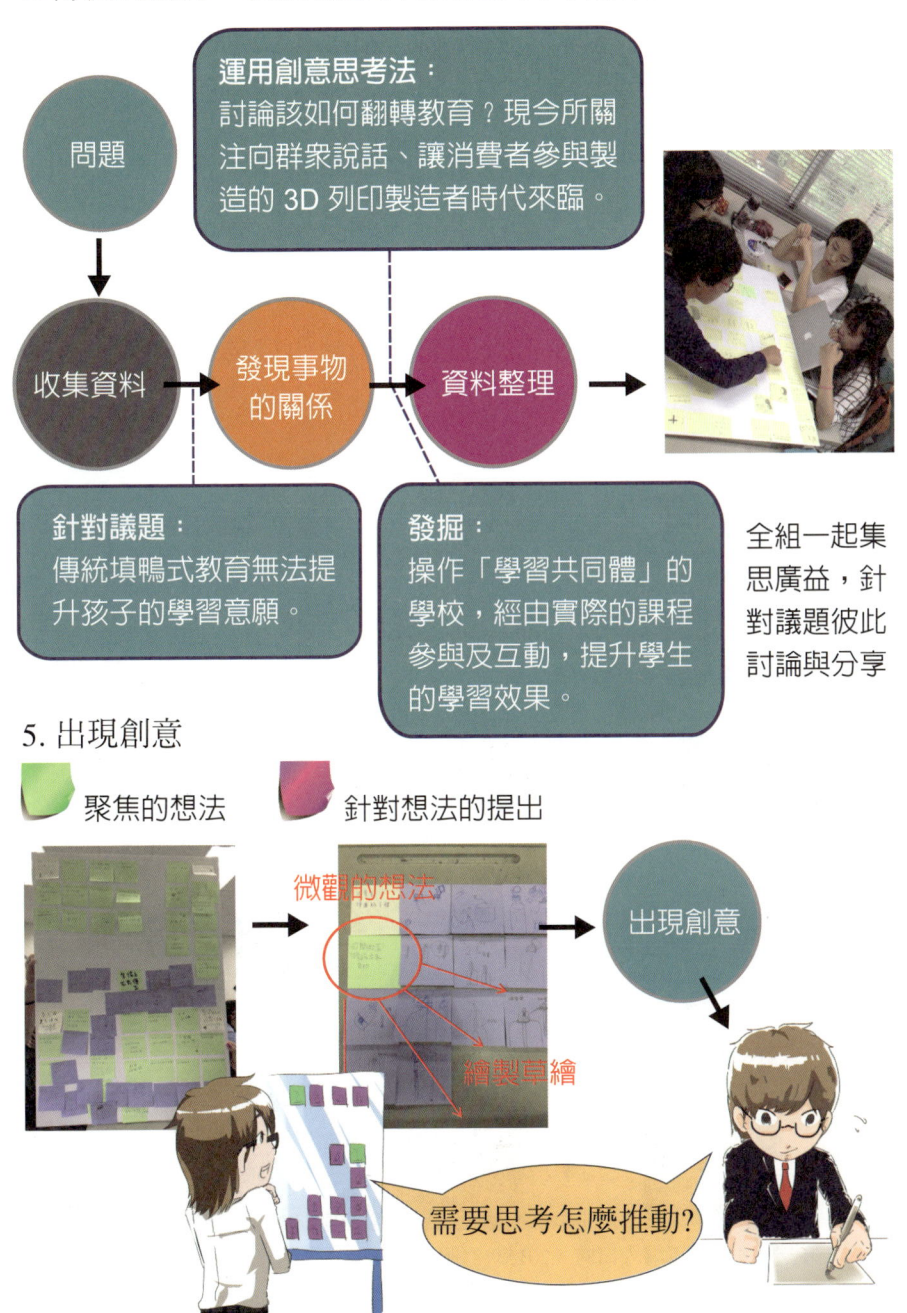

5. 出現創意

- 聚焦的想法
- 針對想法的提出
- 微觀的想法
- 繪製草繪
- 出現創意

需要思考怎麼推動?

(圖，服務創新圖說明，陳建志提供，2015)

5. 創意構想提出

6. 服務創新的呈現

以國立高雄第一科技大學為例，以「創業型大學」為發展目標，透過跨領域、跨系所、跨學校的模式，提供創業所需的討論空間及製造者設備，同時更重視產學合作，透過多項獎勵研究及產學合作辦法，鼓勵學生媒合團隊深入產業，增加實務經驗，使教學、研究能切合業界需求，徹底地改變以往傳統式的填鴨式教育，實行「學習共同體」的教學環境及目標，發展服務創新教育。

(照片，第一科大創夢工場 3D 印表機，2015)　(照片，第一科大創意與創新課程，2015)

(照片，第一科大創夢工場入口處，2015)　(照片，第一科大創夢工場新創團隊培育室，2015)

5. 創意構想提出

服務創新案例（實際案例）

校園的腳踏車亂停，造成行動不便及有礙觀瞻。

國立高雄第一科技大學提供的愛心鐵馬的服務。

（腳踏車圖，陳建志拍攝，2016）　　（照片，第一科大愛心鐵馬，陳建志拍攝，2015）

所發現到的現實問題？
＝
議題 → 校園腹地較廣，為提升師生校園行動的便利性，創校初期校方即設置了愛心腳踏車，供師生校內騎乘。

服務提供：
校內提供大量愛心鐵馬，服務學生往來校園各處之便利性，同時增進提高校園美觀。

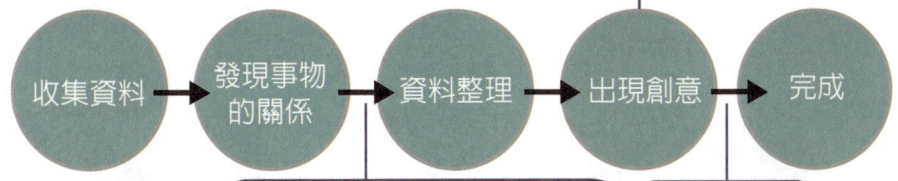

收集資料 → 發現事物的關係 → 資料整理 → 出現創意 → 完成

發掘的問題：
校園腹地廣大，往來不便，另腳踏車亂停，甚不美觀。

統整歸納

校園腳踏車亂停

愛心鐵馬服務

145

5. 創意構想提出

文化創新案例

1. 剪紙藝術的沒落與失傳,該如何挽救?

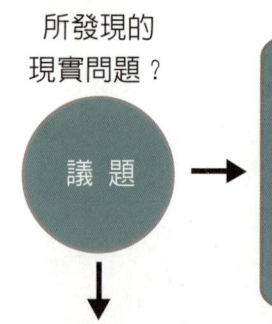

所發現的現實問題?

議題 → 剪紙,沒有時間與空間的太多限制,一把簡單的剪刀與一張紙,不管是何時何地都可以產生作品。可是看似簡單的剪紙藝術,卻蘊含豐富文化內涵且流傳既久,在傳統文化的傳承上具備一定的深層意義。

2. 剪紙藝術的沒落與失傳,要如何去重新串起世代間的距離?

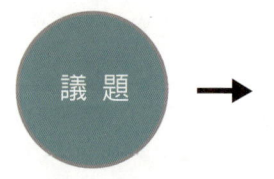

議題 →

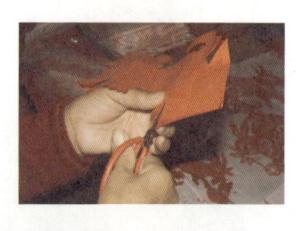

3. 透過創意設計,有效延續傳統技藝

問題

運用創意思考法:
透過鏡射原理,設計出對稱的效果,再進行意象創意的轉換。

收集資料 → 發現事物的關係 → 資料整理 →

針對議題:
該如何面對剪紙藝樹傳承及延續呢?

發掘:
發現剪紙藝術特有的對稱原理,運用發想結合到其他的創意設計。

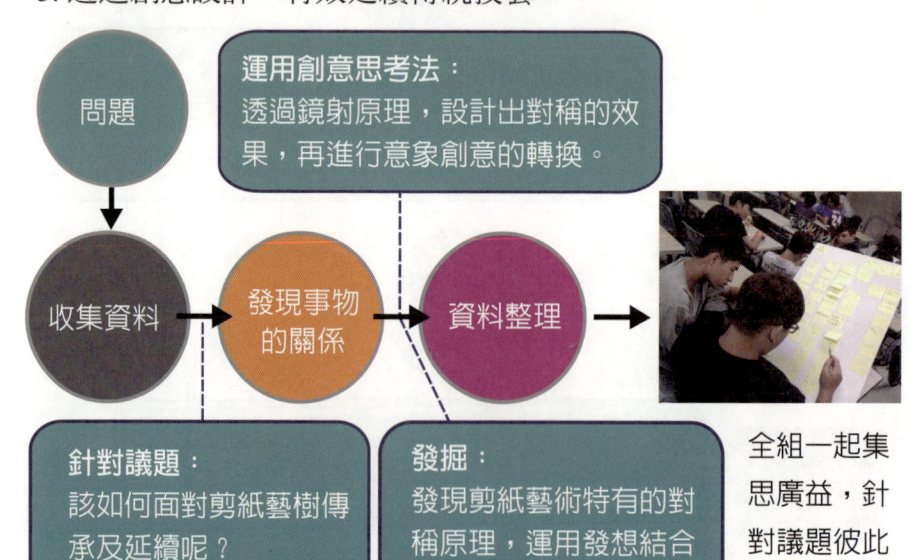

全組一起集思廣益,針對議題彼此討論與分享

5. 創意構想提出

4. 出現創意

設計階段：
設計成對稱的文具尺＋吊飾組合造型，可以是吊飾也可以是組成的文具尺。文具尺合併後有 11 公分，賦予了一生一世的意象。

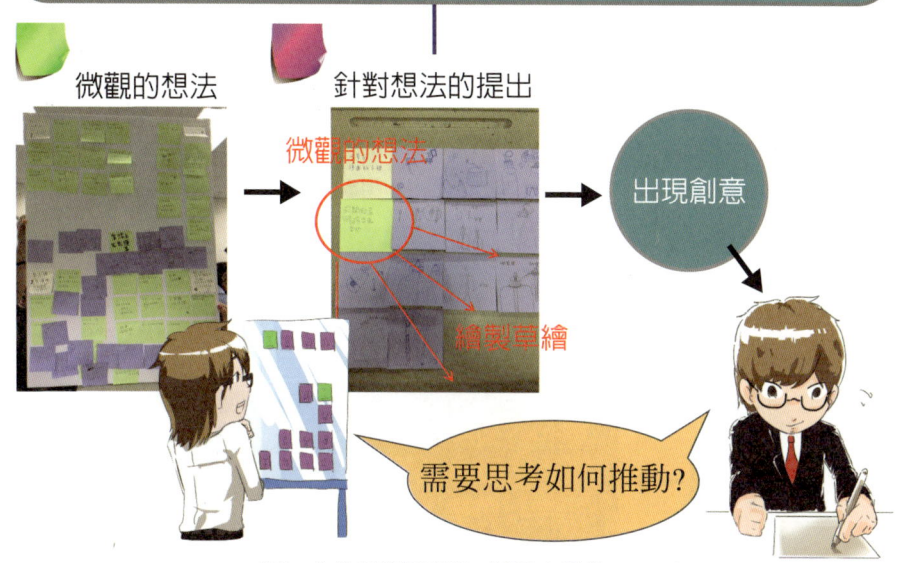

微觀的想法　　針對想法的提出

微觀的想法
繪製草繪
出現創意

需要思考如何推動？

（圖，文化創新圖說明，陳建志提供，2015）

5. 創意完成

創意完成階段：
透過剪紙藝術特有的對稱原理，經由創意將對稱意象延續下去，設計成文具尺吊飾組，可以是吊飾，也可以是文具尺，利用雙囍的一凹一凸設計所組成一把 11 公分的尺，整體看來，既能完整呈現藝術作品的巧思，象徵一生一世，又能保留傳統剪紙意象以及創新概念。

（圖，文化創新商品設計，陳建志提供，2015）

5. 創意構想提出

文化創新案例（實際案例）

鄉間巷弄的傳統窗花藝術已漸漸消失。

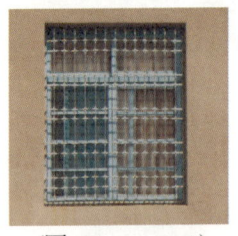

（圖，shutterstock）

保留窗花藝術的意象，設計成相關文創設計商品。

（圖，彥品惠築，扭轉系列——扭轉凳 陳彥豪及呂惠瑛設計提供，2013）

所發現到的現實問題？
＝

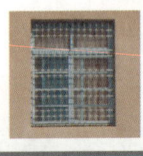

議題 → 窗花，可說是台灣傳統建築裡很令人驚艷的風景，它承載著許多台灣人對兒時的記憶。如今我們是否還能重拾童年時穿梭街巷中對於各家窗景的印象？

文化延續的創意設計：
透過窗花特有圖騰及強烈的透光效果方式來進行創意設計，並且保留窗花特色。

收集資料 → 發現事物的關係 → 資料整理 → 出現創意 → 完成

隱藏於巷弄之間的窗花風情漸漸消失，我們該如何運用創意延續、創新呢？

統整歸納

窗花藝術不再，該怎麼延續？

保留窗花意象的創意。

5. 創意構想提出

創意與創新──科技創新、服務創新、文化創新：

科技創新案例
科技技術於居家生活輔助與體驗

破壞式創新的呈現

服務創新案例
翻轉教育，提供「學習共同體」的教學環境及目標。

文化創新案例
透過創意設計，傳承沒落失傳的傳統技藝。

　　透過上述針對科技、服務及文化創新的案例介紹，相信應該比較有概念了，除了透過概念說明之外，接下來還可以透過實際操作讓自己更清楚腦力激盪法的操作。大家有沒有印象在第三單元，已透過黃色便利貼，選出在食衣住行分類中，大家認為對自己較為不便的四個問題，接下來則要透過綠色便利貼，進行第二次宏觀發想，針對選出的問題，進行宏觀創意發想。

5. 創意構想提出

第二次宏觀：（擴散發想）

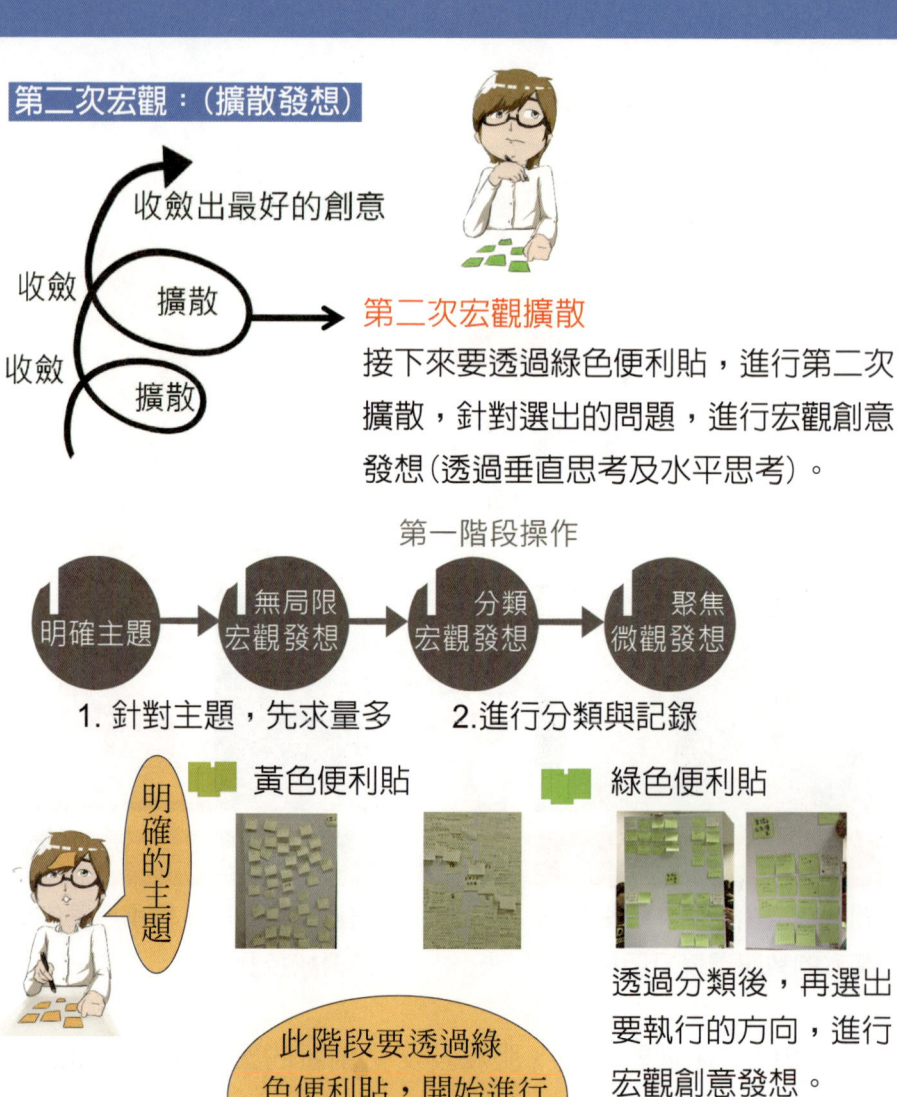

收斂出最好的創意

收斂 擴散
收斂 擴散

第二次宏觀擴散

接下來要透過綠色便利貼，進行第二次擴散，針對選出的問題，進行宏觀創意發想（透過垂直思考及水平思考）。

第一階段操作

明確主題 → 無局限宏觀發想 → 分類宏觀發想 → 聚焦微觀發想

1. 針對主題，先求量多　　2. 進行分類與記錄

黃色便利貼　　　　　綠色便利貼

明確的主題

透過分類後，再選出要執行的方向，進行宏觀創意發想。

此階段要透過綠色便利貼，開始進行創意點的延伸囉！

綠色便利貼　＋　進行解決方式發想

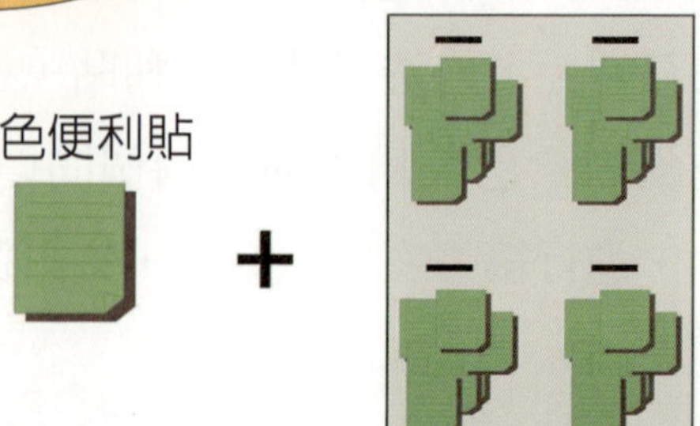

5. 創意構想提出

　　透過一人幾票的票選方式選出食衣住行分類中，大家認為對自己較為不便的問題之後，已將問題收斂後選出四個大方向，接下來再針對該議題，擴散式提出更多且更細微的使用上的問題。

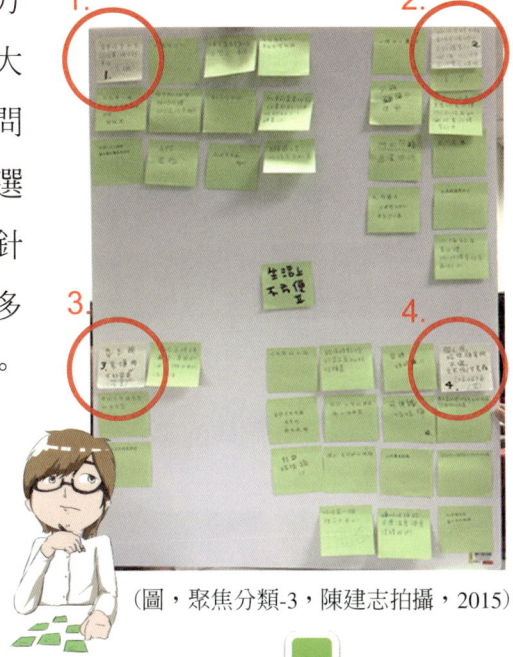

（圖，聚焦分類-3，陳建志拍攝，2015）

思考法工具：
綠色 3M 便利貼（進行第二次宏觀發想。）

　　舉例而言，團隊從眾多的宏觀擴散問題中，經過取捨挑選出四個較為不便的問題後發現，住的部分有比較多的問題，其中又以倒垃圾的問題最讓組員們困擾，因為綠色便利貼所呈現的張數比較多。

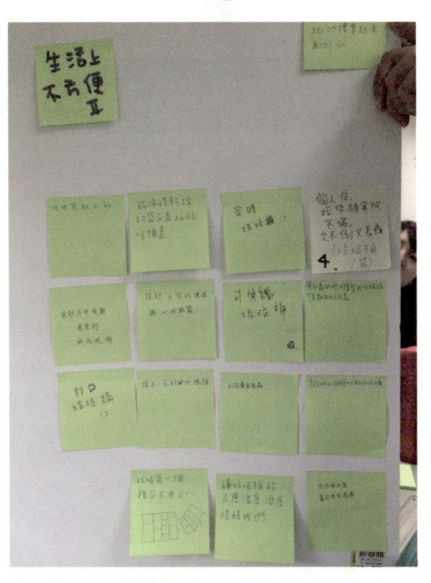

（圖，第二次宏觀情境-4，陳建志拍攝，2015）

151

5. 創意構想提出

發掘出使用者未滿足的強烈需求，延伸成創意想法：

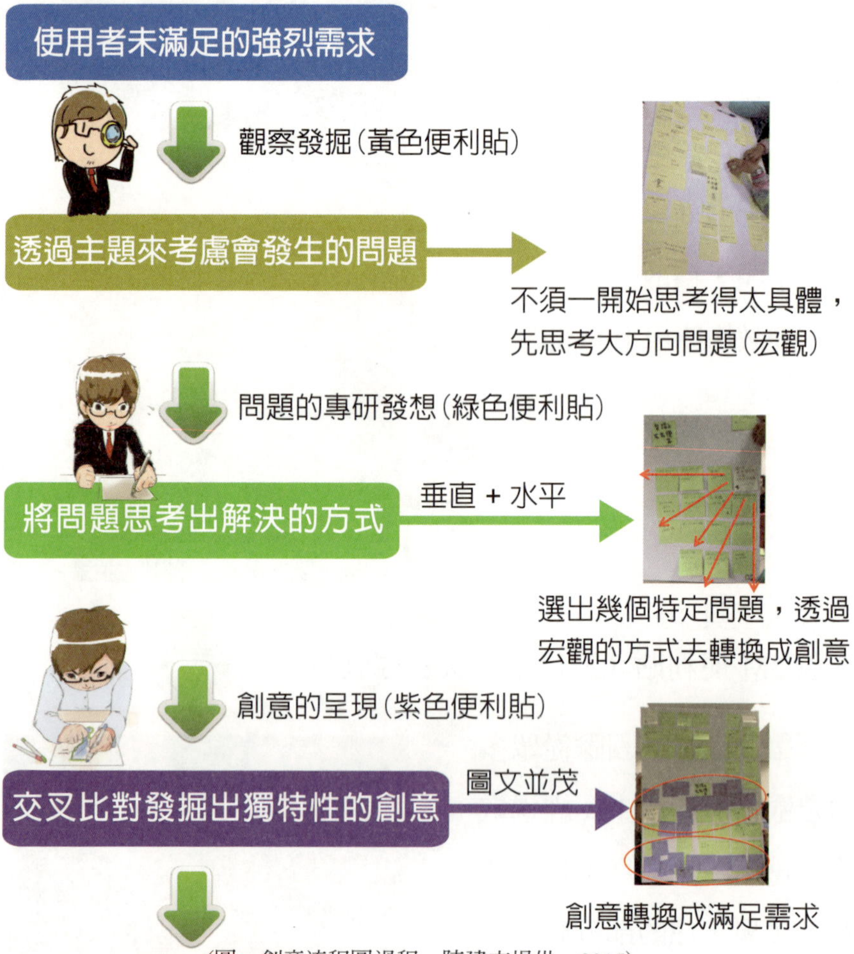

使用者未滿足的強烈需求

⬇ 觀察發掘（黃色便利貼）

透過主題來考慮會發生的問題 ➡ 不須一開始思考得太具體，先思考大方向問題（宏觀）

⬇ 問題的專研發想（綠色便利貼）

將問題思考出解決的方式 ── 垂直＋水平 ➡ 選出幾個特定問題，透過宏觀的方式去轉換成創意

⬇ 創意的呈現（紫色便利貼）

交叉比對發掘出獨特性的創意 ── 圖文並茂 ➡ 創意轉換成滿足需求

⬇

（圖，創意流程圖過程，陳建志堤供，2015）

使用者的潛在問題
因住的問題，發現垃圾袋的潛在問題。

針對問題所產生的創意（大方向）
發現垃圾袋開口難開，針對如何方便打開垃圾袋進行討論。

（差異性產生） ⬆

（逆向操作） ⬇

創意的產生，並降低問題
稍做改變垃圾袋的開口，以不改變原使用方式。

針對該創意如何解決問題
發現垃圾袋開口難開的原因是因為手部靜電及難辨識。

5. 創意構想提出

單元微觀收斂操作 5-1

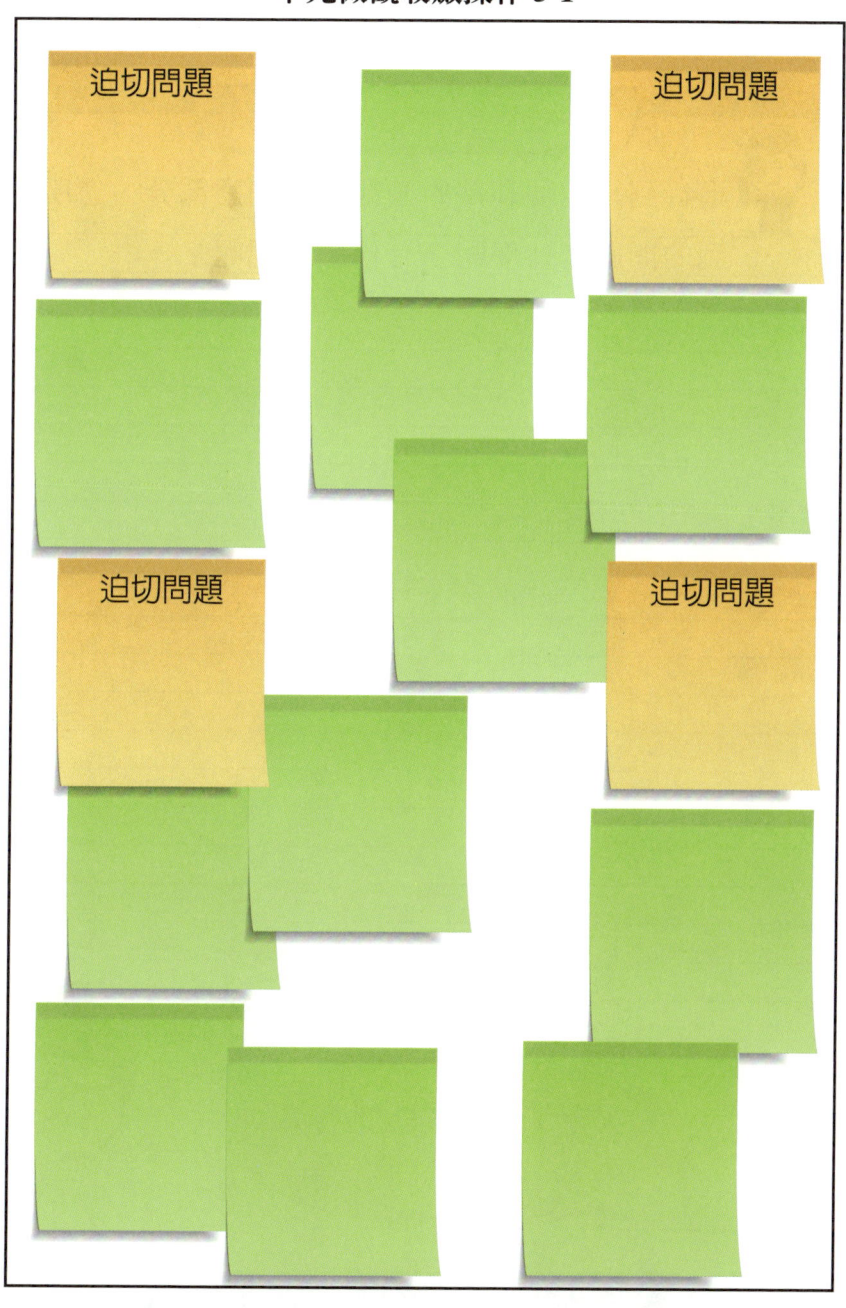

透過綠色便利貼，針對選出的問題點、創意點作延伸，愈多愈好！

5. 創意構想提出

進行到綠色便利貼的宏觀發想創意部分,您所遇到的問題是什麼呢?有什麼感想呢?

每天養成不斷做筆記的習慣,別讓突然來的創意飛走囉!~

6. 創意設計案例分析：議題、提案、功能

創意與生活，是觀察出來的：

　　人是透過五感來感受日常生活，其中視覺是最先認知的部分，也就是觀察，視覺辨識是最快對創意想法造成衝擊的，透過觀察，我們了解生活上不便利的問題，可以透過創意來解決它，並滿足使用者的需求。優秀的觀察力，足以增加對於需求的發掘機會。懂得利用觀察來探究各種表象背後潛藏的深層原因，其實就已經開啓了從一般人慣性思維中走出另一條嶄新創意之路的可能性。

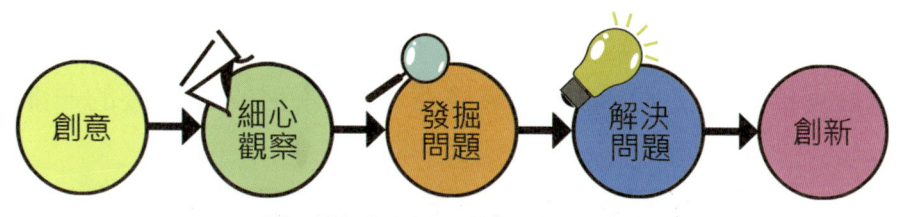

創意 → 細心觀察 → 發掘問題 → 解決問題 → 創新

（圖，創意重點流程，陳建志提供，2015）

　　優秀的觀察力，足以增加對於需求的發掘機會。在整個創意流程當中，最重要的就是觀察，觀察消費者的潛在需求、使用行為，透過觀察，才能發掘出消費者要的真正需求。其實，消費者也都是要透過觀察，透過第一印象決定這商品是否滿足他的需求。

　　相關研究顯示，消費者購買商品時，引起消費動機很大的原因是視覺觀感，因為眼睛是最先觀察到產品的器官。而在美術藝術及設計領域的範圍當中，一項產品在造型設計上的美感就相當重要。根據研究亦得知，人們在消費時，在作理性的判斷之前，人的五感現象通常會先有意識，而產生感性反應的速度則快於理性思考。

6. 創意設計案例分析：議題、提案、功能

（圖，購買意識與五感的關係圖，陳建志繪製，2015）

觀察除了可以發掘問題之外，也是影響消費者在消費時的觀感最直接的一環，而觀察就變成感覺、感知中，最重要的一部分。

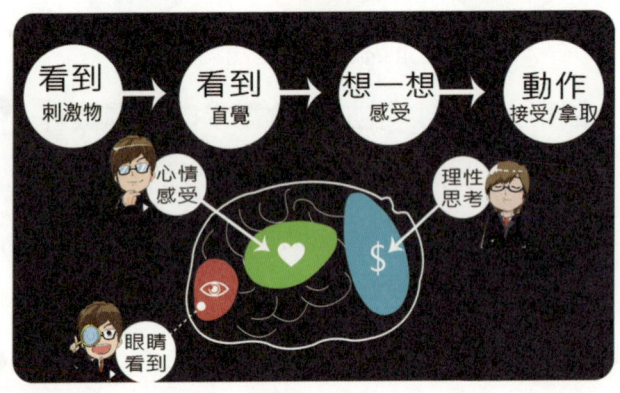

不管是創意或消費，都與感性知覺有關，尤其是透過眼睛的觀察更為重要。由相關研究得知，人們對於感知行為的興趣漸漸提升，感受所表現出的情報，並超越圖像、文字及聲音。因此，現在說是感性情報時代的來臨也不為過。不管是生活上的必需品，或是商品創意設計或是藝術，以及手機上的App icon，全都是透過我們的眼睛去觀賞與發掘的。

6. 創意設計案例分析：議題、提案、功能

創意設計案例：科技、服務、文創

結合科技、服務、文化創新的科技技術（透過發掘人對環境的習慣不便），可發掘出新創意，並為傳統的經營模式轉型。

透過故事、回憶的情境將文化創新傳承下去。

透過行動裝置配件的使用提高 App 系統服務的來臨。

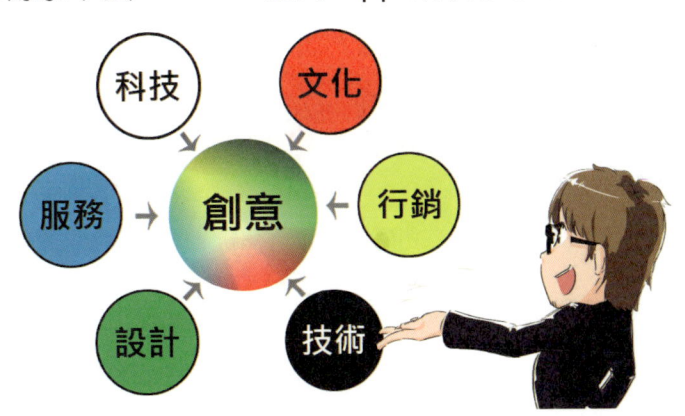

其實，要洞悉生活中的服務、文化創新，也要學習洞悉發掘出不同專業領域的人才，各司其職的運用自己的專長，進行創意發想。

6. 創意設計案例分析：議題、提案、功能

科技創新案例介紹

運用現有核心材質的特性技術，落實於居家的生活的創意的設計。

科技

創意案例探討

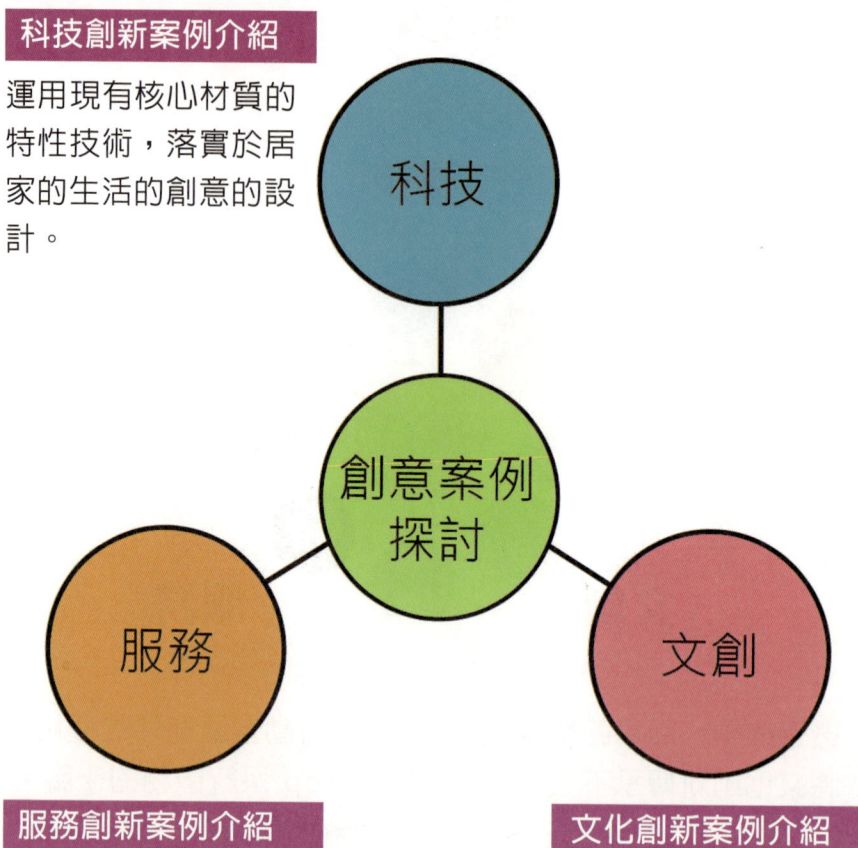

服務

文創

服務創新案例介紹

透過使用者 App 服務需求，導入生活運用的創意智能服務。

文化創新案例介紹

將台灣文化意象的延續與傳承，運用於創意設計當中。

（圖，創意案例探討於科技、服務、文化，陳建志提供，2015）

　　我們透過案例中的科技、服務及文化創新，去觀察出所要發掘的問題是什麼？以及所運用的技術核心是什麼？觀察到的問題及所運用的技術，產生出的創意構想又是什麼？這個創意構想，是否有滿足消費者的潛在需求呢？我們可以透過下列案例來探討看看。

6. 創意設計案例分析：議題、提案、功能

1. 科技技術的創新導向案例

科技創新可以透過材質特性的核心技術加值來推動。

所觀察發掘的問題是什麼？	技術核心是什麼？	創意構想是什麼？	是否滿足使用者需求？
發現生活上的什麼問題？	以什麼科技或材料作應用？	你的破壞式創新是什麼？	滿足消費者的什麼問題？

1. 科技技術的創新
2. 技術的轉型
3. 現有的 KNOW-HOW

透過運用現有的核心專業技術於創意設計，將核心技術轉化成具有市場潛力的創新商品，提升中小企業的潛力及價值，以 EVA[1] 工業用材質特性，運用於居家生活設計商品，透過現有的材料技術的轉型，間接的幫助傳統技術產業加值。

以前的傳統工業　　　　　現在的居家生活
（圖，shutterstock）　　（圖，EVA 材質特性設計，陳建志提供，2014）

1　EVA：Ethylene Vinyl Acetate，醋酸乙烯酯共聚物，具有防水、防摔、防震之特性

6. 創意設計案例分析：議題、提案、功能

所觀察發掘的問題是什麼？	→	技術核心是什麼？	→	創意構想是什麼？	→	是否滿足使用者需求？
發現生活上的什麼問題？		以什麼科技或材料作應用？		你的破壞式創新是什麼？		滿足消費者的什麼問題？
↓		↓		↓		↓
傳統產業外移，市場沒落，有技術沒市場。		將EVA發泡工業材料防撞、防摔之特性，運用於居家生活。		EVA工業用材運用於環保可回收的創新商品。		重新對EVA發泡材料的改觀，透過創意融入居家生活。

↓

（圖，EVA材質特性居家商品設計，陳建志提供，2015）

　　發揮工業用材EVA（Ethylene Vinyl Acetate，醋酸乙烯酯共聚物）發泡材防水、防撞的材質特性，透過創意，運用於居家生活商品，不但替傳統產業達到轉型的效果，也有效讓消費者對於工業用材的改觀，將其材質特性技術與生活設計作結合，來達到材質創新應用的新契機。

6. 創意設計案例分析：議題、提案、功能

2. 服務需求的創新導向案例

⬇

透過 App 的服務體驗需求打造行動商業模式

所觀察發掘的問題是什麼？	技術核心是什麼？	創意構想是什麼？	是否滿足使用者需求？
發現生活上的什麼問題？	以什麼科技或材料作應用？	你的破壞式創新是什麼？	滿足消費者的什麼問題？

1. 雲端科技趨勢的便利
2. 物聯網的興起
3. 解決消費者現有的購物問題

⬇

　　在創意設計過程中結合現有的專業技術運用，以滿足使用者需求進行研究與 App 軟體研發，如 IKEA 導入創意的過程，即透過開發使用者 App 服務功能來滿足需求，透過擴增實境技術，有效的降低消費者購物的時間。

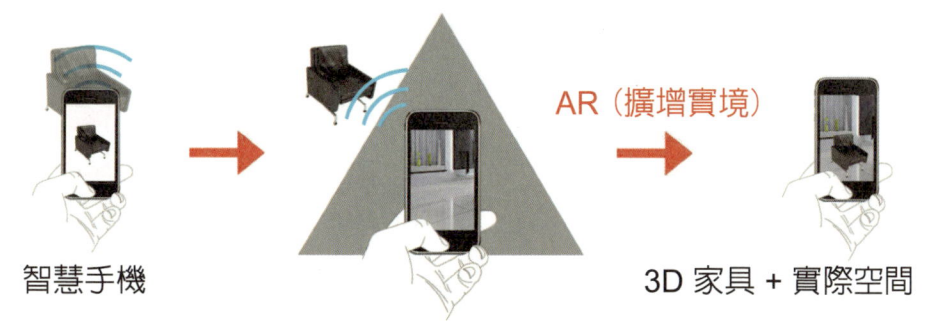

智慧手機　→　AR（擴增實境）→　3D 家具 + 實際空間

　　透過情境模擬，讓消費者不用出門，就可以透過擴增實境的 App，方便省時的來選配想要的家具。

6. 創意設計案例分析：議題、提案、功能

所觀察發掘的問題是什麼？	技術核心是什麼？	創意構想是什麼？	是否滿足使用者需求？
發現生活上的什麼問題？	以什麼科技或材料作應用？	你的破壞式創新是什麼？	滿足消費者的什麼問題？
家具 DIY 及情境模擬。	將 AR 擴增實境（虛擬化技術加到使用者感官知覺）。	透過 AR 擴增技術，可將想要買的家具對應自家空間。	透過 AR 擴增實境，降低消費者的外出購買時間。

⬇

「擴增實境」（Augmented reality），是使用虛擬技術結合人類既有的各種感官知覺，藉以擴增與打破每個人慣性思維與感知的局限。目前在智慧型手機上，已經出現不少擴增實境的應用，隨著技術的發展，未來的擴增實境也將會更先進。

服務：情境
（虛擬座椅 + 居家空間）

透過虛擬情境的布置，提高購買便利性的服務，刺激消費。

技術：AR（擴增實境）
Sensor + 智慧型裝置配件

透過虛擬與居家結合的便利技術，節省購物決策的時間。

6. 創意設計案例分析：議題、提案、功能

3. 文化創意的創新導向案例

⬇

透過創意去延續文化精神，達到創新的呈現方式

所觀察發掘的問題是什麼？	技術核心是什麼？	創意構想是什麼？	是否滿足使用者需求？
發現生活上的什麼問題？	選用最讓你印象深刻的文化故事？	你的破壞式創新是什麼？	滿足消費者的什麼問題？

⬇

1. 歷史、文化、故事的傳承
2. 創意設計的附加價值
3. 消費者的使用習慣及認知

⬇

　　將台灣文化意象運用於創意設計，以符合使用者需求。一個文化傳承、語言互動，或是一個深刻的故事情境，都可以轉換成創意商品的推廣。

（圖，shutterstock）

（劍獅手機座設計，融答有限公司提供，2015）

6. 創意設計案例分析：議題、提案、功能

所觀察發掘的問題是什麼？	技術核心是什麼？	創意構想是什麼？	是否滿足使用者需求？
發現生活上的什麼問題？	選用最讓你印象深刻的文化故事？	你的破壞式創新是什麼？	滿足消費者的什麼問題？
↓	↓	↓	↓
印象深刻的文化故事及該如何延續傳承。	用創意來延續文化的精神。	透過文化的意象或故事，透過設計來發掘新創意。	保留文化的精神，以及發掘出創新的使用方式及商品。

⬇

　　文化創新設計可將文化（包括傳統的文字、語言、建築、飲食、工具、技能、知識、習俗、藝術等……）有效地傳承及發揚，也可讓新世代的年輕人透過創新商品的設計重新認識文化精髓。

客滿　➡　客滿存錢筒　　酒瓶提箱　➡　酒瓶兒童座椅

（那年的時光展覽作品，陳建志提供，2015）

6. 創意設計案例分析：議題、提案、功能

科技、服務、文化創新操作發想：

　　前面介紹過科技、服務及文化三種創新案例之後，相信大家應該對於一個創意提案應該具備的四種面向有充分的認識。我們再透過以下三個案例發想過程，讓你更熟悉創意提案的四個過程。

科技創新操作發想過程：(1) 觀察發掘到的問題

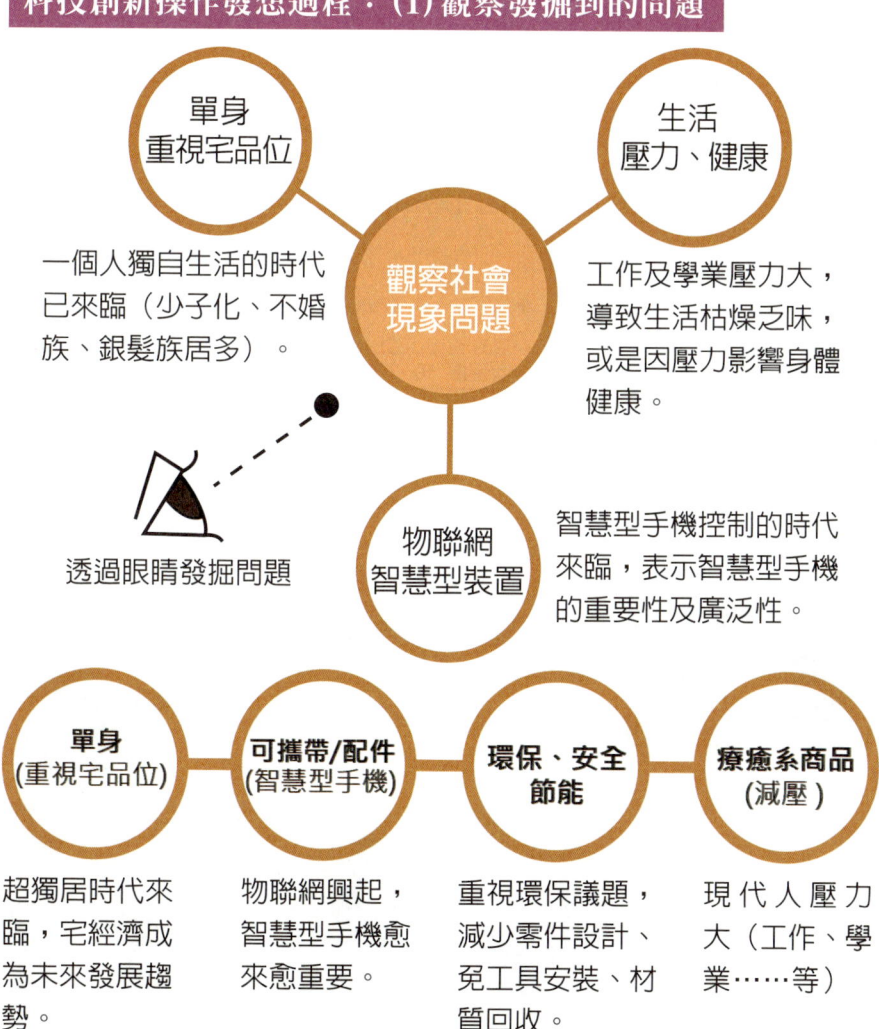

觀察社會現象問題

- **單身 重視宅品位**：一個人獨自生活的時代已來臨（少子化、不婚族、銀髮族居多）。
- **生活 壓力、健康**：工作及學業壓力大，導致生活枯燥乏味，或是因壓力影響身體健康。
- **物聯網 智慧型裝置**：智慧型手機控制的時代來臨，表示智慧型手機的重要性及廣泛性。

透過眼睛發掘問題

- **單身（重視宅品位）**：超獨居時代來臨，宅經濟成為未來發展趨勢。
- **可攜帶/配件（智慧型手機）**：物聯網興起，智慧型手機愈來愈重要。
- **環保、安全、節能**：重視環保議題，減少零件設計、免工具安裝、材質回收。
- **療癒系商品（減壓）**：現代人壓力大（工作、學業……等）。

6. 創意設計案例分析：議題、提案、功能

科技創新操作發想過程：(2)核心技術是什麼？

核心技術——低、中、高密度 EVA 發泡材質特性應用於設計：

EVA（Ethylene Vinyl Acetate，醋酸乙烯酯共聚物）橡塑製品是環保塑膠發泡材料，無毒、不吸水，且具有良好的緩衝、抗震、隔熱、防潮、抗化學腐蝕等優點。發泡材製品經設計可加工成型，其防震性能優，且符合環保要求，相對於防震包裝可以切割、成型；因密度差異較大，可以有更為廣泛的運用，市面上最常使用的產品就是鞋材的鞋墊，其次以屬運動器材及工業用材居多。所以在 EVA 的化學特性加工技術上，對日後所運用的產品有很大的影響。

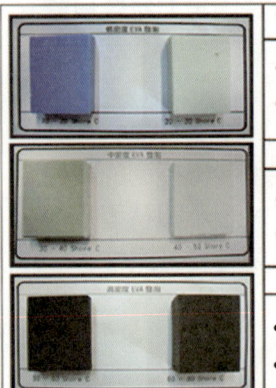

	低密度 10~30 度
	• 運用範圍：玩具、包材、保溫用品
	• 觸感：柔軟、止滑
	中密度 30~50 度
	• 運用範圍：船業、汽車用品
	• 觸感：偏硬、防水
	高密度 50~80 度
	• 運用範圍：運動護具、防震包材
	• 觸感：硬、防震、防摔

不同密度的 EVA，在市場上都有不同的用途喔！

（陳建志，2008，EVA材質特性及應用，pp.12~15，國立台北科技大學，台北）

6. 創意設計案例分析：議題、提案、功能

科技創新操作發想過程：(3) 創意構想是什麼？

　　了解 EVA 材質特性後，針對所需問題有效運用其特性，設計成猶如居家寵物造型的手機座，如貓咪、兔子、小松鼠造型，當它不是手機座時，也可以是桌上的療癒小物。對於這樣的創新，讓一向給人冷冰冰的工業用材 EVA 發泡材料，慢慢在使用性上，有了不一樣的觀感。

（你的居家寵物手機座 Sketch、3D 圖繪製，陳建志提供，2014）

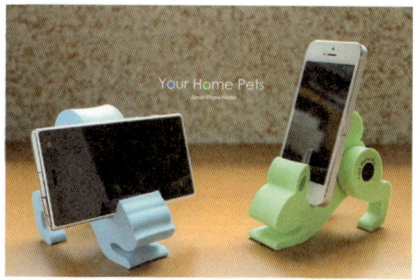

（你的居家寵物手機座設計實體，融答有限公司提供，2014）

科技創新操作發想過程：(4) 是否滿足使用者需求？

　　由於智慧型手機的普及，以及物聯網時代來臨，手機周邊配件相對的也愈來愈有市場，以 EVA 材質設計成手機座，不但與市面上產生差異性，材質也環保可回收，而沒放手機的時候，它就是一隻桌上的療癒公仔，讓工作繁忙之餘，看了也會心一笑，可紓解上班族繁忙的工作壓力。

6. 創意設計案例分析：議題、提案、功能

服務創新操作發想過程：(1) 觀察發掘到的問題

　　物聯網的概念是建立在網際網路的基礎上，進一步的利用無線射頻辨識系統（RFID, Radio Frequency Identification）與無線數據交換技術。在無人力干預的過程中，藉由商品彼此間的互動交流，在網路平台上實現商品自動識別與資訊互享的作用。

　　根據 Gartner[1] 2015 年全球使用物聯網概念的裝置，已達到了 48.8 億個，相對於 2014 年成長了 30%，且預估到了 2020 年時，同樣概念的裝置將至少達到 250.06 億個的驚人數字。而消費端的應用也將同步提升裝載物聯網裝置的數量，同樣根據來自於 Gartner 的估算，消費端使用裝載的物聯網裝置數量，在 2015 年時為 48.8 億個，而推估 2020 年可時能將高達 250.06 億個。

2020 年全球物聯網裝置將達 250.06 億個

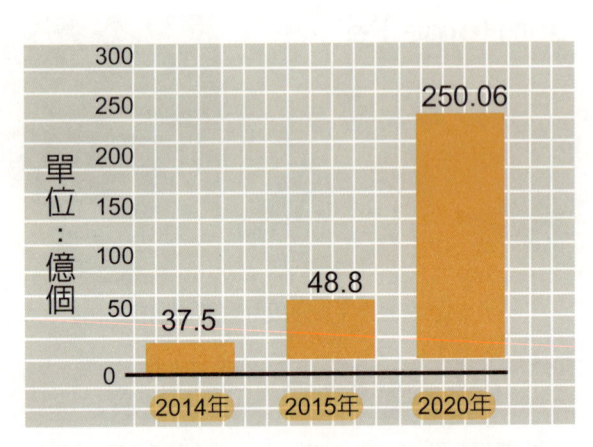

年份	數量（單位：億個）
2014年	37.5
2015年	48.8
2020年	250.06

（戴廷芳，2014，智庫百科-高德納諮詢公司（Gartner）：全球最具權威的 IT 研究顧問諮詢公司，http://www.ithome.com.tw/article/92827，2016.05 引用）

---

[1] 全球最具權威的 IT 研究與顧問諮詢公司，於 1979 年成立，總部設在美國康乃狄克州斯坦福。其研究範圍包括 IT 產業、發展、評估、市場等領域，為客戶提供客觀的預測報告。

6. 創意設計案例分析：議題、提案、功能

（圖，shutterstock）

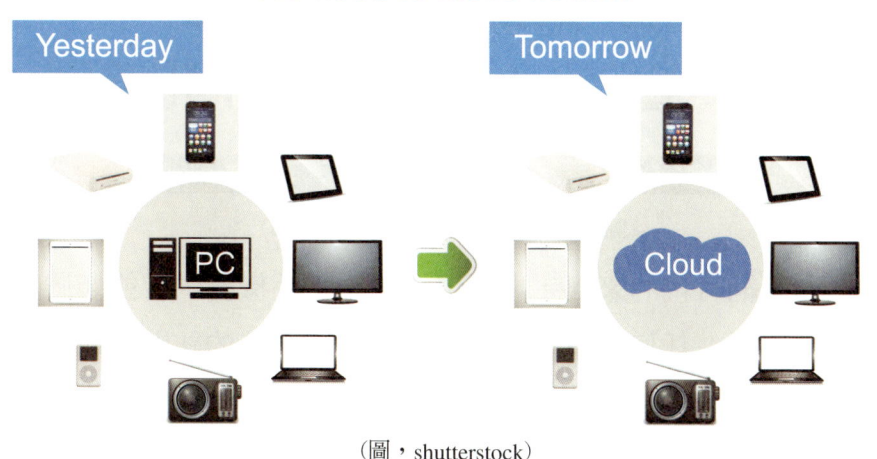

　　未來個人雲端將取代個人電腦，成為用戶數位生活的中心，消費雲端服務整合有 90% 連線消費電子設備，所以社會一直往前進步，我們也必須跟著未來移動才行！

　　聯發科董事長蔡明介於 2014 年也曾預言：在未來，IC（積體電路-Integrated Circuit）產業會像水、電一樣存在於我們生活之中，之後我們會慢慢進入一個智慧型裝置的世界。而 IOT（物聯網-Internet of Things）的服務，卻已經悄悄進入你我的生活之中，這樣的契機，相對也提高手機及平板的普及，同時帶動了周邊產品的發展。

（圖，shutterstock）

6. 創意設計案例分析：議題、提案、功能

服務創新操作發想過程：(2)核心技術是什麼？

| IP Phone | PC | Laptop | Pad | Smart Phone |

Fixed (Window, MAC OS) ....→............→............ Mobile (Android, iOS)

（圖片來源，陳建志繪製提供，2014）

　　物聯網時代的來臨，現在可透過一支手機提供智能裝置服務，主要是在任何地方都為使用者提供了即時的訪問，居家安全監控，以及查看和分享他們的設備或內容，透過手機的 App 服務，人們進入真正的未來時代已經來臨了，慢慢接近你的工作、娛樂及居家生活之中。

　　2016 台北國際電腦展（COMPUTEX）的主要市場著重在智能移動裝置，包括物聯網技術應用（智慧居家與智慧穿戴）。而主要趨勢應用和服務，主要區分為：

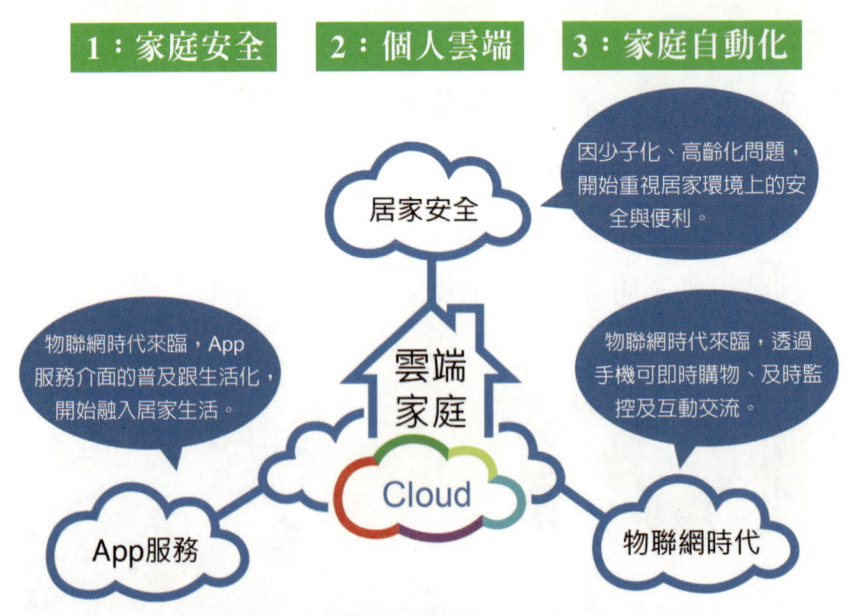

1：家庭安全　　**2：個人雲端**　　**3：家庭自動化**

- 居家安全：因少子化、高齡化問題，開始重視居家環境上的安全與便利。
- App服務：物聯網時代來臨，App 服務介面的普及跟生活化，開始融入居家生活。
- 物聯網時代：物聯網時代來臨，透過手機可即時購物、及時監控及互動交流。

雲端家庭 Cloud

（圖，來源雲端家庭，陳建志繪製提供，2014）

6. 創意設計案例分析：議題、提案、功能

服務創新操作發想過程：(3) 創意構想是什麼？

　　整合雲端科技的智慧型家電產品，與逐漸友善的人性化操作方式，讓消費大眾可以藉由智慧型手機 App，輕鬆且同時性的操作各種不同新式家電產品，並得以方便跨越距離執行遠端操作。透過這樣簡便的雲端服務與 App 的結合，不但可以縮短智慧型家電與使用者的間距隔閡，能有效率的節省開發成本，同時提供了一種更為便利與安全的智能家庭生活方式。

感測居家品質的 Sensor

手機的遠端控制

家電電流的有效控管及提醒

針對居家攝影機的遠端監控

（圖，shutterstock）

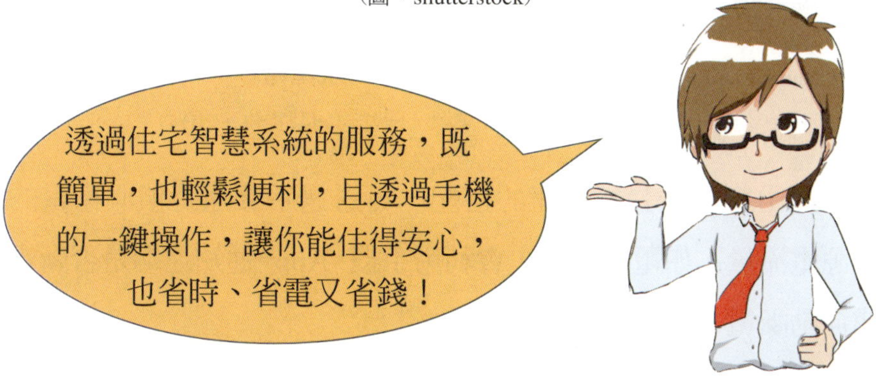

透過住宅智慧系統的服務，既簡單，也輕鬆便利，且透過手機的一鍵操作，讓你能住得安心，也省時、省電又省錢！

6. 創意設計案例分析：議題、提案、功能

智能裝置對居家狀況通知後，可透過手機遠端操控

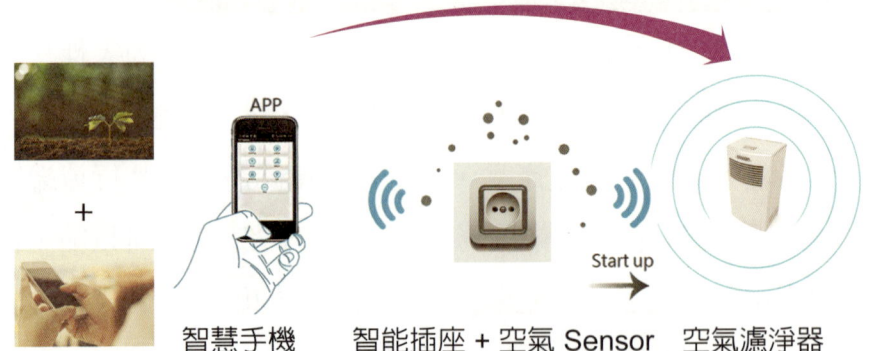

　　　　　　APP

（圖，shutterstock）　智慧手機　　智能插座＋空氣 Sensor　　空氣濾淨器
　　　　　　　　　　　　　　　（可偵測居家灰塵、CO 、CO_2 等……）

（圖片來源，陳建志繪製提供，2014）

　　經由智能插座與空氣感應裝置的搭配，可透過手機隨時偵測居家空氣品質，並利用遠端服務設定，自動開啟空氣濾淨器。

智能裝置對居家狀況通知後，透過手機 App 通知遠端斷電。

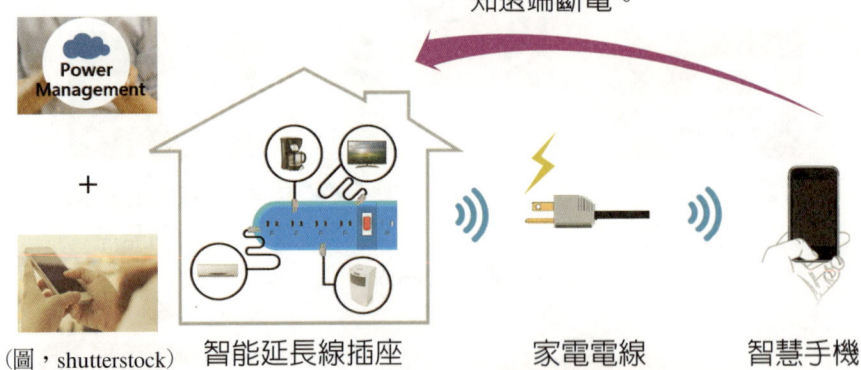

Power Management

（圖，shutterstock）　智能延長線插座　　　家電電線　　　智慧手機

（圖片來源，陳建志繪製提供，2014）

　　經由智能延長線插座的搭配，可透過手機隨時偵測家電的電源電流量，如電流過載，會利用手機 App 通知遠端是否斷電或自動斷電。

6. 創意設計案例分析：議題、提案、功能

（圖，shutterstock）　　　　（圖片來源，陳建志繪製提供，2014）

　　經由手機 App 的遠控服務，透過手機一鍵操作，即可遠端控制任何產品及家電，非常便利。

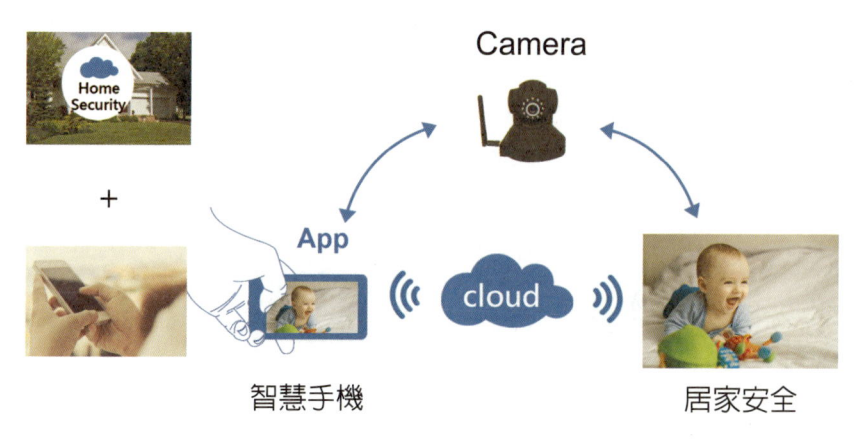

（圖，shutterstock）　　　　（圖片來源，陳建志繪製提供，2014）

　　經由手機 App 的遠端監控服務，可隨時透過居家的監控器，有效監控居家狀況，特別是現代少子化的社會來臨，父母會特別關注小孩狀況，利用遠端監控、及時回報，讓父母可比較放心。

6. 創意設計案例分析：議題、提案、功能

服務創新操作發想過程：(4) 是否滿足使用者需求？

　　因為物聯網的崛起，帶動手機等相關智慧型裝置的價值，且一個 App 即能控制家中所有智能家電，並更加貼近消費者的使用習慣和需求。從居家生活、娛樂、交通等除了追求最大效率之外，同時也提供更安全及更貼心的提醒服務。針對目前少子化及高齡化的趨勢，未來智慧型手機的創新服務，可讓我們有效降低危險性，並且提高手機周邊的附加價值及安全性。

- 手機座設計
- 手機保護膜
- 手機保護套
- 手機充電器

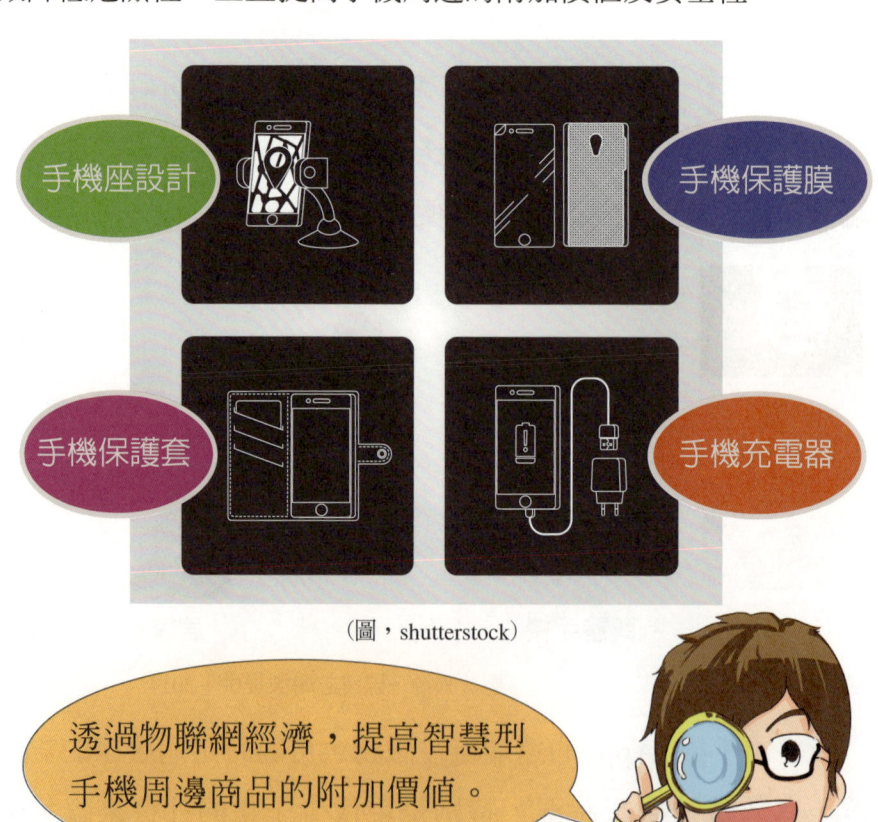

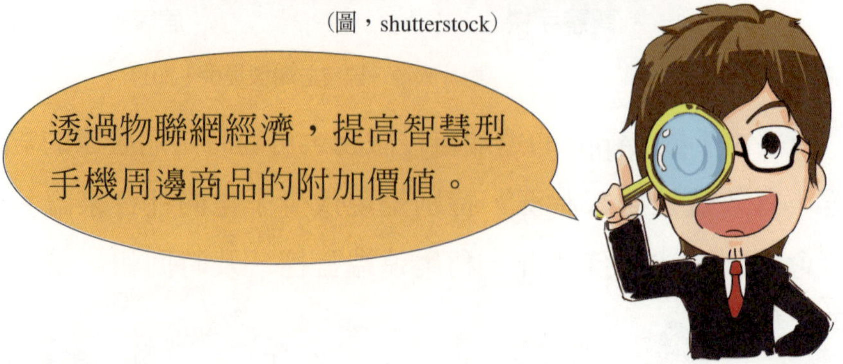

（圖，shutterstock）

透過物聯網經濟，提高智慧型手機周邊商品的附加價值。

6. 創意設計案例分析：議題、提案、功能

文化創新操作發想過程：(1) 觀察發掘到的問題

　　文化不一定是歷史間的過程，它還可以是一種生活態度及故事，透過生活的觀察，發掘出本土的台灣風格，並完成在地的文化傳承及延續。而每個國家都有屬於自己的民俗風情，不一定是透過飲食來推廣，例如設計、語言及音樂方面，都可以透過在地的文化推廣，成為當地的特色，因為這些共鳴並不會因語言及地域的不同而有劃分。如果能與其他國家的人分享自己祖國的特色，這樣才會在國際間產生所謂的辨識度。

　　所以，文化是沒有輸贏之分，只有互相了解之別。唯有透過國與國之間的文化傳承，才能更加的了解台灣文化，並為子孫留住一些文化上的教育及省思，避免後代只能生活在科技氾濫的世界中，也能對早期的生活態度及根源，不斷的予以灌溉茁壯，而冒出新芽。

文化創新操作發想過程：(2) 核心技術是什麼？

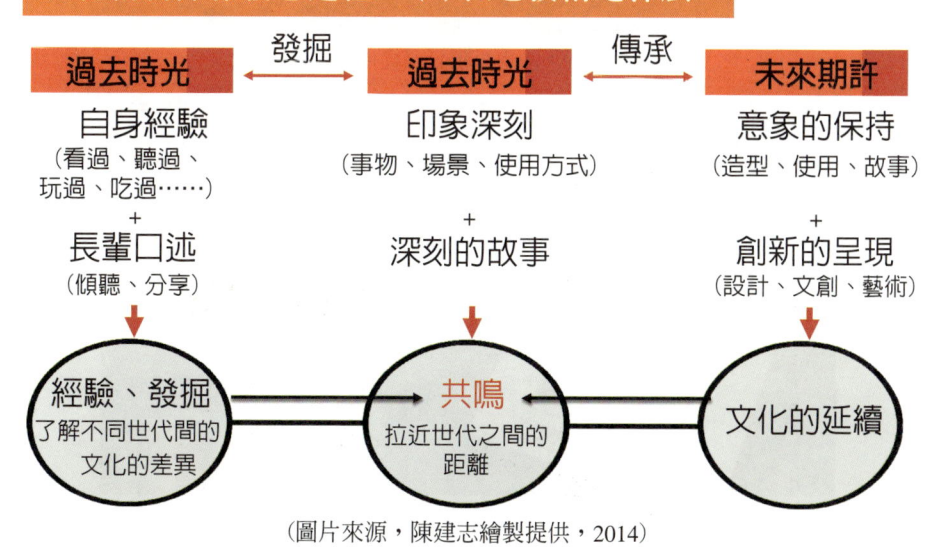

過去時光	←發掘→	過去時光	←傳承→	未來期許
自身經驗 （看過、聽過、玩過、吃過……） ＋ 長輩口述 （傾聽、分享）		印象深刻 （事物、場景、使用方式） ＋ 深刻的故事		意象的保持 （造型、使用、故事） ＋ 創新的呈現 （設計、文創、藝術）
↓		↓		↓
經驗、發掘 了解不同世代間的文化的差異	→	共鳴 拉近世代之間的距離	←	文化的延續

（圖片來源，陳建志繪製提供，2014）

6. 創意設計案例分析：議題、提案、功能

文化創新操作發想過程：(3) 創意構想是什麼？

　　其實，每一件物品都充滿著台灣風格，它們本身也都記錄著一段段感人的故事，不見得台灣風格就得人人都看過、聽過，有很多屬於台灣的本土風格，都低調隱身在角落裡，等待被發掘。其實最不起眼的巷弄小道間，更能發掘出台灣的本土風格，例如柑仔店、老戲院，裡面有著許多人的童年回憶，幾乎每一件物品都記憶著台灣最質樸美好的樣貌，設計師可以透過生活中的故事及觀察，以設計手法來創新詮釋，將其精神保留。

藍白拖文化意象轉換的杯墊設計

藍白拖杯墊組

（圖片來源，融答有限公司提供，2014）

囍字文化意向轉換的近在咫尺設計（文具尺 + 包包吊飾）

（圖片來源，融答有限公司提供，2014）

6. 創意設計案例分析：議題、提案、功能

口哨糖的故事意象轉換成的糖心杯（情侶對杯設計）

（圖片來源，融答有限公司提供，2014）

小時候 QQ 可樂糖情境意象轉換成的文具磁鐵設計

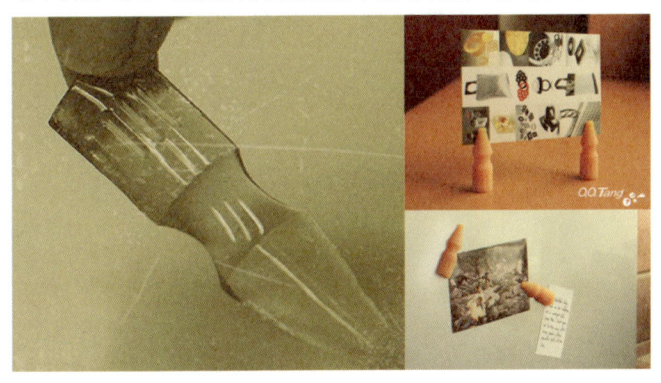

（圖片來源，融答有限公司提供，2014）

文化創新操作發想過程：(4) 是否滿足使用者需求？

透過文化意象的創新轉換，將大家熟悉的回憶，經由創新商品的呈現，既可以回味商品，在生活上也能實用。有了文化創新商品的發展，一方面可以重新延續傳統文化，另一方面對於新世代的年輕人，也能達到有效的傳承與認識，讓早已存在甚至流傳至今都還看得到文化記憶，可以藉著創意繼續流傳下去。

6. 創意設計案例分析：議題、提案、功能

單元練習 6-1

　　透過上述針對科技、服務及文化創新的操作說明，透過下列練習，請試著將你所觀察發掘的問題是什麼？技術核心是什麼？創意構想是什麼？以及是否滿足使用者需求，逐一探索思考，並記錄下來。

所觀察發掘的問題是什麼？	技術核心是什麼？	創意構想是什麼？	是否滿足使用者需求？
發現生活上的什麼問題？	用什麼科技技術或是深刻文化？	你的破壞式創新是什麼？	滿足消費者的什麼問題？

> 透過這樣的練習，相信你會對自己的創意更加有信心喔！

6. 創意設計案例分析：議題、提案、功能

技術核心跟如何解決使用者的潛在問題非常重要！～將你的過程記錄下來。

每天養成不斷做筆記的習慣，別讓突然來的創意飛走囉!～

6. 創意設計案例分析：議題、提案、功能

Using the right way, everybody can be a designer

7. 創意繪圖的表達方式

圖畫得好，不如傳達得清楚：

　　此單元將要進至創意草繪的階段，並開始用到紫色便利貼囉！此單元也會教各位有關書中所提到的繪畫小技巧。一張圖的價值，並不在於畫的好不好，而是在於是否有效的傳達了訊息。之前透過黃色及綠色便利貼寫下創意來源及創意想法，主要是為了讓自己了解呈現的方式；如今運用紫色便利貼來進行圖文的呈現，則是為了要將訊息有效的傳達給觀看者知道。

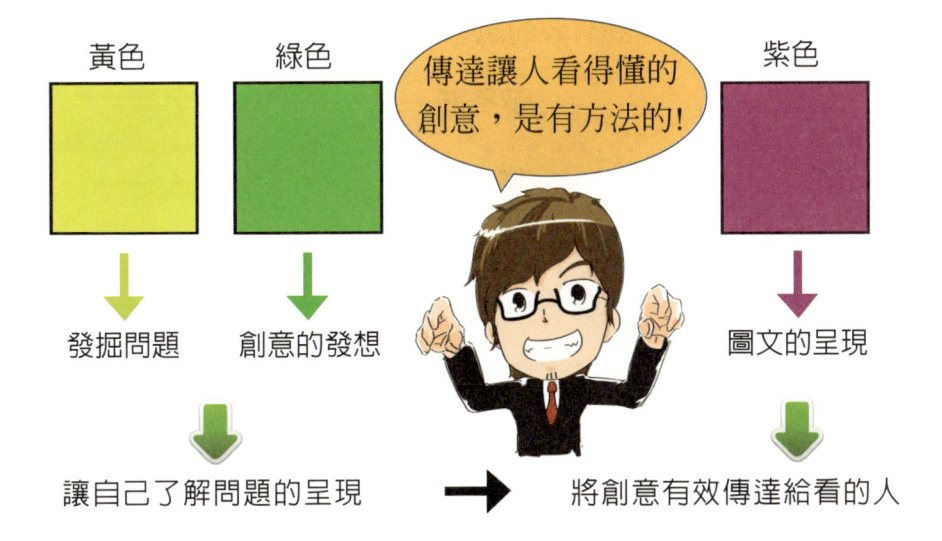

黃色	綠色	紫色
發掘問題	創意的發想	圖文的呈現
讓自己了解問題的呈現	→	將創意有效傳達給看的人

傳達讓人看得懂的創意，是有方法的！

站在觀看者的角度去思考：

　　所以，要讓觀看者了解你的想法，就必須站在觀看者的角度，試著將你的圖文，翻譯成可以讓觀看者理解的內容，所以不管圖畫的如何，我們都必須朝著如何正確傳達訊息的這個方向發展下去。而之前透過腦力激盪法所繪製的一些草圖，那只是個思考過程，也許是別人難以理解的，所以接下來必須整理好創意想法，再繪製讓人看得懂的創意圖。

7. 創意繪圖的表達方式

圖文相互配合的清楚傳達：

　　　　透過發掘跟整合將創意聚焦後，為讓使用者能經由圖解知道如何使用，因此開始要進入繪圖的階段，將其構想及情境表現出來。圖解的表現往往會比文字敘述來的清楚、生動，例如年輕人愛看的漫畫書，或是小朋友愛看的圖畫故事書、產品的操作說明書等，都是根據淺顯意懂的圖解，加上內容明瞭的敘述傳達，將觀看者帶進要表達的情境裡，對於想法的傳達，會有比較高的效率，達到有效的訊息傳遞。

漫畫　　　　　故事書　　　　　說明書

（圖，shutterstock）

　　　　透過上圖所示，大家想想，如果只有畫圖而沒有文字的敘述說明，其實應該只有畫圖的人才知道什麼意思，但如果將以上簡單易懂的文字敘述，搭配著圖解來看，就如上圖的漫畫、故事說及說明書，都是透過文字輔助思考，及圖片的訊息傳達，來讓看的人感覺輕鬆自在，真正重點就是如何讓人一目瞭然。

7. 創意繪圖的表達方式

培養隨時隨地的塗鴉草繪練習：

　　在之前的單元裡有提到，要隨時帶著筆記本，以便一有想法出現，就可以隨時地繪製記錄下來，這樣的習慣培養，除了觀察力的培養之外，其次最重要的就是塗鴉草繪的練習，像在等待時或是坐車時，都可以迅速的將看到的或想到的，即時透過簡易的草圖記錄，並搭配易懂的註解說明，如下圖所示，只要多加利用空閒等待的時間練習，任何人都可以輕鬆練習草繪及練習上色。

(圖，手繪及上色練習，陳建志拍攝，2015)

圖解
表達元素之間的關聯性，並搭配文字說明

說明文字
利用說明文字來表達元素之間的關聯性

圖文並茂

　　將資料繪製成一份方便接受者理解的繪圖，就是一種能傳達訊息的草繪圖。因此，若你想在溝通過程中活用圖解，除了用圖來呈現想法外，就必須用他人可以理解明瞭的圖像搭配文字，透過視覺性的元素，讓人可以直覺的掌握內容，所以草繪圖與說明文字的清楚表達與搭配，就顯得格外的重要。

7. 創意繪圖的表達方式

透過繪圖，將訊息有效的傳達給人看得懂：

　　正確的表達自己心中的創意並不容易，那該怎樣做，才能正確傳達想法呢？例如說，A 女送東西給 B 男，請試著用圖文的方式去呈現，你該如何透過圖片讓人看得懂你想要表達的「A 女送東西給 B 男呢？」 大部分人一開始畫圖，如果畫成下方這樣，請問看得懂嗎？

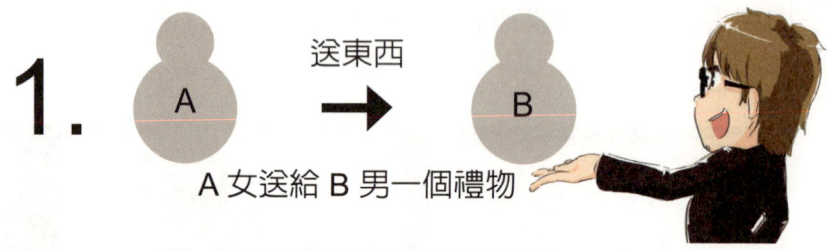

1. A →送東西→ B
A 女送給 B 男一個禮物

（圖，創意設計草繪練習 1，陳建志繪製，2015）

　　理論上，上圖所呈現的，的確是 A 女送東西給 B 男，但似乎是少了點情境，也由於缺乏資訊，例如上圖，大部分的人看起來都會猜想，為什麼 A 要送東西給 B？A 跟 B 的關係是什麼？不覺得上述的繪圖就是畫給自己看的嗎？這是大部分初學者都會犯的小問題，即使是以自我為中心所畫的圖，雖然自己看得懂，但別人可能就會看得一頭霧水的亂猜。所以，畫圖的第一個重點就是，你必須站在第三者客觀的角度去畫，也就是必須站在觀眾的角度去繪圖，當你變成觀賞者，觀看的角度就會變得比較客觀，在這方式之下，你的圖解，也比較能夠有效的傳達出圖的意思喔。

> 畫圖時，你必須先保持客觀的角度去構思訊息的傳達。

7. 創意繪圖的表達方式

如果試著站在觀看者的角度，加點情境與及簡單的敘述，這樣的圖解比較淺顯易懂一些。如下圖，A 小姐送給 B 男生一個領帶當禮物，因為作者以第三者角度增加圖解的描述內容，使得原本 A 女送給 B 男東西，更加清楚、具體。

2.

A 女送給 B 男一個禮物

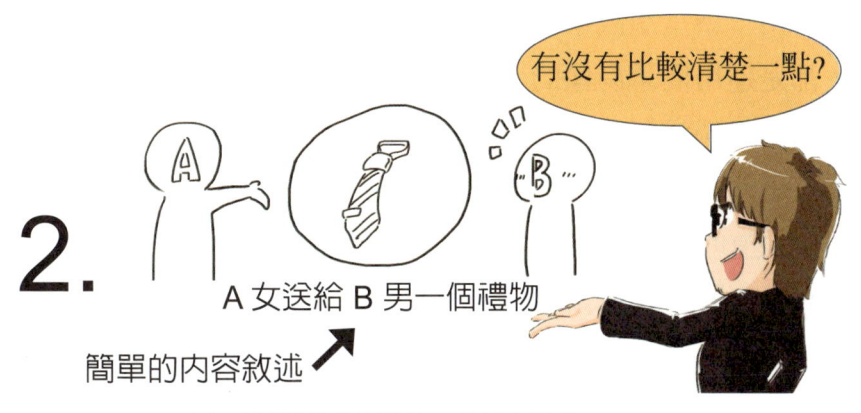

簡單的內容敘述

有沒有比較清楚一點?

（圖，創意設計草繪練習 2，陳建志繪製，2015）

而如果將 A 女跟 B 男上色及寫些情境對談，此時，你的腦中就會立刻勾勒出一個像電影一樣鮮明的情境故事：這位 A 女孩送禮物給這位 B 男孩，而 B 男孩收到禮物很高興的收下的訊息畫面，有效的達到訊息的傳達。

3.

A 女送給 B 男一個禮物

簡單的內容敘述

這樣更完美!

（圖，創意設計草繪練習 3，陳建志繪製，2015）

7. 創意繪圖的表達方式

透過圖，表現出物品、人物及他們的互動：

　　其實，一張讓人了解你的創意的圖解，最重要的不外乎是操作者在使用你設計的創意物品，再搭配著操作者的情緒模擬以及簡單的文字敘述，類似像用漫畫的手法說故事一樣，漫畫家再用草繪呈現故事時，都會運用分鏡圖的方式陳述故事，大多都是運用簡單易懂的人物來操作某件物品的情緒及與人互動的圖，透過這樣簡單的草繪，可以讓觀看者輕易地知道你在陳述的是什麼，如同之前所提到的，畫得好不如傳達的清楚，是一樣的道理。

1. 基本圖形的繪製：

　　透過一些簡單的基本形狀的組合，如下圖所呈現的，其實就可以畫出你要表達的情境，在繪製創意操作情境的時候，線條畫得簡單乾淨，反而比那些畫得精緻細膩的圖，用簡單線條幾何去呈現的效果反而比較讓人懂。

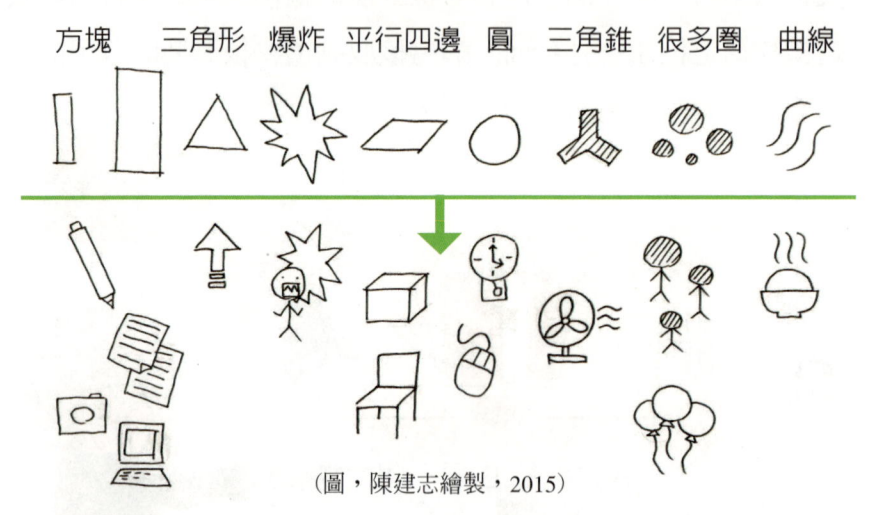

方塊　三角形　爆炸　平行四邊　圓　三角錐　很多圈　曲線

（圖，陳建志繪製，2015）

　　透過幾何型態的組合，可以建構出簡單的日常生活用品，簡單明瞭，重點是要清楚，線條畫的簡單也沒關係。

7. 創意繪圖的表達方式

2. 人的繪製方式：

　　大家一定會有一個疑問，為什麼創意繪圖要畫人物呢？如果你的創意產品是最佳主角，那麼人物的繪製，就是要透過圖解來說明你的創意中該怎麼使用的最佳配角。而透過下列的簡單人物的繪製，會比精細的人物更好發揮的原因是，人物出現在圖中，只是示範操作而已，太過精細只會過度模糊焦點罷了。透過下列簡單的人物構圖示範，只要多加練習，相信各位也可以畫得出來。

你可以用漫畫式的簡單線條去繪製，畢竟人物只是輔助，而不是重點，人物如何表達你的創意，才是重點。

因為人物線條簡單，所以可以輕易地修改人物姿勢，像是坐著、走路、奔跑、講話等等，可以很輕易的模擬出當下的動作。

情緒的模擬也能帶進構圖，可配合人物的姿勢並搭配情緒，更能讓觀看者知道操作時的喜怒哀樂等情緒狀態。

（圖，陳建志繪製，2015）

7. 創意繪圖的表達方式

3. 透過上述組合，即可模擬出使用情境：

　　現在你已經知道如何繪製幾何型態、形狀來呈現主要商品，透過簡單線條，模擬出人物的動作及表情情緒之後，透過下圖所示範，就可以模擬組合成簡單的草圖操作情境，透過簡單變化人物的表情以及主要創意產品圖的差異，配合簡單文字敘述傳達，就可以呈現出讓人看得懂的創意草圖練習，但還是必須多花時間去練習及揣摩，或透過其他書籍去看教人繪圖的相關書籍，並透過吸收及練習，圖自然就會愈畫愈好了。

創意產生之前的使用問題……　Before

1. 洗完衣服，再曬衣服。
2. 雖然天氣濕冷，還是得曬衣服。
3. 之後發現衣服曬不乾，同時發霉了。

創意產生之後怎麼解決問題……　After

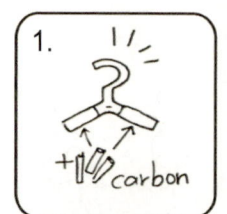

1. 透過衣架裡，加了竹炭條。
2. 洗完衣服，再曬衣服。
3. 雖然天氣濕冷，還是得曬衣服。
4. 之後發現衣服較不會發霉了。

（圖，陳建志繪製，2015）

7. 創意繪圖的表達方式

4. 開始進行創意思考的草繪（透過紫色便利貼）：

　　相信透過上述所提的草圖繪畫方式，可理解如何用簡單的幾何型態去呈現物品，用簡單的線條架構去畫出人物的動作及表情，去構思出讓人看得懂的使用情境，接下來要運用紫色便利貼，來繪製草圖情境，主要就是要呈現讓人看得懂的草圖說明。如下圖所示，之前的單元有提到思考法的 SOP，要先從綠色便利貼的第二次宏觀發想中，發想出大家認為可行的解決方式後，在進行紫色便利貼的情境繪製。

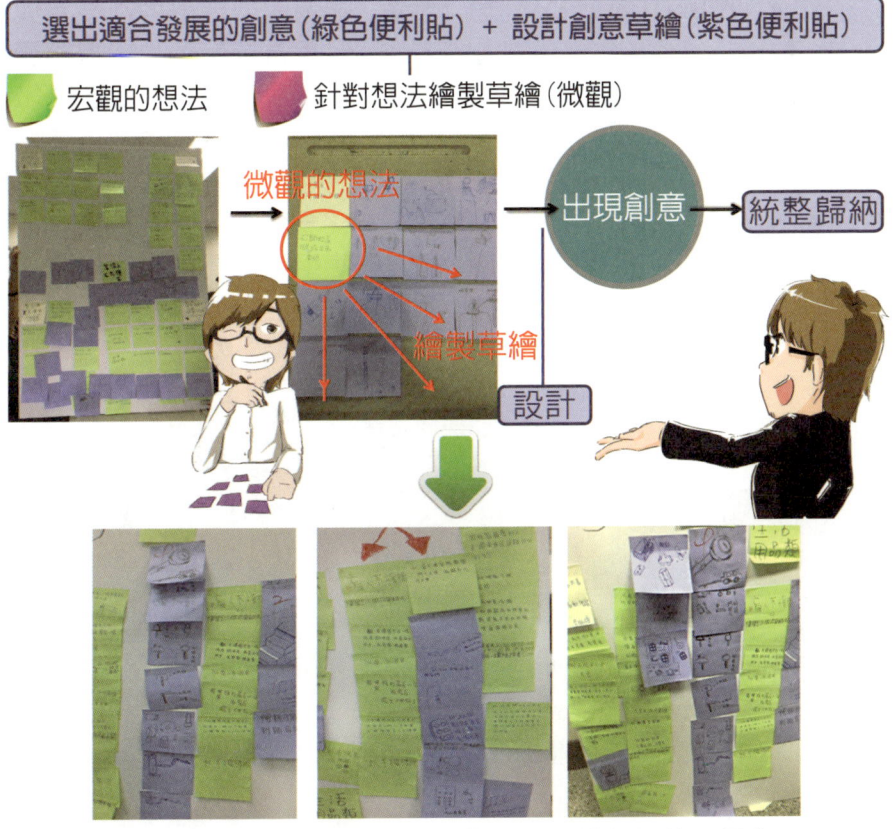

透過簡易的圖文呈現繪製，來讓人看得懂如何使用操作。

（圖，陳建志繪製，2015）

7. 創意繪圖的表達方式

5. 草繪之後，該如何構成一張創意圖解：

　　進行了紫色便利貼的創意繪製之後，開始要將創意操作流程，建構成一張以創意產品為主的創意圖，此時不是用小張的便利貼去執行，而是利用大張的 A3 白紙、黑色簽字筆以及上色用的麥克筆或彩色鉛筆等，依照自己習慣的上色工具，開始將之前透過腦力激盪下的發想過程，轉換成彩色圖畫、文字註解以及使用過程的一張完整的精描圖。

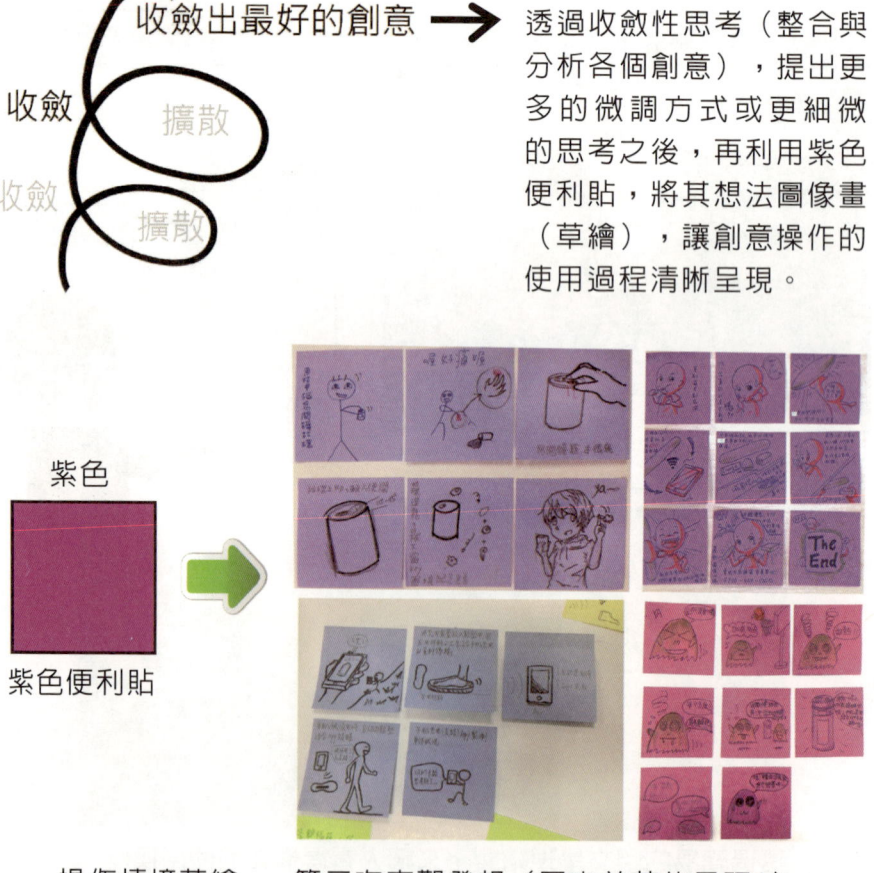

收斂出最好的創意　→　透過收斂性思考（整合與分析各個創意），提出更多的微調方式或更細微的思考之後，再利用紫色便利貼，將其想法圖像畫（草繪），讓創意操作的使用過程清晰呈現。

收斂　擴散
收斂　擴散

紫色
紫色便利貼

操作情境草繪——第二次宏觀發想（圖文並茂的呈現！）

7. 創意繪圖的表達方式

可透過下列繪圖工具來當作媒材，進行精描圖繪製作業。

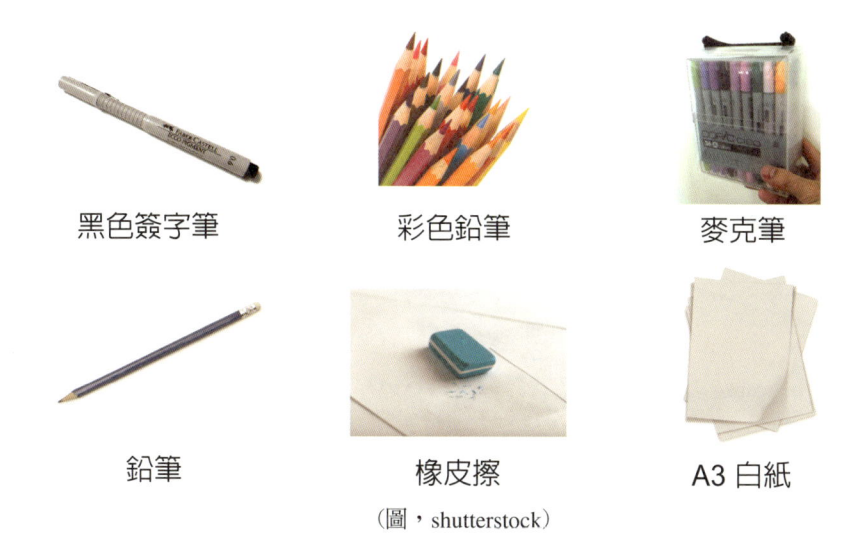

黑色簽字筆　　　彩色鉛筆　　　麥克筆

鉛筆　　　橡皮擦　　　A3 白紙

（圖，shutterstock）

6. 繪製一張精描圖，必須有彩色圖面、說明文及操作過程：

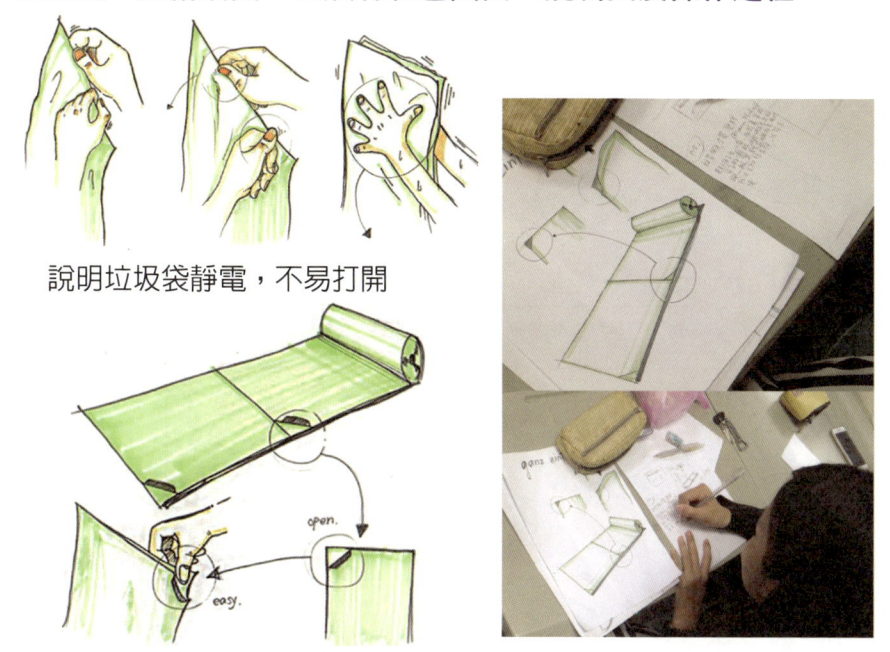

說明垃圾袋靜電，不易打開

強調透過開口設計，方便打開垃圾袋，並以圖畫呈現。
（So easy 垃圾袋，陳建志繪製）　　　（繪圖過程，陳建志拍攝）

7. 創意繪圖的表達方式

7. 精描圖繪製方式（A3尺寸）：

透過一張圖，來呈現創意的使用及外觀。

精描圖要用麥克筆或色鉛筆來慢慢上色唷！

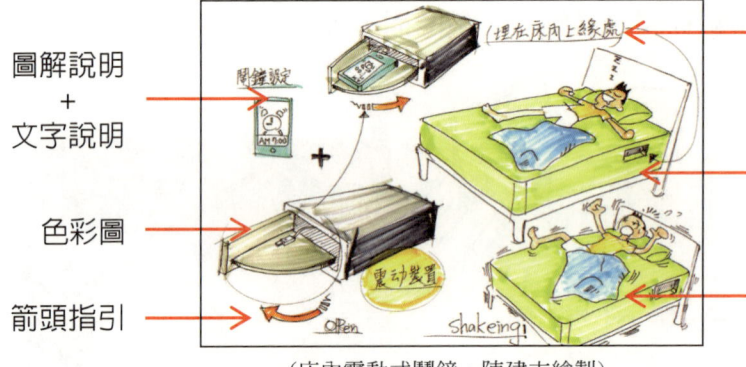

（So easy 垃圾袋，周彩葳繪製）

圖解說明 + 文字說明

色彩圖

箭頭指引

文字說明

色彩圖

圖解說明 + 文字說明

（床內震動式鬧鐘，陳建志繪製）

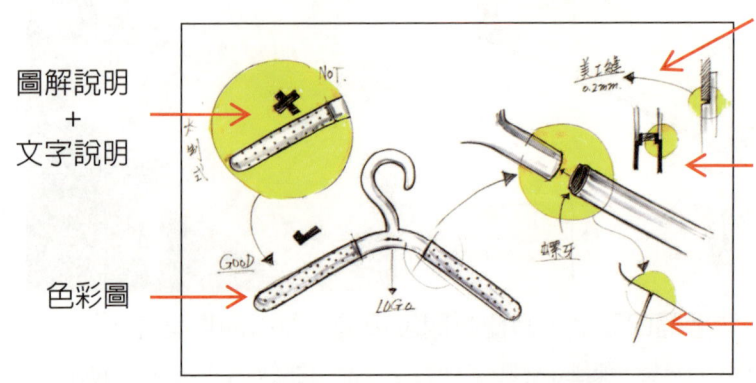

圖解說明 + 文字說明

色彩圖

箭頭指引

圖解說明 + 文字說明

模擬圖

（易拉罐拉環鑰匙圈，陳建志繪製）

192

7. 創意繪圖的表達方式

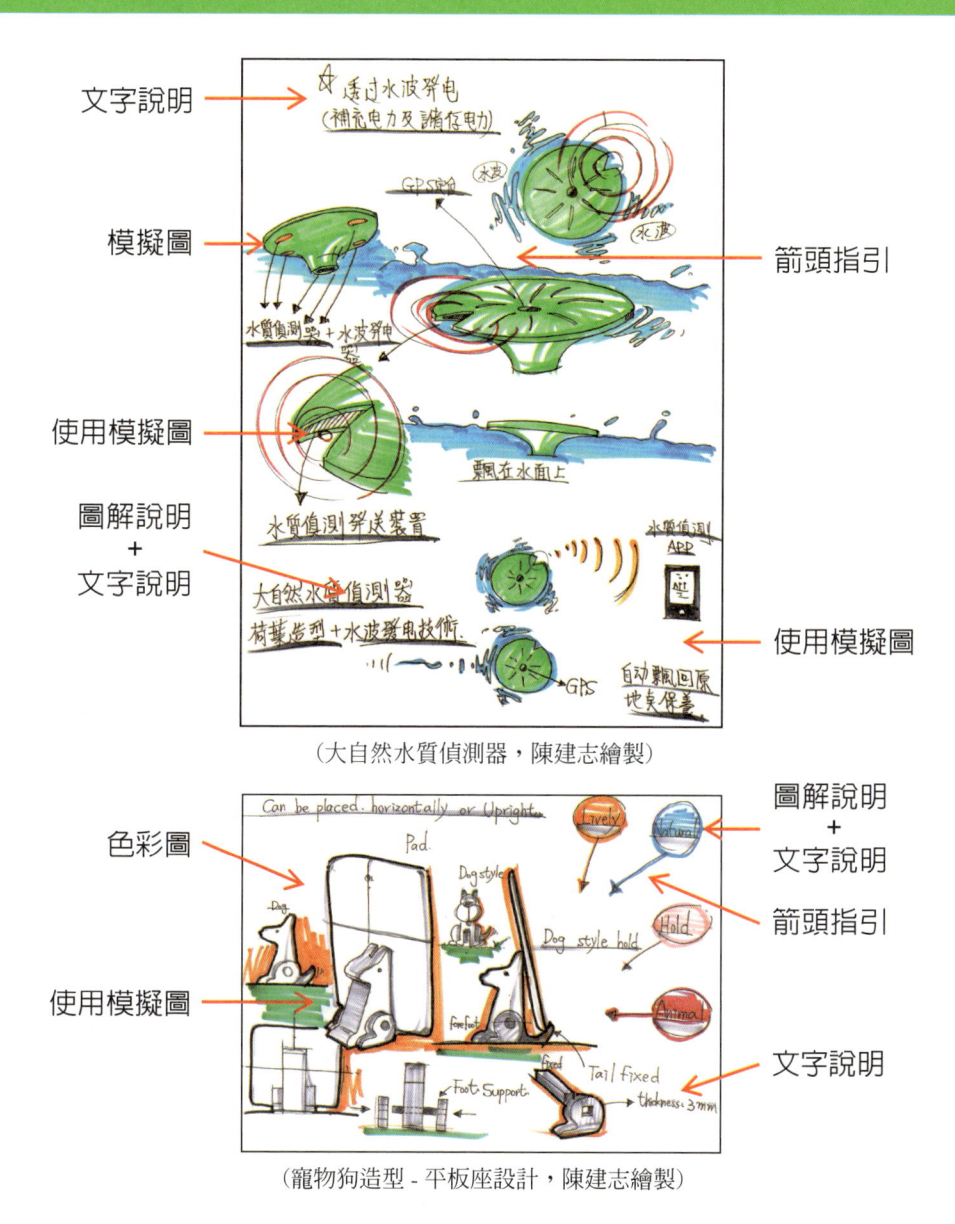

(大自然水質偵測器，陳建志繪製)

(寵物狗造型 - 平板座設計，陳建志繪製)

　　上圖範例操作所出現的圖解說明和文字說明，主要都是在協助完成你所畫的色彩圖；運用文字註解說明及箭頭指引，能方便你表現圖的整體想法；透過麥克筆上色，可增強重點敘述，如此一來，這張創意精描圖，就能讓人看得懂了。

7. 創意繪圖的表達方式

　　麥克筆的用法其實很簡單，首先所要學習的就是如何畫線以及上色，透過下圖所介紹的麥克筆的軟頭及硬頭的施力練習，根據自己運筆的喜好隨意的換取各式筆頭，雖然如此，但對於初學者而言，還是沒辦法馬上就上手，必須經過不斷的練習才可以，但針對初學者而言，前面教過用幾何型態跟簡單的線條來架構之後，圖上就會有線框圖稿，可以先透過簽字筆先上黑框線，之後就是上色囉，對於初學者而言，就當作小學生用彩色筆上色的方法，空白處填滿就可以了，麥克筆技法講求的是一個畫面整體感，重點是主產品圖清楚，強調以讓人看得懂為原則。

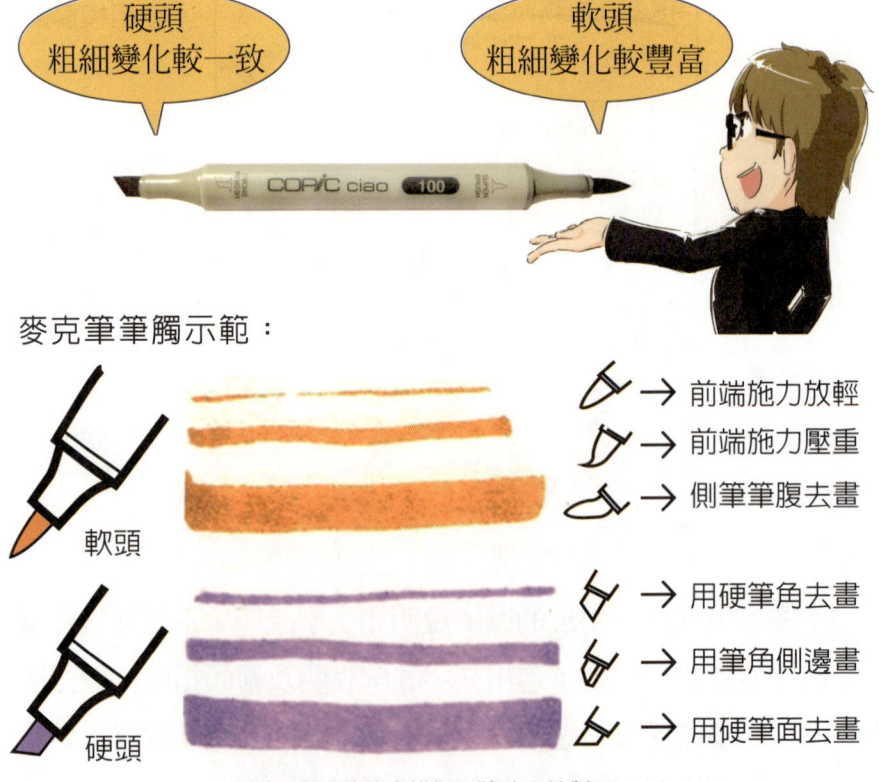

硬頭
粗細變化較一致

軟頭
粗細變化較豐富

麥克筆筆觸示範：

軟頭
→ 前端施力放輕
→ 前端施力壓重
→ 側筆筆腹去畫

硬頭
→ 用硬筆角去畫
→ 用筆角側邊畫
→ 用硬筆面去畫

（圖，麥克筆筆處模擬，陳建志繪製，2015）

7. 創意繪圖的表達方式

畫完鉛筆稿之後，再用黑色簽字筆上黑框線，如下圖：

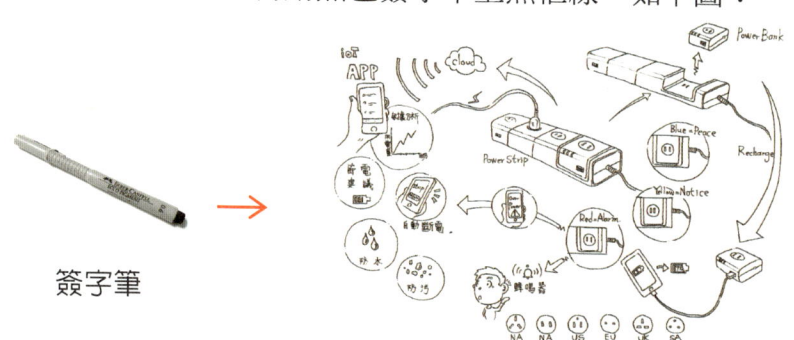

簽字筆

（圖，Power strip + Power bank，陳建志繪製，2016）

用黑色簽字筆上黑框線後，針對重點上色標注就可以了。

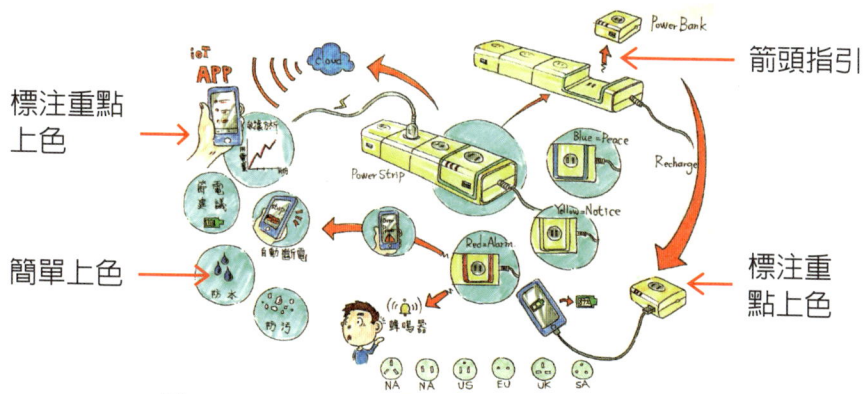

標注重點上色

簡單上色

箭頭指引

標注重點上色

（圖，Power strip + Power bank，陳建志繪製，2016）

之前情境圖用簽字筆上黑框線後，針對重點上色標注就可以了。

（圖，木碳衣架使用情境圖，陳建志繪製，2015）

　　只要掌握好你的創意重點是什麼，確實在重點標注處填滿所要的顏色即可，建議可先用彩度、明度高的亮色系，填滿標注即可，圖面就會比較清楚及明亮，如上圖所示。

7. 創意繪圖的表達方式

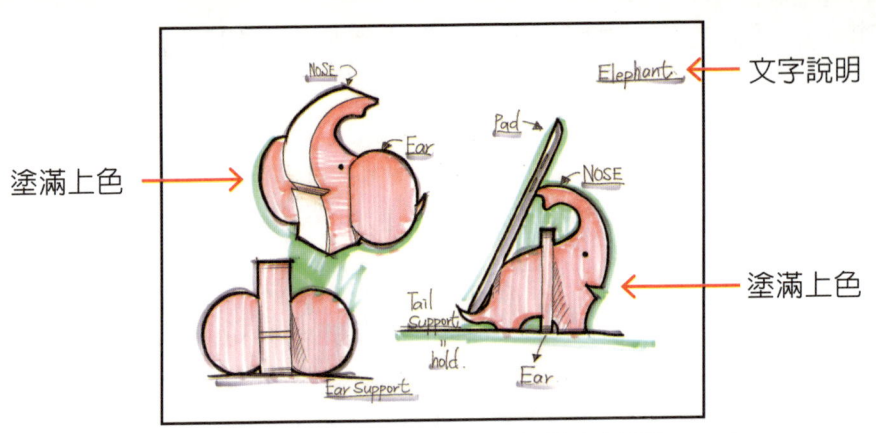

（圖，大象造型平板架設計麥克筆上色圖，陳建志繪製，2015）

透過重點產品圖的填滿上色，主要可以用明亮鮮明的色彩，即使是簡單的圖面設計，也會比較鮮明、清楚。

8. 立體基本架構說明與示範：

先充分掌握最基本的畫直線技巧之後，就可以開始嘗試徒手畫一些特定圖形，比如直角、方形、梯形、各種多邊形等。也可以嘗試畫一些自己感興趣的圖案，透過下列的練習，試著轉換成立體型態，其實是有方法的。

正方型、長方型和三角型

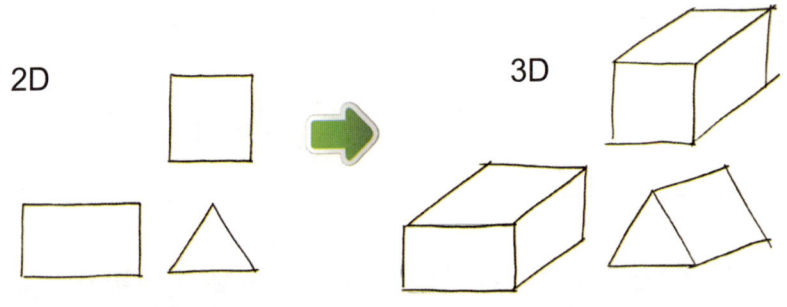

2D → 3D

（圖，2D 平面變 3D 立體線框圖，陳建志繪製，2015）

請大家把基本型態，試著以傾斜 45 度角去繪製出立體型態。

7. 創意繪圖的表達方式

以正方型為例，正方型邊框的四個端點，向上延伸後在傾斜 45 度後，再接起三個末點，一個長方型的立體型態，立即完成。

四個端點　　　　　　　　　　四個端點向上延伸並傾斜 45 度

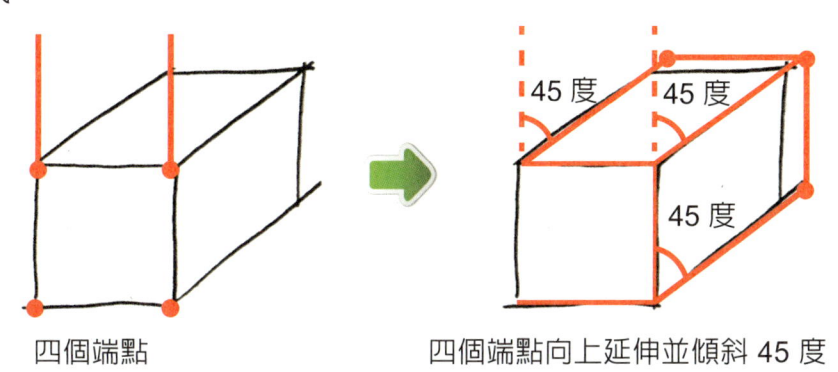

（圖，立體型態建構模擬，陳建志繪製，2015）

透過這方式，想必大家都可以建構出正方體，此時，就可以正方體為骨架，來建構出你想要的立體型態。

正方體骨架建構　　　　　　　骨架建構後，可畫出你想要的立體型態。

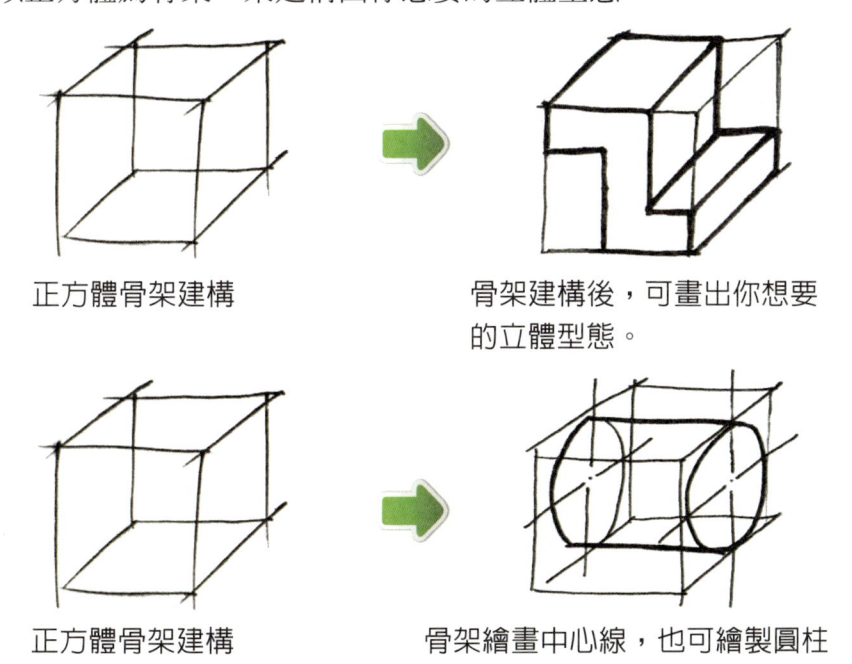

正方體骨架建構　　　　　　　骨架繪畫中心線，也可繪製圓柱

（圖，正方體骨架建構，陳建志繪製，2015）

7. 創意繪圖的表達方式

　　透過立體架構的練習，相信大家應該很容易做出一個立體架構方塊，以便建構你要的立體型態，而透過下圖的範例，可以更加認識立體架構的類型，利用一點透視、兩點透視以及三點透視，主要是光影跟體感的觀念落實，及是否有明確的將其創意概念，清楚的呈現給觀看者知道，這遠比畫的好看還要來的重要。

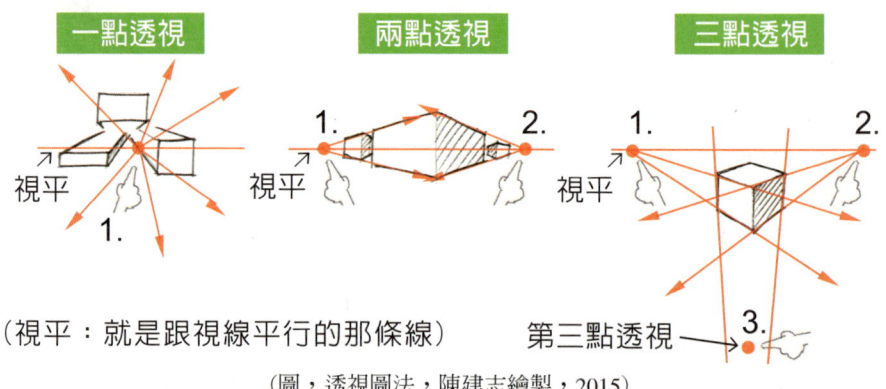

（視平：就是跟視線平行的那條線）

（圖，透視圖法，陳建志繪製，2015）

　　一切都是由正方型開始，慢慢進行到立體方塊線框，熟練之後，就可隨時繪製各式立體型態，但還需要透過練習，來習慣利用框線繪製立體型態。

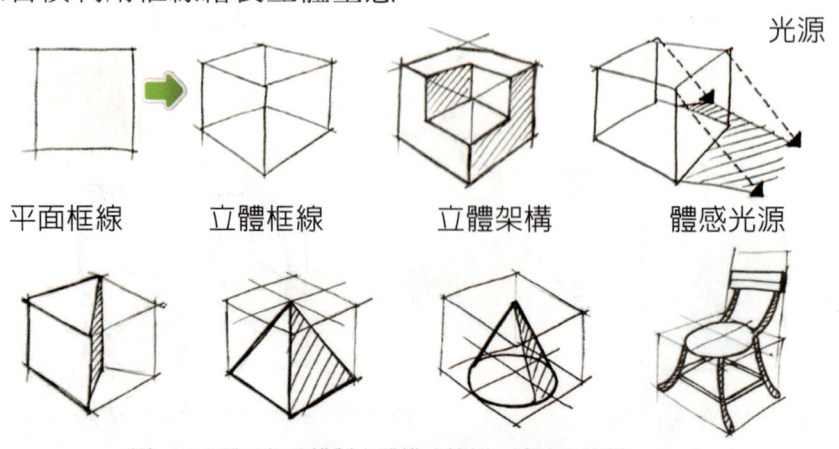

平面框線　　立體框線　　立體架構　　體感光源

（圖，正方體骨架建構製立體構成範例，陳建志繪製，2015）

7. 創意繪圖的表達方式

　　習慣利用框線來繪製立體型態之後，可開始透過麥克筆的軟硬筆交互著運用，搭配自己的手感控制，及光影變化的練習，如下圖所示，透過鉛筆構圖＋簽字筆構圖描邊框之後，再利用麥克筆上色，主要也是以鮮明色調為主。

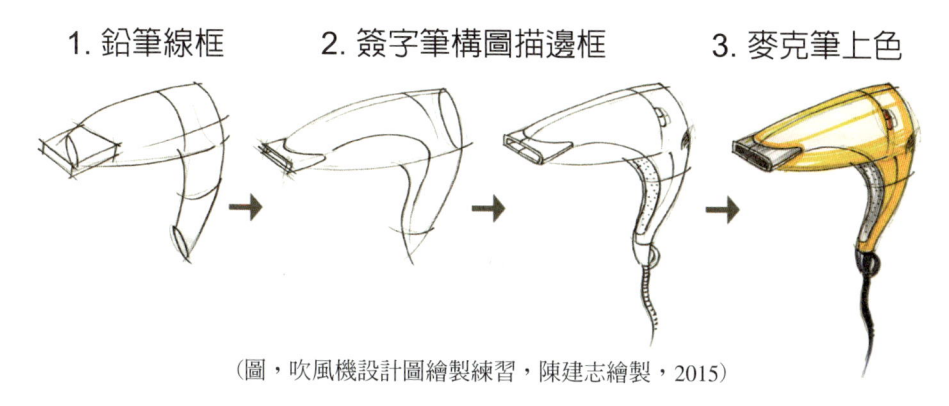

1. 鉛筆線框　　2. 簽字筆構圖描邊框　　3. 麥克筆上色

（圖，吹風機設計圖繪製練習，陳建志繪製，2015）

　　習慣利用框線來繪製立體型態及上色之後，透過麥克筆，及不同草繪的方式，呈現出不同的視覺效果跟圖文創意的立體造型的精描圖稿，如下列範例所示範。

範例 1.

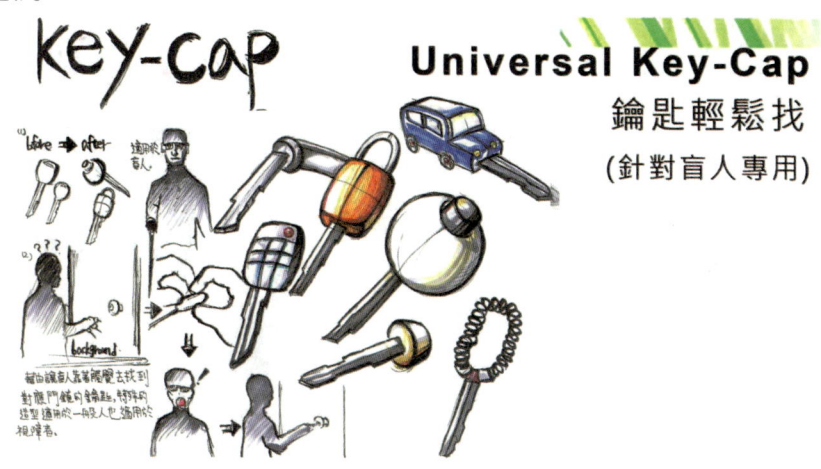

（圖，盲人專用鑰匙設計圖，江銘均繪製，2015）

7. 創意繪圖的表達方式

範例 2.

Protection
插座保護裝置設計

1. 浴室的插座很容易因溼氣受潮而產生危險
2. 幼童容易拿異物碰觸插座而產生觸電疑慮
3. 透過簡單的守護雙手安裝於插座上
4. 在不使用插座時，可透過雙手造型來保護插座
5. 欲使用插座時可直接打開手造型護蓋，也呈現出祈禱模樣
6. 除了祈禱的雙手外，也有天使翅膀跟蝴蝶翅膀造型

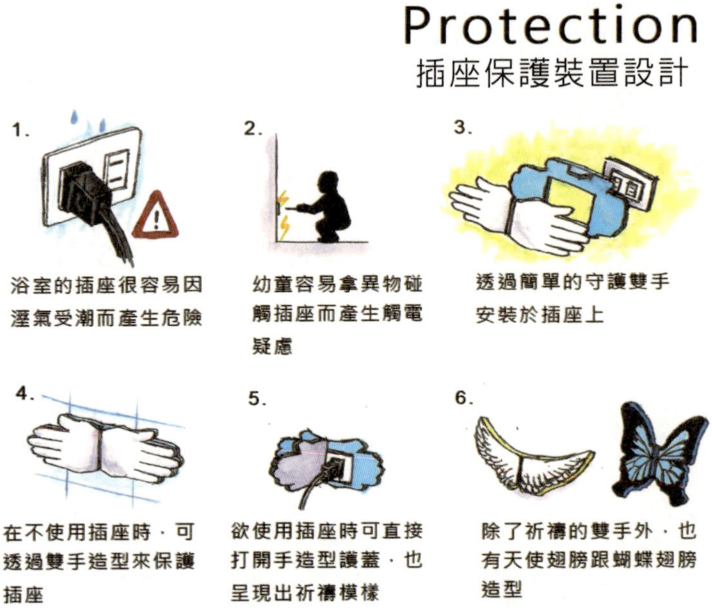

（圖，插座保護設計圖，陳威翰繪製，2015）

範例 3.

（圖，酒瓶兒童座椅組設計圖，陳建志繪製，2014）

7. 創意繪圖的表達方式

9. 進行紫色便利貼繪圖流程：

第一次進行草繪 → **修正後進行草繪** → **進行精描繪製**

針對想法進行草繪　　討論修正進行精描

紫色便利貼　　進行精描繪製　　A3 大小白紙 麥克筆上色

（紫色便利貼繪圖流程介紹，陳建志繪製，2015）

　　介紹完繪圖的小技巧之後，大家可以進行創意草繪的階段了，準備開始選用紫色便利貼囉！在使用前面所教給各位繪畫小技巧的同時，別忘了要注意繪圖及說明文字需表達清楚的重要性，不一定要畫得漂亮，重點是有效透過圖文呈現，讓觀看者能清楚明瞭為主。所以，你們是否已經知道如何呈現讓人看得懂你的創意了嗎？

> 各位記住唷~圖不用畫得漂亮，但要畫得讓人看得懂，看得清楚，才是最重要的!

7. 創意繪圖的表達方式

單元紫色便利貼進行草繪操作 7-1

想出的解決問題是什麼？	圖文並茂
圖文並茂	圖文並茂
圖文並茂	圖文並茂

此階段要透過紫色便利貼，開始進行創意的操作情境繪圖囉！

7. 創意繪圖的表達方式

將你在繪圖的過程中，所遇到的事情記錄下來！～

每天養成不斷做筆記的習慣，別讓突然來的創意飛走囉!~

7. 創意繪圖的表達方式

Using the right way, everybody can be a designer

8. 設計流程方法介紹

設計流程方法介紹：

　　前單元介紹了以實際方式介紹創意圖的產生過程，這其實正是設計流程的應用，本單元即針對設計流程及方法作相關介紹。設計思考（Design Thinking）是一個以人為本、用來解決問題的方法論，不知你是否注意到，這整本書幾乎都環繞在以人為出發點的原則，再進一步去發掘問題及產生創意。從人的需求出發，盡量為討論之主題發掘更多與更具創意的解決方式，創造最大的可能性，這是了解、發想、構思、執行的過程。大家已經透過前幾章內容進行創意訓練，本單元開始介紹設計發想法的相關流程。

　　關於設計的思考，乃是一種基於明確的了解需求之後的發想、構思與執行的過程，包括：

1. 了解（設計的相關規範與需求）：明確需求的方向並設定目標，擬定對應相關的設計綱要與規範。
2. 發想（設計靈感的發掘）：相關資料的搜尋、累積與分析，之後再進行構思的可能性評估。
3. 構思（設計細部元件的關注）：產品性能與結構等細部設計。
4. 執行（實際的設計流程）：將構想落實為設計圖或設計方案的形式。

　　每一個設計案在設計之初，就該針對產品特性擬定設計案之整體計畫，規劃出每項設計步驟，每個步驟的結果都是為下一步建立作業目標，按步驟進行才不致產生遺漏、顛倒的錯誤。設計作業流程如果不按部就班地來進行，就會使設計工作本末倒置，更增加失敗的風險。

8. 設計流程方法介紹

所以，每位設計師都知道成功的產品都是循著類似的開發流程執行，這個程序統稱為產品開發程序或設計流程。事實上，有實務經驗的設計師會在長期設計經驗的累積之下，形成自己的設計流程。每一種產品因為特質不同，所以須挑選適合的技術去執行，但是每個步驟執行的目的與思考原則，主要都包含這五項重點：同理心、需求定義、創意動腦、雛型呈現、實際測試，簡單來說，就是站在消費者的立場去發掘尚未被滿足的需求是什麼？再透過小組的腦力激盪，發展創意構想，之後根據創意構想，去執行模型的打樣測試。

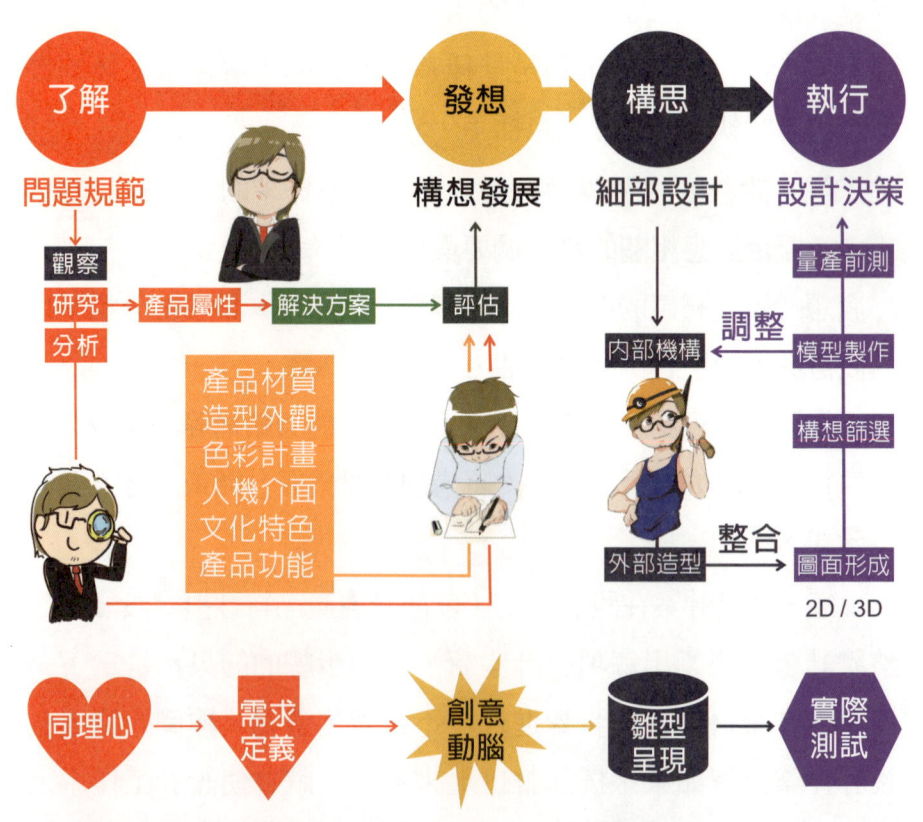

（圖，設計流程＋創意操作，陳建志、李庚錞共同繪製，2015）

8. 設計流程方法介紹

1. 同理心 　**找尋可能的核心問題（思考法中的發掘問題）**
　　　　　　設身處地（以使用者角度）
　　　　　　感同身受（自身體驗）
　　　　　　抽絲剝繭（訪談問卷）

　　近似於體驗、體諒、體察三者的綜合體，即以使用者爲中心的設計，透過多元的方式了解使用者（包含訪問、實地調查、體驗、問卷……等等），從使用者的角度出發，透過設計思考找出使用者眞正的問題、需求，並使之得到滿足。

2. 需求定義　**資訊整合（思考法中，問題點的聚焦）**
　　　　　　蒐集
　　　　　　刪除
　　　　　　統整

　　需求定義是將「同理心」步驟中蒐集到的眾多資訊，經過「架構」、「刪去」、「挖深」、「組合」後（可交互使用），重新對問題作更深入的定義，就像探索水平面下的冰山，進一步找出使用者眞正的需求，其實就是水平思考法 + 垂直思考法的相互運用，慢慢縮小使用者的問題範圍，透過問題刪除與整合，試著找出新的創意組合。

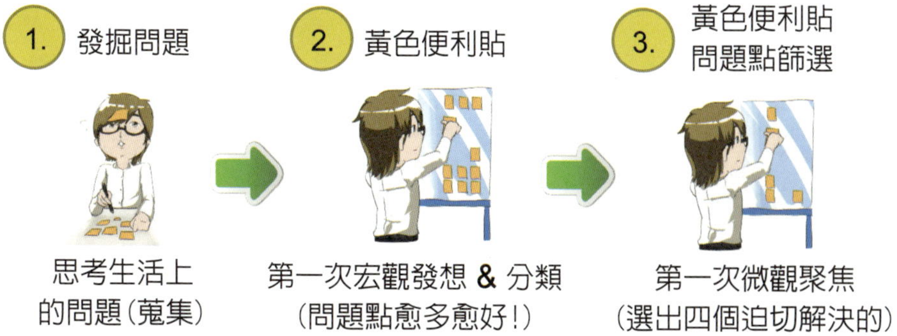

1. 發掘問題　　　　2. 黃色便利貼　　　　3. 黃色便利貼 問題點篩選

思考生活上的問題（蒐集）　　第一次宏觀發想 & 分類（問題點愈多愈好！）　　第一次微觀聚焦（選出四個迫切解決的）

8. 設計流程方法介紹

3. 創意動腦

集思廣益（三不五要）

不要打斷　　要有明確的討論主題
不要批評　　要思考如何發揮延伸他人的意見
不要離題　　要盡量以圖像思維
　　　　　　要盡情瘋狂的想像
　　　　　　要盡最大可能的累積思考

　　集思廣益不要打斷、要下明確的標題、不要批評、要延續他人想法、不要離題、盡可能要圖像化、想法要瘋狂、數量要多。藉由發散出的眾多解決方案，解決「需求定義」步驟中所找出的問題。發想的過程結合三不五要的原則，激發出腦內無限的點子，並透過小組的投票，找出真正適合的解決方案。

4. 雛型呈現

概念具象

化虛為實（動手畫來思考，精描圖的呈現）
切磋琢磨（溝通與修整，草模的測試）

　　在設計流程之中，採用製作一個原型（Prototype）之意，透過一個具體的呈現方法，可以作為團隊內部或是與使用者溝通的工具，並經由動手做的過程，促使思考更加明確。此外，概念須以清楚詳細的精描圖呈現，並進一步修整達到更完美的效果。本階段的產出結果，會作為測試之用。

4. 綠便利貼　　　5. 紫便利貼　　　6. 用 A4 紙繪畫
　　提出創意　　　　繪製情境

第二次宏觀發想　　第二次聚焦 + 第三次宏觀繪製　　開始進行精描
（提出解決方法）　　（圖文並茂呈現）　　　　　　（精緻繪圖呈現！）

8. 設計流程方法介紹

5. 實際測試

深入探討核心

情境模擬（適用性──針對特定使用族群）

情真意切（使用者回饋──針對操作上的問題點提出）

反本歸真（凝聚焦點──草模的修正與微調）

　　實際測試是利用前一個階段製作出的原型與使用者進行溝通，透過情境模擬，讓使用者可以測試是否適用，並從中觀察使用者的使用狀況、回應等，透過使用者的反應，重新定義需求或是改進我們的解決辦法，並更加深入了解我們的使用者。

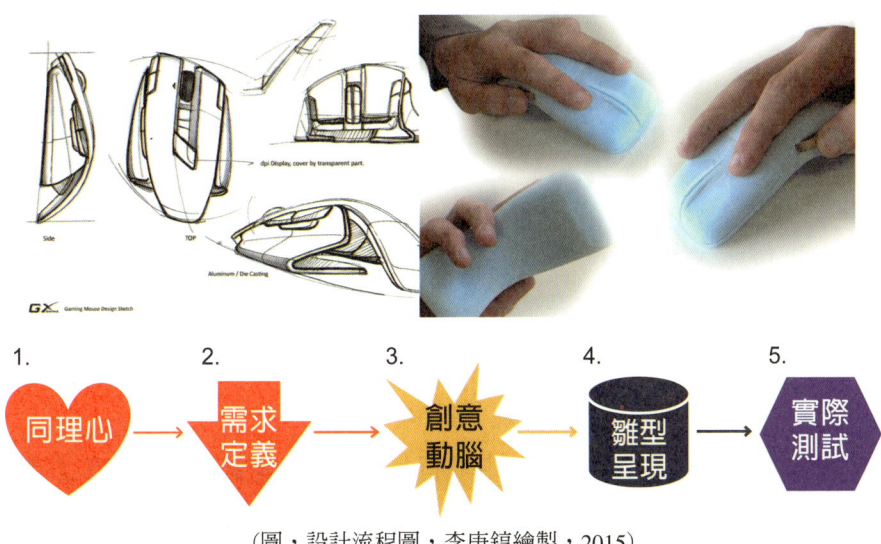

1. 同理心 → 2. 需求定義 → 3. 創意動腦 → 4. 雛型呈現 → 5. 實際測試

（圖，設計流程圖，李庚錞繪製，2015）

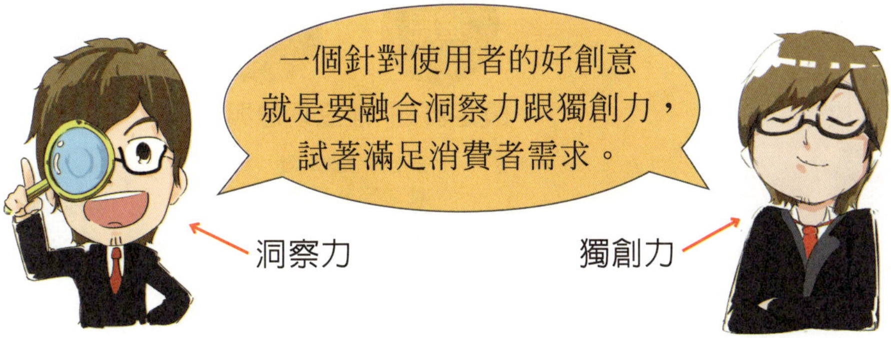

> 一個針對使用者的好創意就是要融合洞察力跟獨創力，試著滿足消費者需求。

洞察力　　獨創力

8. 設計流程方法介紹

設計流程案例觀摩圖（以隨手丟菸蒂的問題舉例）：

1. **同理心** 　找尋可能核心問題（思考法中的發掘問題）
　　　　　　設身處地（以使用者角度）
　　　　　　感同身受（自身體驗）
　　　　　　抽絲剝繭（訪談問卷）

範例困擾：

　　吸菸者常因爲臨時找不到垃圾桶或菸灰缸，而隨手扔掉菸蒂，造成環境及空氣汙染。

（對話框）找到現實生活中的核心問題——菸蒂

（圖，shutterstock）

羅列訊息：文字化訊息（找尋隨手丟菸蒂的核心問題）
問題01：爲什麼會亂丟？
問題02：如何做可以減少亂丟的可能？
問題03：何種情境會增加亂丟的機率？
問題04：除了消極地罰款外，有什麼方法能鼓勵吸菸者不亂丟菸蒂？

了解 —觀察→ 發掘　構思　執行

提出問題	導入觀點	設定課題（建立理想與願景）	概念發展
公德心養成	有垃圾桶就不會亂丟	菸盒就是回收菸蒂的容器	
菸蒂亂丟	有人制止就不敢亂丟	區隔香菸和菸蒂空間	
從衆心態	菸蒂是垃圾	避免氣味混雜	
造成環境髒亂	怎麼可以不帥氣	簡單好操作	
	找垃圾桶太矗了		

（圖，創意操作流程圖，李庚錞繪製，2015）

8. 設計流程方法介紹

2. **資訊整合**（思考法中，問題點的聚焦）

   需求定義

   蒐集

   刪除

   統整

   > 切記，批評會影響創意發展喔！

3. **集思廣益**（三不五要）

   創意動腦

   不要打斷　要有明確的討論主題

   不要批評　要思考如何發揮延伸他人的意見

   不要離題　要盡量以圖像思維

   　　　　　要盡情瘋狂的想像

   　　　　　要盡最大可能的累積思考

   需求定義

   需要解決：

   區隔香菸和菸蒂空間（暫時性垃圾桶）

   避免氣味混雜（乾淨的菸和菸蒂不會相互干擾）

   無意識的簡單好操作

   創意動腦

   了解 → 發想 → 發掘　構思　執行

   集思廣益（三不五要）

   強調！不准批評！

   從菸盒本身改造，無意識地改變吸菸者的行為。

   （圖，創意操作流程圖，李庚錞繪製，2015）

8. 設計流程方法介紹

4. 雛型呈現

概念具象
化虛為實（動手畫來思考，精描圖的呈現）
切磋琢磨（溝通與修整，草模的測試）

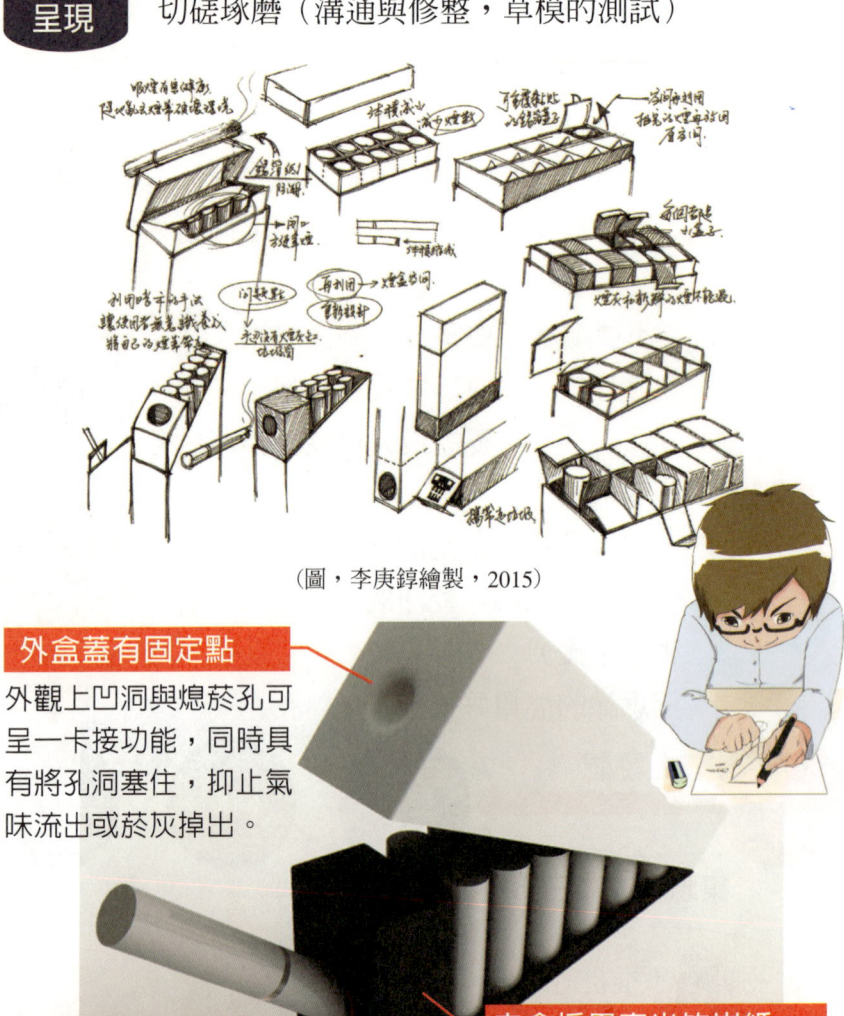

（圖，李庚錞繪製，2015）

外盒蓋有固定點
外觀上凹洞與熄菸孔可呈一卡接功能，同時具有將孔洞塞住，抑止氣味流出或菸灰掉出。

暫時性的菸蒂回收器
菸盒即菸灰缸，可將菸蒂丟入回收器中。

內盒採用奈米竹炭紙
奈米竹炭粉末具良好除臭、吸濕、抑制細菌生長，不會讓菸蒂氣味汙染新菸。

（圖，菸盒 3D 模型，李庚錞提供，2015）

8. 設計流程方法介紹

菸盒即菸灰缸，設計與一般規格並無異，但內部增加一個醒目暗示的熄菸孔與菸蒂存放區。外觀上凹洞與熄菸孔可呈卡接功能，同時具有將孔洞塞住，抑止氣味流出或菸灰掉出。

奈米竹炭粉末具良好除臭、吸濕、抑制細菌生長和保存食物新鮮的特性，使用此種紙張於內盒，菸蒂氣味不會汙染新菸，讓吸菸者較願意將菸蒂置放於菸盒中。

5. **深入探討核心**

實際測試

情境模擬（適用性──針對特定使用族群）
情真意切（使用者回饋──針對操作上的問題點提出）
反本歸真（凝聚焦點──草模的修正與微調）

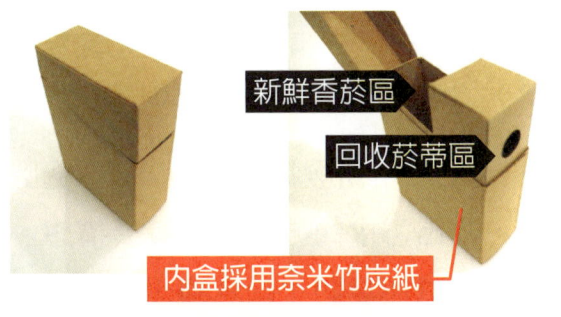

新鮮香菸區
回收菸蒂區
內盒採用奈米竹炭紙

（草模，李庚錞繪製，2015）

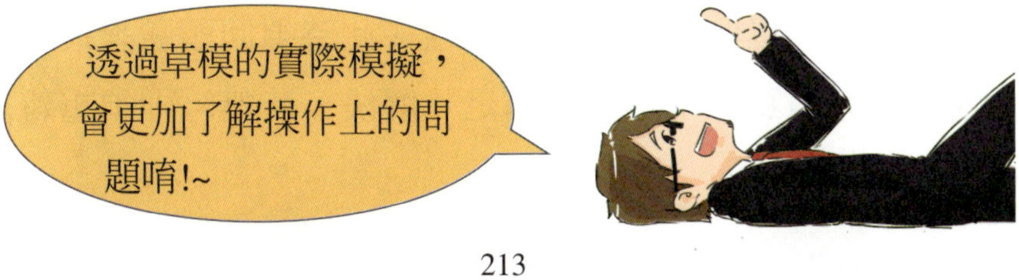

透過草模的實際模擬，會更加了解操作上的問題唷!~

213

8. 設計流程方法介紹

設計流程圖架構：

回頭驗證一開始發掘的問題

了解 → 發想 → 構思 → 執行
發掘的問題　構想發展　細部設計　設計定案

1. 掌握狀況
   羅列出現有觀察之文字化敘述
2. 導入觀點
   設立優先順序
   釐清因果關係
3. 設定課題
   建立理想與願景

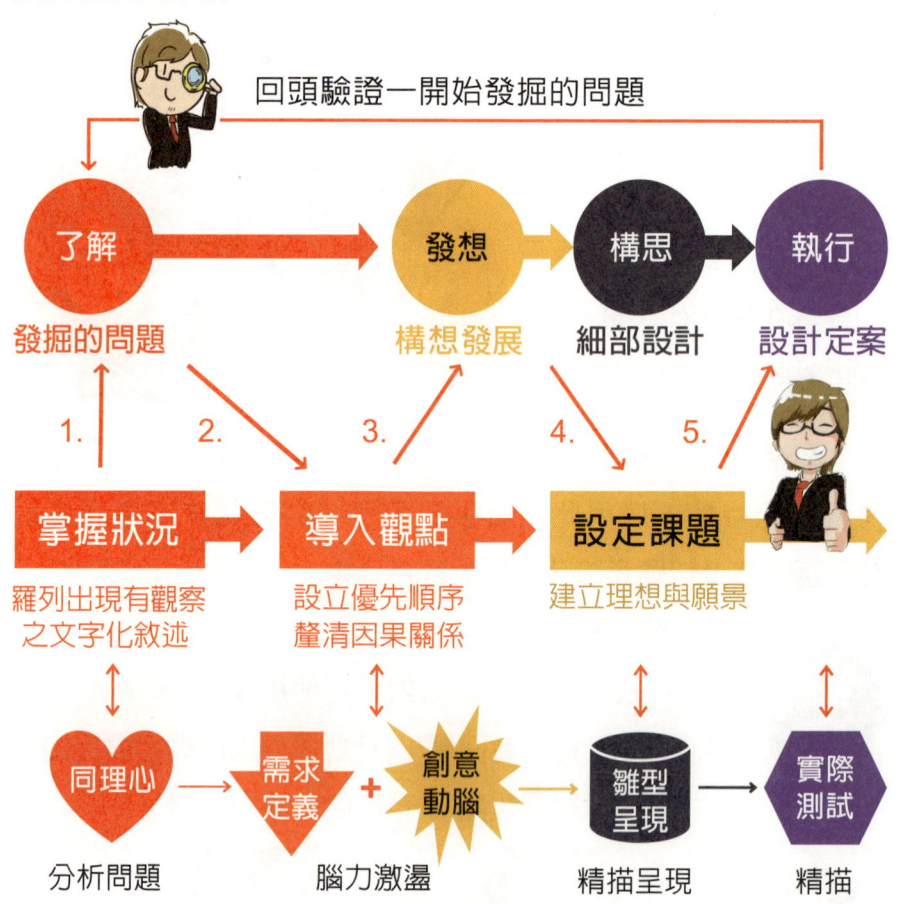

同理心 → 需求定義 ＋ 創意動腦 → 雛型呈現 → 實際測試
分析問題　　腦力激盪　　　　　　精描呈現　　精描

（圖，設計流程＋創意操作，陳建志、李庚錞共同繪製，2015）

　　設計流程主要是透過同理心了解所發掘的問題後，透過腦力激盪法導入問題的觀點，找出需求的方向，並發展構想。構想可透過精描圖方式呈現，以便具體化創意構想，甚至製作產品草模，以測試創意的可行性。此時須回頭驗證最早所發掘到的問題點，是否已被滿足及解決。若無，則須重新思考新的解決方法。

8. 設計流程方法介紹

設計流程重點整理：

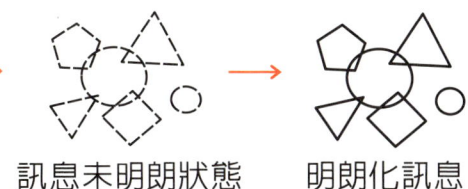

1 掌握狀況
觀察發掘

羅列出現有觀察資訊：
◎ 文字化
◎ 具體化
◎ 圖像化

訊息未明朗狀態　　明朗化訊息

透過宏觀階段發掘生活上的問題之後，再進行微觀的聚焦，挑選出認為最確切的生活問題，透過文字或圖像，具體的記錄出來。

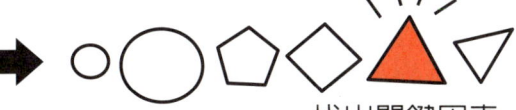

2 導入觀點
聚焦篩選

◎ 設立優先順序
◎ 釐清因果關係

找出關鍵因素
排除多餘訊息

此時必須從所記錄下的確切問題當中，整理出生活中大家最關鍵的問題，以便進行之後構想發展。

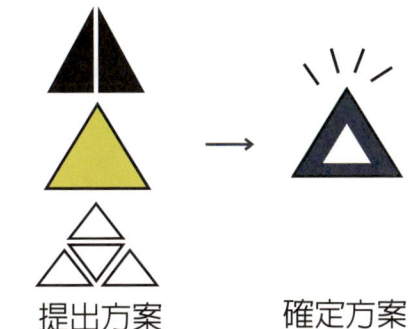

3 構想設定
創意確定

◎ 建立理想與願景

提出方案　　確定方案

（佐藤可士和，2014，佐藤可士和的超整理術 - 整理的步驟圖表，頁 57，新北市：木馬文化）

8. 設計流程方法介紹

設計流程的重要性：

　　每一個設計案在開始設計之初就應該針對產品特性擬好整個設計案之計畫，規劃出設計步驟，每一個步驟的結果都為下一步建立作業目標，按步驟進行才不致遺漏、顛倒，而影響整體工作期程。作業流程如果不按部就班照程序來作，就會使設計工作本末倒置，不但會重複作業，拖延開發時機，更增加失敗的風險。

　　所以，把產品設計流程的每一個程序，單獨視為一個達成階段性目標成果的指標，它的目的在使下一個程序得以正確而有效的進行，而使設計工作最後達到成功。利用流程檢查出困難點，在進行設計之前先從流程判斷其可行性，預先減少工作中的錯誤，提高創意執行的效率。

　　初學者可將這個標準化流程，當成剛開始接觸創意設計的檢核表，幫助自己在設計過程中較不會漏掉了應該考慮的項目。總之，創意設計是一個漫長的思考過程，需經過嚴謹的思考過程與確切執行，才可能得到良好的創意成果喔。而每一個設計案有它自己的特性，書上的設計流程並非要讀者直接套用，而是至少提供了一個基準，可以先運用習慣後，自己擬定出專屬的設計流程，相信到時候就能得心應手囉！

> 設計流程中的每一個步驟，都必須能夠相互串連，這樣創意才會更接近成功。

8. 設計流程方法介紹

針對你的創意，整理出你創意的設計流程囉！～

每天養成不斷做筆記的習慣，別讓突然來的創意飛走囉!～

8. 設計流程方法介紹

Using the right way, everybody can be a designer

9. 構想評估探討──針對可行性

到底,何謂創意的可行性呢?

　　所謂創意的可行性?創意存在的目的是為了解決消費者生活上的需求,因此進行設計之前必須明確地了解消費者的需要,並運用設計的技術加以解決。把消費者的需求整合到設計裡面,才能設計出符合消費者需要的產品,這並不是一個新的觀念,探討的其實就是人性化設計。

　　在進行商品開發行銷時,一提到消費者,大多是在探討使用需求,因為消費者需求連帶影響消費,例如使用時方不方便、快不快樂,需求有沒有被滿足,往往會影響該商品的銷售,所以可行性跟使用需求,是環環相扣的。

　　所以,人人都可以是設計師,這不是國片《食神》的對白,我們在日常生活中常常已經成為很好的設計師。傳統設計的理念多半是從改進生活機能這一方面入手,然而產品卻未必符合每一個人的需求。很多時候,設計未必能夠顧全大局,於是我們等不及設計師完成更好的作品,自己即動手改造。隨手拿廢紙來支撐桌腳讓桌椅平穩,太短的鉛筆加上木棒即可以繼續寫字,又或者只要動點巧思,只要一方單純的背巾就能包山包海,不僅能帶書、帶便當,還能拿來包小孩,為什麼仍然需要設計師努力開發出涵蓋種種不同功能的背包呢?所以,多多觀察生活上讓使用者不便的問題,透過一個簡單的巧思,來有效的改善使用上的問題吧!

> 創意的可行性,其實就是解決使用者在操作上的問題!

9. 構想評估探討——針對可行性

未來的消費者需求趨勢：

隨著時代的進步，針對社會大眾的創意設計大致可分成五個時期，每個時期可見當時重視的設計風格，包括如下所示：
(1) 30 年代二次大戰後的機能設計　　　　(Design for Function)
(2) 50 年代重視人體工學的親人性設計　　(Design for Friendly)
(3) 70 年代普普風的趣味性設計　　　　　(Design for Fun)
(4) 90 年代個人體驗性設計　　　　　　　(Dsign for Experience)
(5) 21 世紀強調生活的貼心設計　　　　　(Design for Feeling)

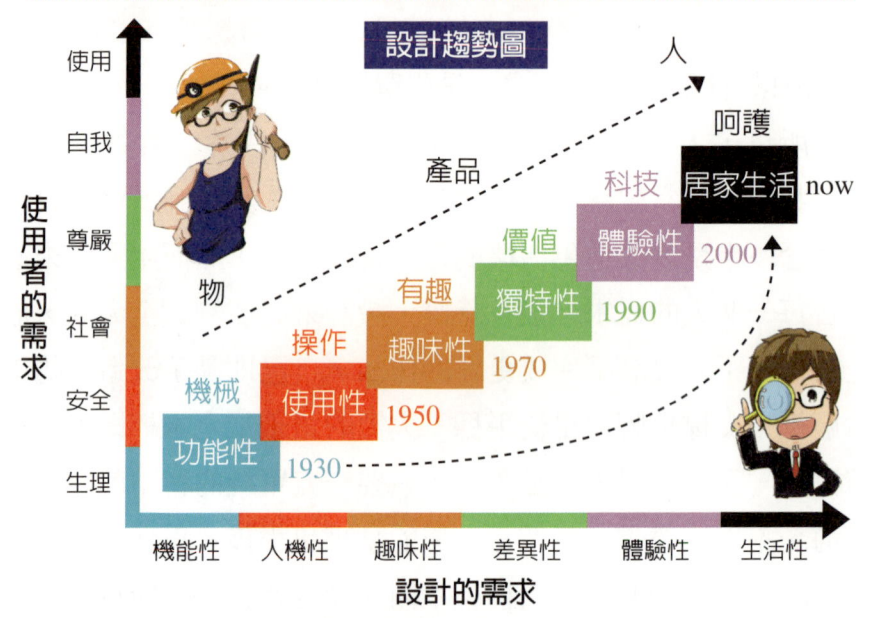

（林榮泰，2009，文化創意產品設計：從感性科技、人性設計與文化創意談起 - 十一卷一期，頁 33。人文與科學生活簡訊）

隨著少子化、高齡化及獨居社會的來臨，居家安全受到重視，生活周遭開始處處可見相關創意商品。加上科技與網路的便利，廠商也陸續開發手機 App 服務，此外，以上班族為目標的身心療癒性商品，也愈來愈普及。

9. 構想評估探討──針對可行性

以使用者角度為本的可行性創意：

（Before）傳統設計方式

- 以設計者角度出發
- ↓
- 探討物與物之間的關係
- ↓
- 功能性設計

重視與環境的搭配，及強調功能性（重視功能）。

↕

（After）創新思考法（腦力激盪法＋跨領域）

- 以使用者、生活為中心
- ↓
- 使用者的使用經驗、產品與環境的關係
- ↓
- 探討發掘人與產品之間的互動關係

創意開始以使用者為導向去發想（觀察與發掘）。

（圖，傳統與創新思考，陳建志整理繪製，2015）

現今，以人為設計出發點的時代已經來臨。面對少子化、銀髮族增加、及獨居社會的來臨，產品與人的互動就更為重要。所以，可行性高的創意，就必須以使用者的觀點去發掘，同理他們的感觸，以達到真正貼近使用者的設計。抱持著以人為本的設計原則，為各項議題尋求創新解決方案，並發掘更多的可能性，來滿足使用者的潛在需求。其他未滿足的潛在需求，就是要克服目前尚未解決的問題，換言之，一旦找出解決方案，就很有機會成為不錯的創意點子。

9. 構想評估探討──針對可行性

創意可行性 = 追求滿足：

before	now	future
人／工具／功能設計	人／品味／創意設計	人／居家設計／生活
個別存在	**結合**	**價值的整合**
操作與功能	**獨特**跟品味	居家安全與**生活**
創意產品的價值是讓有興趣的人來產生互動與操作。	創意產品開始以人的出發點去思考且執行創意。	創意產品的價值是以人的角度為出發點，去思考且落實在日常生活中。

（圖，創意可行性分析，陳建志整理繪製，2015）

　　透過上圖所示，現在的人除了重視居家生活及安全，也愈來愈強調商品的需求性，包括如何改善使用上的不便、減少錯誤發生、降壓與減少疲勞、增加舒適感、提高顧客使用上的信任、滿足工作需求、增進生活質量等。我們必須透過洞察出消費者的需求，透過創意執行，讓使用者可以因此被滿足。對於購買的消費者而言，它們都是為了得到滿足，而產生需求，進而採取購買行為。而對於設計者而言，必須先發掘出消費者需求，透過設計思考提出具體創意的解決方案，所以，對使用者及設計者而言，創意的可行性都是為了追求生活上的滿足。

9. 構想評估探討 —— 針對可行性

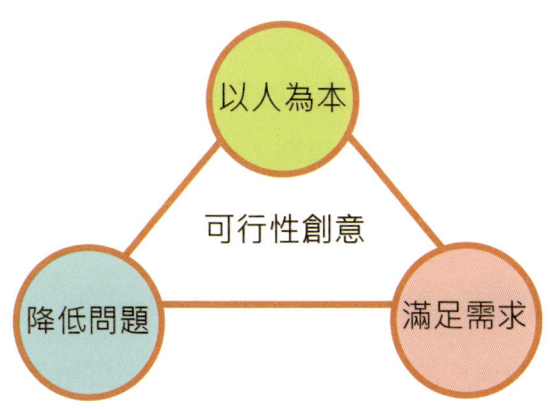

(圖，創意可行性分析，陳建志繪製，2015)

　　一個可行性高的創意商品，必須先發掘出消費者未滿足的需求，以及如何透過設計者的創意想法來降低使用上的問題，這是設計最主要的目標。如何找出可行性高的創意想法？以下幾個方法可以幫助你思考。

(1) 要先發掘出使用者未滿足的潛在需求（不方便的問題）：

　　一開始就必須先確定消費者未滿足的需求是什麼？你發想的創意產品是否能讓消費者使用後覺得非常好用，會覺得「對！就是這樣！好用多了！」

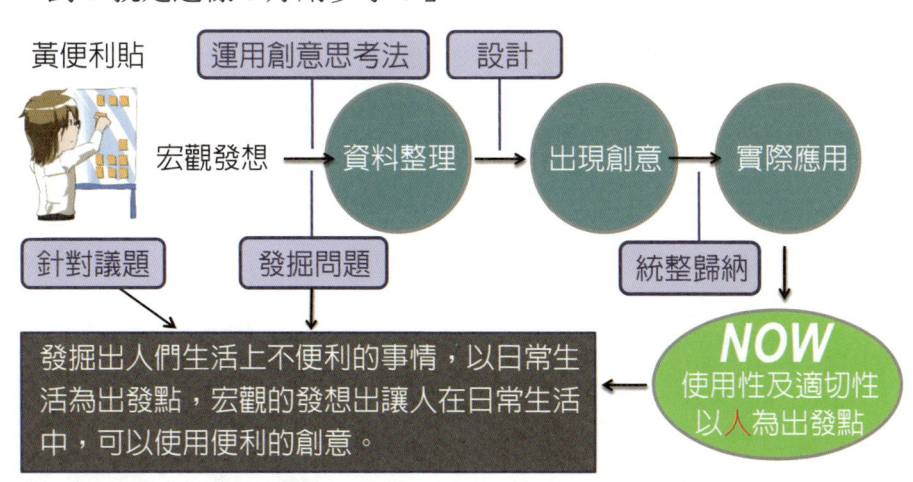

(圖，創意可行性分析，陳建志整理繪製，2015)

9. 構想評估探討 —— 針對可行性

(2) 先從大方向去考慮使用者所遇到的問題（難題是什麼？）：

在這個階段，不要一開始就去想創意是什麼，對於所選出最迫切的潛在問題裡，宏觀的從大方向去思考選出的問題裡，細節問題還有哪些。

綠色便利貼
提出創意

第二次宏觀擴散（透過綠色便利貼提出解決方法）

(3) 解決問題的創意雛型慢慢成形（解決方法的情境）：

透過篩選過解決方式的綠色便利貼，在透過紫色便利貼來針對所挑出的解決方式，進行創意該如何操作的情境繪製。

紫色
便利貼

第二次微觀發想（透過紫色便利貼進行圖文並茂呈現！）

(4) 問題解決，創意呈現：

A4 紙繪畫

當過關斬將地找出解決的方法後，就必須透過圖解說明的方式，將創意呈現出來。畢竟是要讓其他人了解的，所以圖解說明時的顏色及說明，就格外的重要唷！

要解決使用者的未滿足需求，可說是一項很嚴格的挑戰，有點像是挑戰一個不可能的任務，因為要先全面性地發掘出這些未滿足的需求，再研議最適合的解決方案，這難關的確不容易突破。

> 發想創意的過程中，千萬不要放棄，最終一定會有好的結果的。

9. 構想評估探討──針對可行性

1. 發掘出使用者未滿足的潛在需求 → 期望

敏銳的觀察問題（情境觀察）：

　　從消費者的角度去研判，哪些設計需求還沒有被滿足或沒被發掘出來的，透過你的創意發想，滿足使用者的潛在需求。

2. 先從大方向去考慮使用者所遇到的問題 → 過程

判斷需求的細部原因（推演觀察）：

　　建議從消費者的使用情境入手，從大方向將各種問題整合成創意構想，討論出合適的解決方案。

3. 解決問題的創意雛型慢慢成形 → 概念呈現

了解問題的重點（思考分析）：

　　從現有創意中分析出該項產品的操作，找出使用上的問題，進一步比較產品操作與使用者需求，分析其設計思考與運用技術。

4. 問題解決，創意呈現 → 創意結果產生

具體的圖文並茂呈現（提高完整度及接受度）：

　　透過說明清楚的簡圖，不僅容易讓人接受，也相對提高創意的可行性。

9. 構想評估探討──針對可行性

針對可行性的思考（GDI團體動力訪談＋CAS分析＝腦力激盪法）：

　　之前所談及的創意，就是要發掘使用者的潛在行為，也就是如何去調查使用者的不便行為。而調查使用者行為，只有真正去發掘或驗證假設時，才看得出效果，這會比只聆聽使用者意見的資訊調查更受用。

　　本書從第三單元開始介紹腦力激盪法，方式看似簡單，其實內容豐富，包含如何窺看使用者的內心的 GDI（團體動力訪談，Group Dynamic Interview），以及 CAS（透過需求-行動-滿足，Claim / Action / Satisfy）等兩種方法。透過 GDI 團體訪談的觀察與發掘，以擴散式思考進一步聚焦重點（水平發想），並運用 CAS 分析法來進行潛在消費者需求的創意發想（垂直思考）。GDI 討論過程可集合眾人的力量，討論出使用者目前遇到的問題，發掘出他們潛意識中未滿足的需求（宏觀發想）。而這種潛在需求，是連使用者自己也很難注意到的需求，一旦確定需求後，可藉由 CAS 分析法進行創意發想（微觀分析）。這些與本書第二單元提到左右腦相互合作的觀念是共通的，透過感性與理性，徹底發揮彼此的力量。不論在思考或是創意發想，少了其中一個力量，都會大大降低成效，因此左右腦的並行思考，就變得極為重要。[1]

（圖，腦力激盪法＝GDI 團體動力訪談＋CAS 分析，陳建志整理繪製，2015）

1　梅澤伸嘉，圖解暢銷學，台北：城邦讀書花園，2015.04，頁 226，陳建志整理繪製。

9. 構想評估探討 —— 針對可行性

何謂 GDI？（團體動力訪談 - Group Dynamic Interview）：

　　針對腦力激盪而產生的焦點團體訪談，是經過縝密規劃的討論。必須在舒適與互相包容，且無排他性的環境中進行討論，其目的是了解參與討論者對於特定議題、產品與服務，所應對產生的感覺與意見。每個團體由一個主持人帶領 5~8 位參與者來討論。參與者均具有與該焦點團體的主題有關的某些特質，也就是說，團體裡是參與者的身分，同時也是受訪者及使用者的身分。

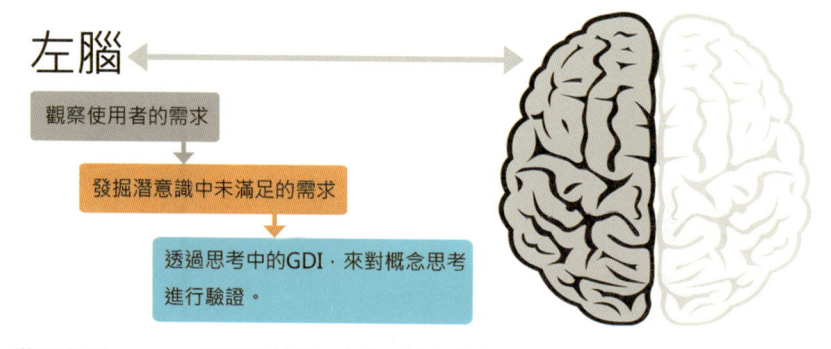

（梅澤伸嘉，2015，圖解暢銷學，台北：城邦讀書花園，頁 226，陳建志整理繪製）

何謂 CAS-Claim / Action / Satisfy？（透過需求 - 行動 - 滿足）：

　　GDI 團體訪談之後，通常會接著進行 CAS 分析，CAS 分析可分為三個項目：[2]

1 需求（Claim）	2 行動（Action）	3 滿足（Satisfy）
透過 GDI 團體訪談，先發掘使用者的需求性問題。	需了解所發掘的需求問題中，潛在的不便利操作行為是什麼？	將所發掘出的問題轉換成需滿足的潛在需求。例如這個門鎖好難開，是否有什麼方法可以讓這個門鎖可以輕鬆被打開呢？

[2] 梅澤伸嘉，2015，圖解暢銷學，台北：城邦讀書花園，頁 208，陳建志整理繪製。

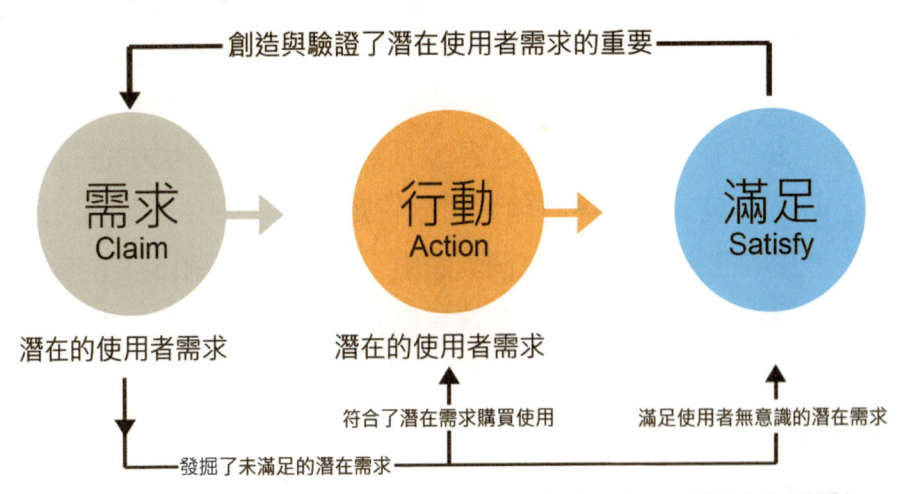

9. 構想評估探討——針對可行性

```
          ┌──── 創造與驗證了潛在使用者需求的重要 ────┐
          ↓                                              ↓
        需求          →        行動         →         滿足
        Claim                  Action                  Satisfy

    潛在的使用者需求        潛在的使用者需求
          ↓                    ↑               ↑
          └── 發掘了未滿足的潛在需求 ──┘               │
                          符合了潛在需求購買使用   滿足使用者無意識的潛在需求
```

（梅澤伸嘉，2015，圖解暢銷學，台北：城邦讀書花園，頁 208，陳建志整理繪製）

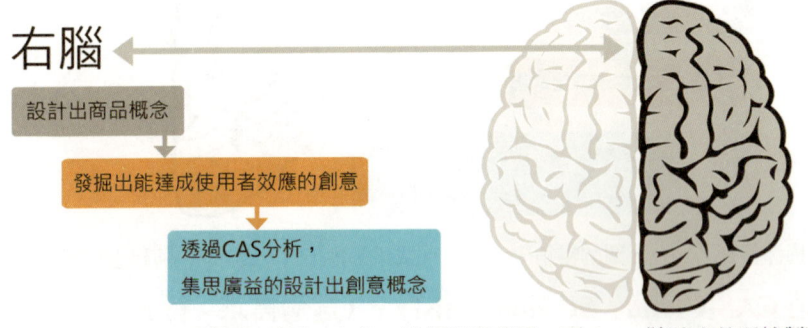

右腦 ←——————→

- 設計出商品概念
  - 發掘出能達成使用者效應的創意
    - 透過CAS分析，集思廣益的設計出創意概念

（梅澤伸嘉，2015，圖解暢銷學，台北：城邦讀書花園，頁 226，陳建志整理繪製）

　　所以，目前我們所談及的創意思考，幾乎都是在發掘使用者的潛在需求，在本書中其實也曾提過。創意研發者根本不知道什麼樣的商品會是使用者肯接受的、會暢銷的，說不定就連消費者自己也不曾去注意真正需求是什麼，當然也無法從他們口中去聽到什麼需求。但要是無法真正發掘出消費者的潛在需求，的確很難設計出暢銷又好用的產品。所以如何設計出一個滿足消費者潛在需求，而又兼具市場獨創性的成功商品，上述這些條件就千萬不能忽視。

9. 構想評估探討──針對可行性

CAS 分析操作(以垃圾袋設計為例)：

需求 C=Claim
發掘出使用者在使用某物品的潛在使用問題。
例如：倒垃圾時，垃圾袋不易打開。

行動 A=Action
需求中所伴隨的問題是什麼？
例如：垃圾袋不易打開，開口處不易找。

滿足 S=Satisfy
將問題轉換變成須滿足的地方。
例如：垃圾袋容易打開，且開口容易找。

想想垃圾袋怎樣才容易打開，且袋口容易找呢？

左腦
- 觀察使用者的需求
- 發掘潛意識中未滿足的需求
- 透過思考法中的GDI，來對概念思考驗證。

右腦
- 設計出商品概念
- 發掘出能達成使用者效應的創意
- 透過CAS分析，集思廣益的設計出創意概念

宏觀發掘與調查　　創意概念雛型　　微觀探討與分析

(圖，GDI 團體動力訪談 + CAS 分析，陳建志繪製，2015)

　　利用團員間的互動關係，針對問題進行更深入的探討，就如同左右腦相互並用一樣，相互補充與討論，以達深度及廣度。透過集體訪談中的思考及分析，對創意思考初步討論出的結果進行可行性檢驗，確定目前討論到之資料是否符合使用者遇到的實際問題，進而創造更好及獨創性更高的成功產品。

9. 構想評估探討 —— 針對可行性

發掘出消費者內心的潛在需求！等於掌握到銷售市場！

（圖，可以更好與想要不一樣，陳建志，2015）

部分使用者未滿足的需求主要分兩大類型：「更好的需求」及「不一樣的需求」，如果創意設計者能抓到消費者這兩種需求，當然很容易滿足消費者的潛在問題，例如市面上賣的好的產品，幾乎都是為了滿足使用者潛在心理的真正需求而設計成的創意商品。

強調優越性

跟同類型商品比起來，強調優越性、更好用、方便、快速、小巧等等特性，都有機會成為暢銷商品。透過比類似商品更好的附加效果，提高消費者對商品的興趣。

強調差異性

強調差異性跟同樣商品比起來，使用上就是不一樣，就是所謂的差異性。市面上同類商品的功能都差不多，如果你在不會影響原本功能之基礎上，新增附加功能，產生不一樣的功效，就能提高產品的競爭力。透過差異上的附加價值，可產生視覺或是觸覺上的差異。

9. 構想評估探討——針對可行性

如何達到優越性跟差異性呢？

在我們生活中隨時都在使用被設計過的物品及服務，這些滿足於研發者及企業的商品，並未考慮使用者的差異性，使得消費者無法選擇更佳的產品，導致被強迫去使用。若因產品瑕疵產生的問題，更導致使用者的情緒負擔，往往就成為累積意外及壓力的最大來源。

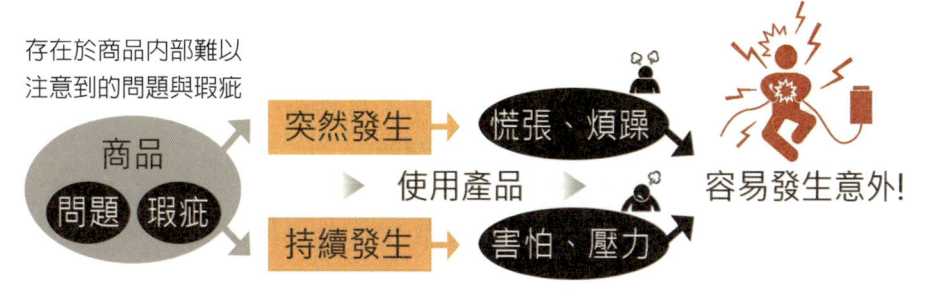

（圖，問題與瑕疵的使用過程-1，陳建志整理繪製，2015）

在一開始進行創意設計時，須先找出該商品使用上的問題，並針對問題發想出所謂更好用，更不一樣的解決方案，使得改良後商品被使用時能無形中降低慌張跟煩躁感。讓新產品融入生活，而非造成使用者生活上的不便，使用新產品能有效降低生活上的慌張及害怕，減少使用上的突發意外。

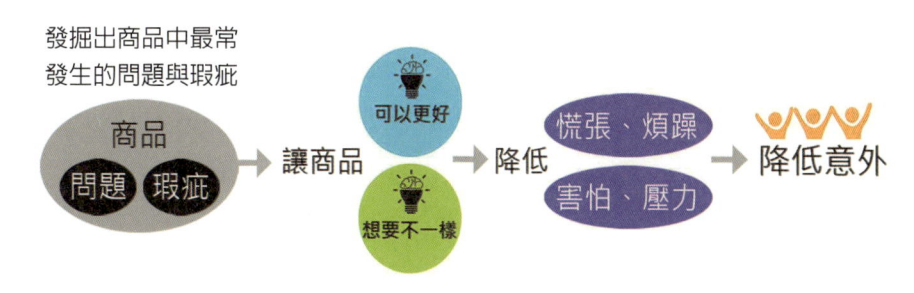

（圖，問題與瑕疵的使用過程-2，陳建志整理繪製，2015）

9. 構想評估探討——針對可行性

CAS 分析實際操作範例（以防撞毛巾架設計為例）：

就讓我們透過實際案例來解釋說明吧！以居家空間安全防範之創意發想為例，運用 CAS 分析發掘居家環境中容易發生潛在性問題的地方，並透過下列居家空間安全防範，來進行 CAS 分析。

1. 需求（Claim）：

透過腦力激盪（GDI 團體訪談），先發掘使用者的需求性問題

1. 需求 C=Claim

> 發掘出使用者在使用某物品時的潛在的使用問題。

隨著少子化、高齡化社會來臨，老人跟孩童在居家環境容易出現跌倒受傷等意外，家中任何一個場所對小孩跟老人而言，都存在著潛在危險，其中滑倒、摔傷最常見（81%），顯見地板止滑、家具突出及防撞措施是不容忽視的。就地點而言，以浴室發生意外比例最高（47%），其次是客廳（19%）、臥室（13%）、臥房及廚房。[3]

調查目的
↓
為了防止居家環境危險，需提出很多空間防範的議題

針對居家安全去發掘問題（宏觀）

國內研究也曾針對台北市家中有 0~3 歲幼兒的 2,000 戶家庭進行調查，發現有 46% 的受訪家庭當中，廚房地面屬堅硬光滑材質（如大理石、磁磚等），未放置防滑墊，浴室沒放吸水防滑墊的住家有 36.4%。可見生活在這樣的環境下，家中幼兒很容易發生滑倒、撞傷等居家傷害。[4]

---

[3] 王建雅，2011.05，嬰幼兒教保概論，台北：群英文化。
[4] 王登釧，2003，嬰幼兒居家健康評估，中國醫藥學院環境醫學研究所，台中市。

9. 構想評估探討──針對可行性

(1) 發掘出主要方向：居家空間安全防範之創意發想

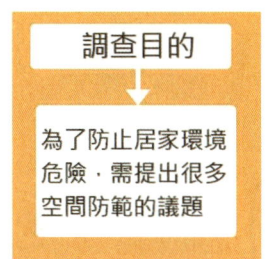

調查目的
為了防止居家環境危險，需提出很多空間防範的議題

透過黃色便利貼

針對居家安全去發掘問題（宏觀）

宏觀發想：
將居家空間容易發生撞傷、跌倒等居家安全問題寫出來。

討論目的
在眾多的議題中，選出大家認為較容易發生意外的空間當作討論的主要目的。
(易發生危險的居家空間)

透過綠色便利貼

針對居家易受傷的地方去聚焦問題（微觀）

提出浴室易受傷的問題

浴室易受傷之情境歸納
1. 浴室地面堅硬光滑（如大理石、磁磚）
2. 浴室內未放置吸水防滑的墊子
3. 電器垂掛於洗手台上
4. 浴室內插座未加防護措施
5. 浴室門外未放置吸水防滑的墊子
6. 浴缸內光滑，或未設置防滑扶手
7. 洗手台邊緣處堅硬凸起，易撞到
8. 浴室內清潔劑放在幼兒易拿到的地方
9. 浴室內無通風設備

（行政院衛生署，幼兒居家安全手冊，2005，台北：永大書局有限公司）

(2) 發掘出主要需求：

浴室中主要的問題就是，容易因地面濕滑而滑倒撞到頭部或摔傷。

針對居家空間（客廳、浴室、臥室、廚房）等四組較容易受傷的地點，透過微觀發想，經由綠色便利貼寫出大家認為在浴室中容易受傷的原因，整理歸納出來，以便大家找出較具可行性的方案，亦便於繪製出解決的想法。

居家環境容易讓孩童及老人撞傷、滑倒，尤其是浴室，而團隊發掘出容易發生意外的原因就是地面濕滑所造成的。

9. 構想評估探討──針對可行性

2. 行動（Action）：

要怎麼解決在浴室中，容易因地面濕滑而滑倒撞到頭部或摔傷呢？

2.行動 A=Action

需求中所伴隨的問題是什麼？

透過綠色便利貼的微觀發想後，找到因浴室地面潮濕，導致滑倒或摔傷，將是最迫切的問題。而毛巾架部分突起堅硬，碰到頭部很容易受傷，是導致老人及小孩頭部容易受傷的主因之一。

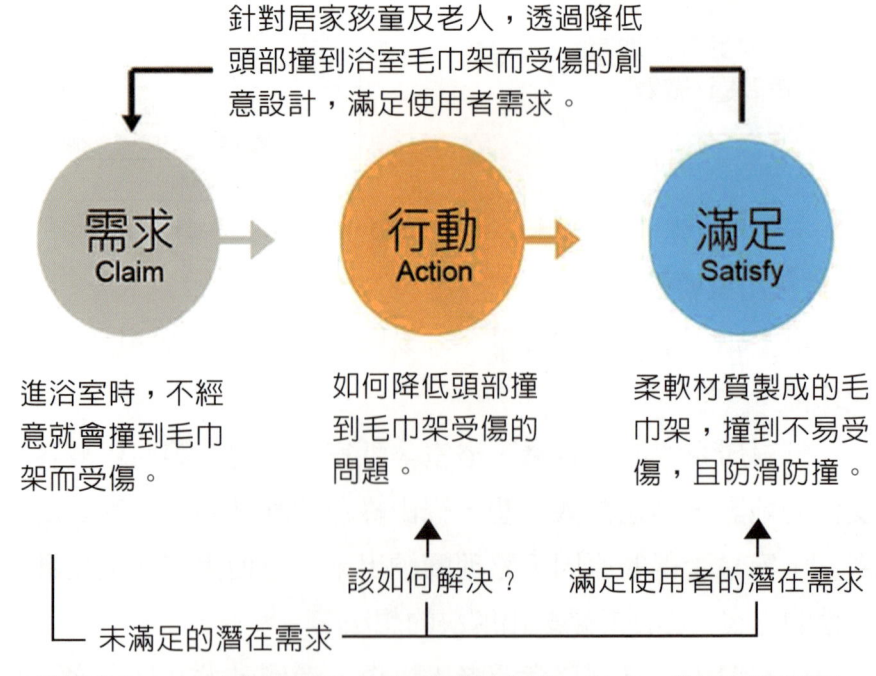

針對居家孩童及老人，透過降低頭部撞到浴室毛巾架而受傷的創意設計，滿足使用者需求。

需求 Claim → **行動 Action** → **滿足 Satisfy**

需求 Claim	行動 Action	滿足 Satisfy
進浴室時，不經意就會撞到毛巾架而受傷。	如何降低頭部撞到毛巾架受傷的問題。	柔軟材質製成的毛巾架，撞到不易受傷，且防滑防撞。

未滿足的潛在需求 ── 該如何解決？ ── 滿足使用者的潛在需求

（梅澤伸嘉，2015，圖解暢銷學，台北：城邦讀書花園，頁 111，陳建志整理繪製）

9. 構想評估探討——針對可行性

3. 滿足（Satisfy）：

最後呈現出來的創意，與市面上毛巾架的差異性跟獨特性。

3. 滿足 S=Satisfy

> 將問題轉換變成須滿足的地方。

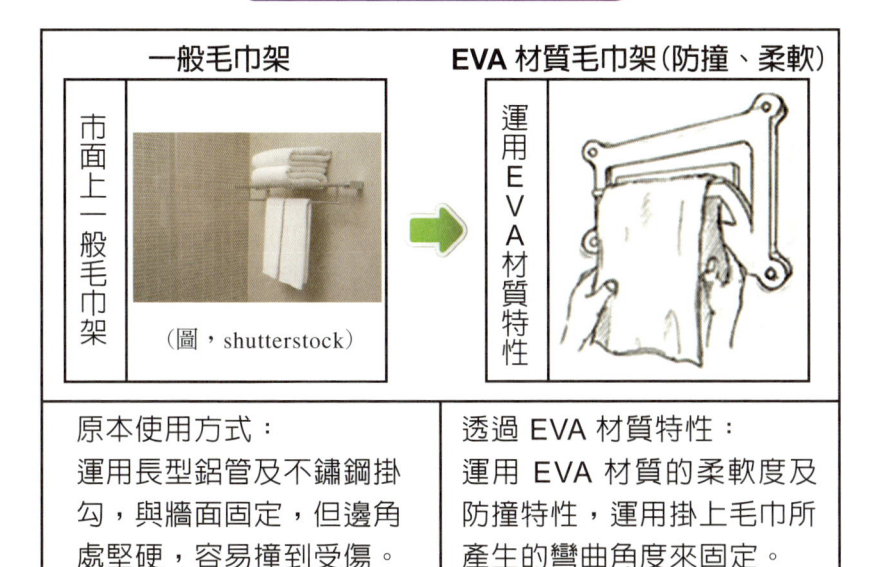

一般毛巾架	EVA 材質毛巾架（防撞、柔軟）
市面上一般毛巾架（圖，shutterstock）	運用 EVA 材質特性
原本使用方式：運用長型鋁管及不鏽鋼掛勾，與牆面固定，但邊角處堅硬，容易撞到受傷。	透過 EVA 材質特性：運用 EVA 材質的柔軟度及防撞特性，運用掛上毛巾所產生的彎曲角度來固定。

（圖，EVA 材質特性及應用，陳建志整理繪製，2015）

透過簡易的雛型製作，來進行測試與日後內部的討論。

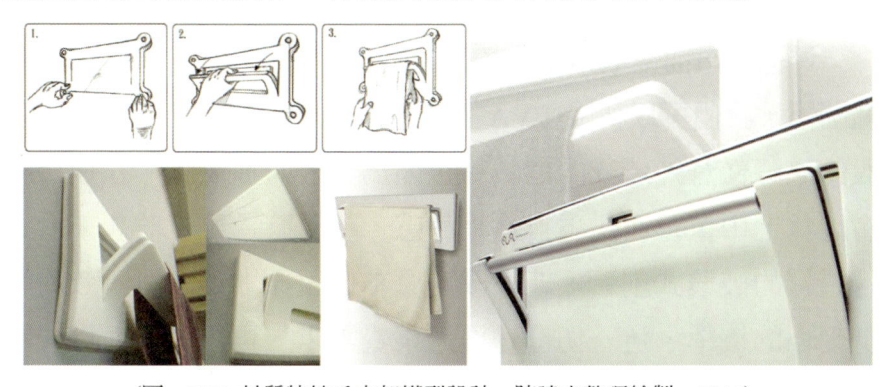

（圖，EVA 材質特性毛巾架模型設計，陳建志整理繪製，2015）

9. 構想評估探討──針對可行性

透過需求、行動、滿足的思考流程＝所產生的破壞式創新：
在浴室中，容易因地面濕滑滑倒撞到頭部或摔傷

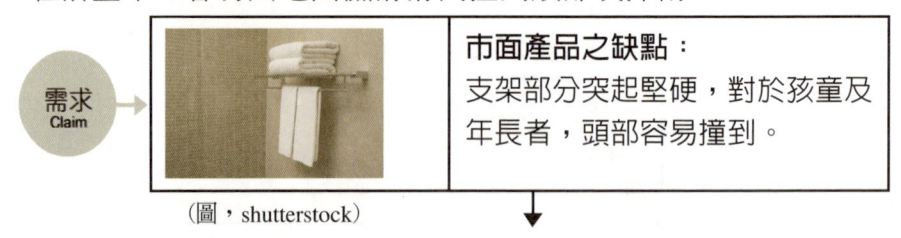

需求 Claim

市面產品之缺點：
支架部分突起堅硬，對於孩童及年長者，頭部容易撞到。

（圖，shutterstock）

怎麼解決在浴室中，因地面濕滑而滑倒撞到頭部或摔傷呢？

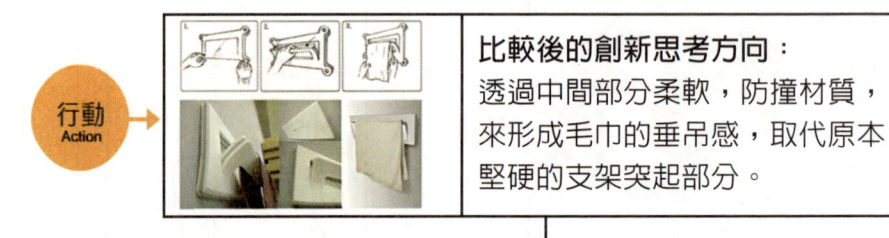

行動 Action

比較後的創新思考方向：
透過中間部分柔軟，防撞材質，來形成毛巾的垂吊感，取代原本堅硬的支架突起部分。

透過破壞式創新，滿足在浴室容易因毛巾架撞傷頭部的問題。

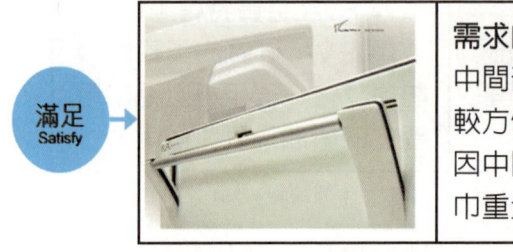

滿足 Satisfy

需求的滿足：
中間部分材質替換成空心鋁管，較方便拿取，披掛毛巾時也不易因中間部分材質柔軟並輕易受毛巾重量影響而下垂。

（圖，需求、行動、滿足過程結果範例作品，陳建志整理拍攝，2015）

　　透過與市面上毛巾架比較過後得知，坊間毛巾架較少考慮防撞問題，我們可以利用 EVA 材質的柔軟及防撞特性，透過創意設計來降低意外造成的危險。正因為材質防撞柔軟，在披掛時會因為毛巾重量而呈現自然垂吊感，不用時還可以收起來。透過這樣的破壞式創新，在不改變原本使用原則下，可有效的降低受傷的機率，這一切都是透過察覺需求、再行動，而最後間接滿足了使用者的潛在需求。

9. 構想評估探討——針對可行性

針對可行性——為什麼要做模型？

　　工業設計系專門做勞作？有人稱之為高級勞作系，大學生來玩勞作？當然不是！設計是一個很複雜的程序過程，要確定設計的正確性，也要與各種相關的人溝通，這些都要技術，也需要經驗。但模型不是設計的結束，模型最後的目標是製作出產品供討論用，所以模型的完成只是剛開始而已。通常會先使用圖來溝通，如果用圖面方法無法解決，這時就必須製作出立體的模型來進一步驗證與溝通。在產品設計的步驟中，模型是在圖面無法達成設計確認與溝通時，只好實際運用材料、零件，來模擬出與設計物相同特徵的模擬物，以準確讓人看得懂圖跟實體草模代表的意義，這就是模型的重要性。如下圖所示。

（圖，shutterstock）

模型在創意設計過程中所扮演的角色：

　　模型製作在進行創意的流程中，佔有很大的關鍵性，因此所有設計師就要將從一開始的簡單想法一直到最後的精確定案，做一連串的設計程序，才能逐步解決設計問題，在每個階段都必須運用不同的模型方法，達到有效率的解決設計問題，所以模型在創意過程中是非常的重要。

1. 必須靠學習與觀察加強認知，才有足夠的發展基礎。
2. 靈活的聯想產生創意，才能產生有價值的想法。
3. 靠繪圖呈現與文字傳達，才能正確的溝通合作。
   且靠模型驗證與展示，才能證實設計的正確性。　➡ 創意雛型

9. 構想評估探討——針對可行性

什麼是原型？什麼是模型？

1、原型（prototype）：

　　在產品生產之前製作與產品大小相同、使用功能一致的物體，也可以是產品本身。

（圖，你的居家寵物手機座，融答有限公司提供，2015）

2、模型（model）：

　　根據實物、設計圖或構思，按照比例、外觀或其他特徵製做出與完成品相似的雛形，但只能供擺設使用，較無功能性。

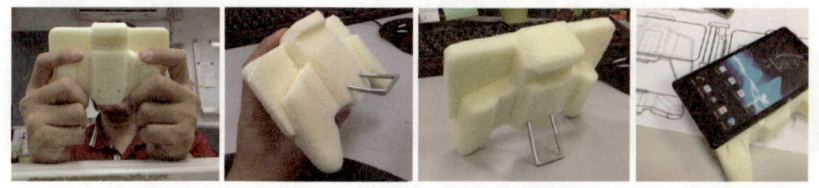

（圖，搖桿手機座 PU 模型圖，陳建志製作提供，2015）

　　將一種已知或構想中的事物，以模擬的方法加以建構重現出來，使人能易於了解此一事物狀態，因此可用來作為構想記錄、技術溝通、討論及宣傳的用途。經驗告訴我們，唯有真正製作出一個一模一樣的東西，才能進一步證明我們的設計是否正確。許多根本沒有想過的問題，要等到模型作出來才會被發現，有了根據設計圖所製作的模型就，可以回頭檢查設計圖的錯誤疏忽，並加以更正。如果沒有先作出模型來檢查錯誤，以致無法找出設計的錯誤，那就糟了，因此模型的製作討論，絕對能有效的降低開模風險性。

9. 構想評估探討——針對可行性

模型能降低開模風險性：

　　錯誤就像一顆不定時炸彈埋藏在設計圖裡，等這個錯誤爆發開來的時候，可能已經造成消費者的傷害、成本增加、製造困難、規格不符、市場反應不佳……等難以彌補的損失。因此當設計的過程中發生平面作業無法解決的困難之時，就不得不運用模型的技術，從立體方面著手來加以檢查，以便解決設計的瓶頸。

　　模型的目的是為了產生展示效果而不是為了製造產品，所以只要求外觀要盡量完美，特定展示效果的機能部分則用任何技術加以克服，不必考慮其裝配、成本、量產的因素，換言之，這種模型純粹是為了商業宣傳目的用的，並不完全真正協助設計的進行，在業界則有幾種情況會使用展示用模型。

1. 啤酒瓶座椅設計草模（討論）：

　　針對啤酒瓶座椅設計，在設計初期階段，草模可以把設計用立體草模簡單的呈現出來，供設計人員深入探討時討論使用。

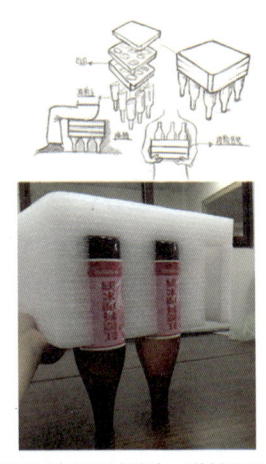

（啤酒瓶座椅草模圖，融答有限公司提供，2015）

9. 構想評估探討——針對可行性

2. 啤酒瓶座椅設計概念模型（測試）：

概念模型就是在草模的基礎上，用各式手法表示產品的造型風格、操作方式，以表現出造型的整體概念及操作上是否無誤。

> 草模的製作，可了解整體的使用方式。

（啤酒瓶座椅草模測試圖，融答有限公司提供，2015）

3. 啤酒瓶座椅設計展示模型（展覽呈現）：

透過實際材料，用準確的尺寸，做成與產品一致的模型，作為產品的樣品進行展示，以便提供實體產品展覽呈現。

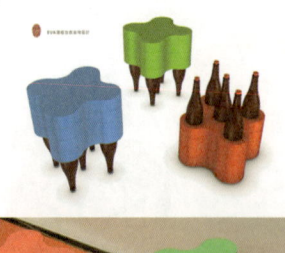

> 模型的 final 展現，讓使用上能更清楚。

（啤酒瓶座椅模型展示圖，融答有限公司提供，2015）

9. 構想評估探討──針對可行性

1. 防撞 EVA 材質毛巾架設計草模（討論）：

　　針對防撞 EVA 材質毛巾架設計，在設計初期階段，草模可以把設計用立體草模簡單的呈現出來，供設計人員深入探討時使用。

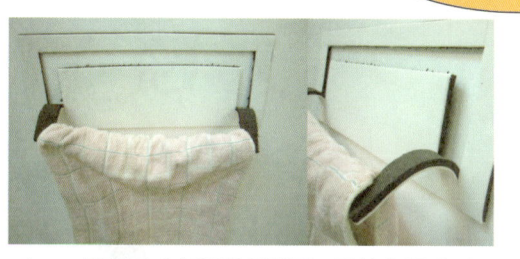

> 草模的立體呈現，便於深入討論用。

（EVA 防撞毛巾架設計草模圖，融答有限公司提供，2015）

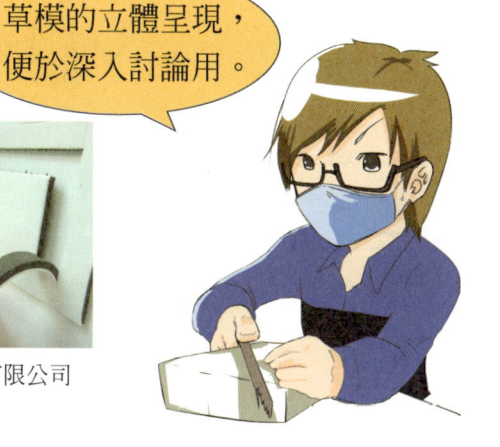

2. 防撞 EVA 材質毛巾架設計概念模型（測試）：

　　透過草模測試，驗證是否概念可行，且可透過造型呈現，來微調修改外觀設計。

> 草模的製作，也便於測試時的討論。

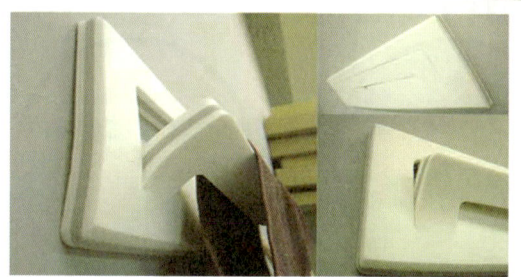

（EVA 防撞毛巾架設計草模測試圖，融答有限公司提供，2015）

9. 構想評估探討──針對可行性

3. 防撞 EVA 材質毛巾架設計展示模型（展覽呈現）：

採用 EVA 防撞材料去製作，用準確的尺寸製作出與產品一致的模型，作為樣品進行展示，以便提供實體產品。

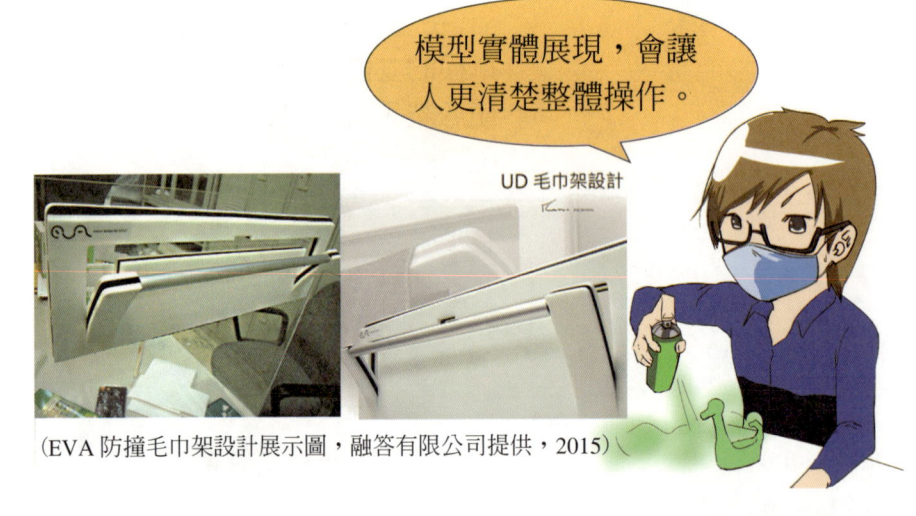

> 模型實體展現，會讓人更清楚整體操作。

（EVA 防撞毛巾架設計展示圖，融答有限公司提供，2015）

在初期製作階段，因為製作成本低、便於修改等優點，設計者一般會透過模型來呈現產品的設計方案。模型製作是產品設計過程中不可缺少的環節，其過程不只是設計思想體現的過程，也是發展構思可行性的過程，所以設計後的模型呈現，就變的格外重要。

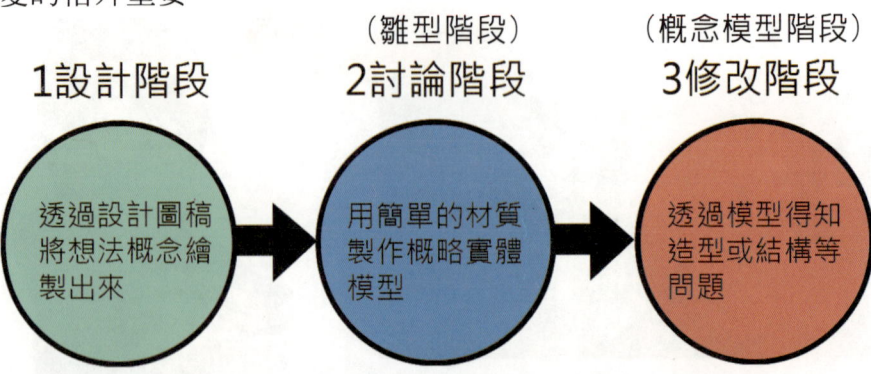

1 設計階段
透過設計圖稿將想法概念繪製出來

→ **2 討論階段**（雛型階段）
用簡單的材質製作概略實體模型

→ **3 修改階段**（概念模型階段）
透過模型得知造型或結構等問題

（圖，模型製作過程圖，陳建志繪製，2015）

9. 構想評估探討──針對可行性

模型的呈現非常重要：

展示設計模型，是在呈現結構與外觀功能，採用相似材質，按照一樣的尺寸，做成真實的與產品幾乎一模一樣的模型。通常都被當作展示品、內部開會及與客戶介紹的樣品，雖然看起來好像真的可以使用，但此時只能供展示及討論需求使用。這類模型雖然沒有量產，但對於內部討論、發掘量產前的問題，以及測試市場反應，卻起了極大的幫助。透過下列條列式的介紹，來了解模型製作與展覽呈現間的重要性。

(1) 透過模型製作，使設計的創意有了具體性及高可行性。
(2) 幫助分析設計的可行性（所有即將上市的商品，必須透過製作模型，來討論造型與結構上的問題，透過徹底分析討論後，才能投入生產製作。）

展示呈現用的模型：

（作品圖，2011 台灣設計師週主題展-柑仔店，融答有限公司提共，2015）

操作討論用的模型：

（桌上型盆栽筷子設計模型圖，融答有限公司提共，2015）

9. 構想評估探討──針對可行性

完成品展示呈現：

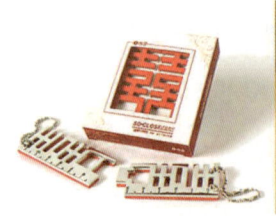

(圖，實體產品，融答有限公司製作提供，2015)

(3) 模型製作是創意設計中的重要環節，透過模型可了解結構運作的規律性跟可行性。下圖拆解燈具模型討論其結構過程時的圖片。

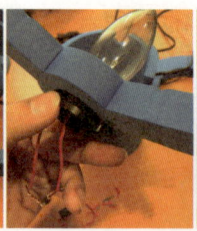

(圖，燈具模型圖，融答有限公司製作提供，2015)

(4) 透過縮小比例的模型，使創意具體化及提高可行性，下圖為防撞桌邊及電風扇的縮小草模製作。

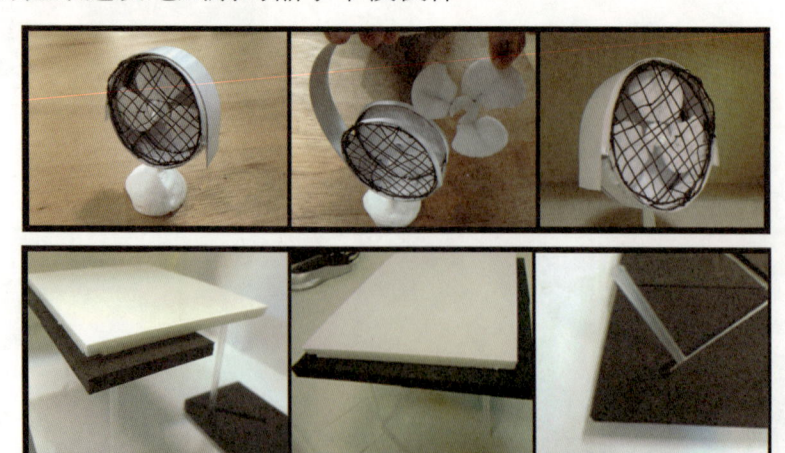

防滑特性夾住桌角　　可防護桌邊　　易拆卸，免工具安裝

(圖，防撞桌邊設計及電風扇縮小比例模型製作，陳建志製作提供，2015)

9. 構想評估探討──針對可行性

透過模型，看到了！也感覺到了！

　　模型專門運用於設計一開始的構想形成，在此階段腦海中只有一個模糊的想法，透過模型能把想法具體化，大致了解形狀與大小，以確保造型與功能的合理匹配。可利用保麗龍、紙盒或隨手可得的材料等簡單零件，組合出你要的立體造型。

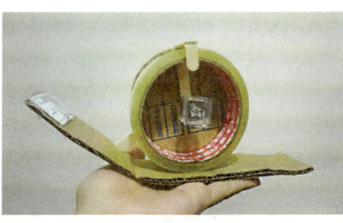

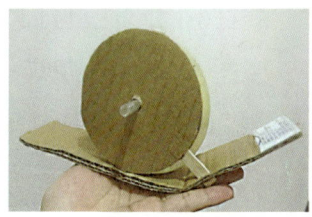

（圖，蝸牛造型膠帶台，陳和欣、傅雅琳、蘇楓喬、李柏逸、朱柏亦製作，2015）

　　規模不需大（約一個手掌大以上的產品），只用來作基本測試（大小、型狀、操作），材料都不限、任何生活周遭一切看得到的，都可以是做成立體模型的材料唷，如上圖，透過瓦楞紙，即可完成蝸牛造型的創意膠台模型。

基本的模型工具介紹：

　　市面上有很多專門用來製作模型的設備與工具，大部分是用來製作模型、勞作等，以手工具（螺絲起子、線鋸等小工具手，可稱為手工具）的方式進行較為適合。而且，各種模型所需要的工具設備並不相同。由於一般簡單的創意製作，並不需要去有規模的模型廠才能製作。大部分自己做草模時，缺乏機器設備，所以設計師必須準備適合自己使用的手工具來進行模型製作，這樣才能符合實際模型實作所呈現出來的價值。但模型絕對不是在設計完成的最後階段，是要逐一依照設計的程序，逐步驗證自己的設計，這才是正確的。

9. 構想評估探討——針對可行性

　　以下列出的材料及工具清單足以作為模型學習者的參考，有了這些簡單的工具，大致上在一般的雛型製作已經是足夠的。

(1) 油土：

可以反覆使用，一般文具店所賣的普通油土就可以，不要購買到黑色的專業油土。目前較易購得者為彩色黏土、油土。油性黏土顏色有白、紅、黃、藍、綠、黑、橘、紫、粉紅、淺藍、米白、咖啡……等 12 色均可選擇。

（圖，shutterstock）

(2) 紙黏土：

一般文具店所賣的紙黏土。

（圖，紙黏土，陳建志提供，2016）

(3) 保麗龍：

文具店可購得，平常產品包裝上的保麗龍也可以加以利用。

（圖，shutterstock）

(4) ABS 塑膠板（丙烯腈-丁二烯-苯乙烯共聚物，acrylonitrile - butadiene - styrene copolymer）：

全片 ABS 塑膠板通常以白色較韌，黃色較硬脆兩種為主，須注意是否平面有嚴重彎曲及邊緣是否有厚薄不均的情況。

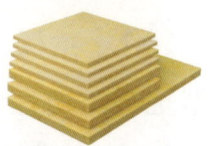

（圖，shutterstock）

246

9. 構想評估探討——針對可行性

(5) 壓克力板（Acrylic）：
常被使用在透明部分的呈現，可以在一般的壓克力招牌相關的加工廠購置。

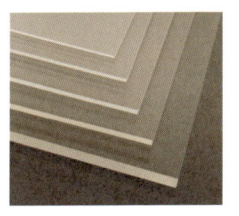

（圖，shutterstock）

(6) PU 發泡塊（Polyurethane）：
切割為固定尺寸且完成發泡的 PU 發泡塊，具備良好的塑形功能，可在美術社購置。

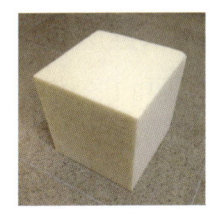

（圖，PU 發泡塊，陳建志拍攝，2016）

(7) 木板：
通常為各種不同厚度的三合板，可依厚度不同，在建材行購得。

（圖，shutterstock）

(8) 紙板 & 瓦楞紙：
　　依實際需要，可在美術社或文具行有購買，而在美術社通常都可以買到不同厚度及表面質感的紙材，也易加工。而瓦楞紙工廠或包裝公司都可以買得到，是可重複回收再利用的環保材。

楞型	楞高、mm
A	4.5–5.0
B	2.5–3.0
E	1.1–1.4
F	0.6–0.8

（圖，shutterstock）

（圖，瓦楞紙楞型整理，陳建志整理，2015）

247

9. 構想評估探討──針對可行性

(9) 銼刀：

在製作模型時，當用美工刀、鋸，斜口鉗等取得所需要的粗略輪廓形狀，必定會產生銳角，須使用銼刀來銼磨，整平、修角銼成自己所要的形狀。

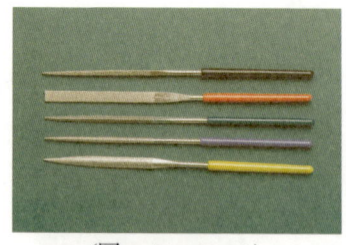

（圖，shutterstock）

(10) 線鋸：

用以去除不規則型狀之薄片材料，先買線鋸的鋸弓，線鋸主要是對板狀材料進行曲線切割。

切記！使用線鋸時，要專心且注意安全。

（圖，shutterstock）

(11) 8~10吋中半圓銼刀：

這種銼刀一面是平的，一面是半圓形的，因此可以同時處理直線和曲線兩種加工情況，我們並不需要採購特別好的銼刀，因為我們運用的材料通常最硬只有ABS，因此這種銼刀只要具備基本功能，就已經非常好用。

（圖，shutterstock）

9. 構想評估探討——針對可行性

(12) 8吋中圓銼：

這種銼刀是圓形的，直徑大概只有1 cm，專門用來對付圓孔內側的加工情況。

（圖，shutterstock）

(13) 瞬間接著劑：

俗稱快乾，是一種單一成分無溶劑，可在極短時間內迅速黏合的快速接著劑，在常溫下就可以使用。

切記!使用快乾時，千萬不要黏到手或惡作劇唷！

（圖，快乾接著劑，陳建志拍攝，2016）

(14) 砂紙：

專門用來做模型的曲面粗磨，基本上可以把它看成是銼刀，這種砂紙不能碰水，適合在空氣中研磨。

用砂紙磨模型時，建議戴上口罩再磨唷！

（圖，砂紙，陳建志拍攝，2016）

9. 構想評估探討 ── 針對可行性

單元整理 9-1

　　針對你的議題，發掘的潛在需求是什麼？該如何解決這個問題？創意是否滿足使用者的需求？透過下列圖表，將你的創意清楚的整理後寫下來，可以透過一張四開的圖紙，將你的過程貼起來，會更加了解自己的創意的來龍去脈。

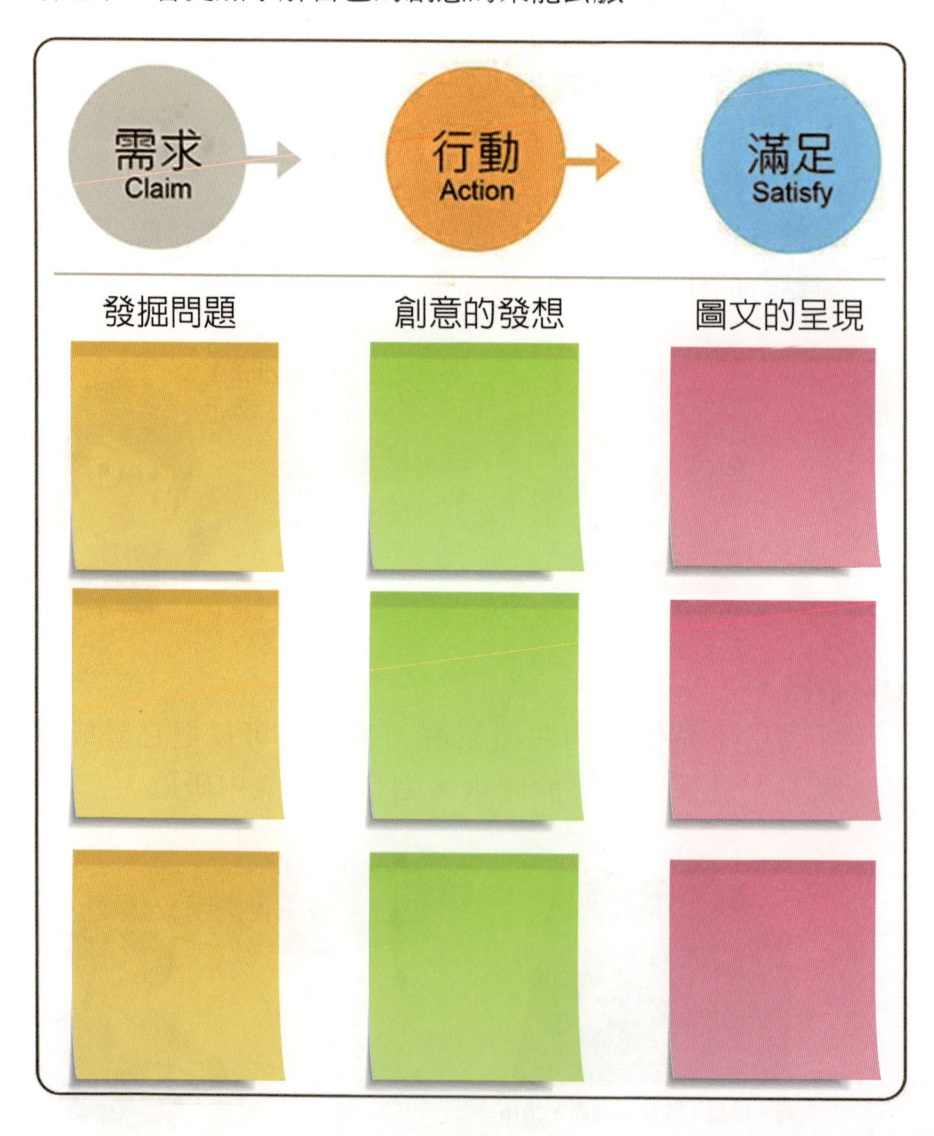

需求 Claim → 行動 Action → 滿足 Satisfy

發掘問題	創意的發想	圖文的呈現

9. 構想評估探討——針對可行性

單元整理 9-2 將你的 CAS 分析,重點呈現出來囉!

觀察及發掘到使用者的潛在問題是什麼?

_____
_____
_____
_____

⬇

用什麼創意方式去解決問題?

_____
_____
_____
_____

⬇

你的創意滿足了使用者什麼潛在需求?

_____
_____
_____
_____

9. 構想評估探討──針對可行性

當要製作模型時，把要用的工具及材料記下來囉！～

每天養成不斷做筆記的習慣，別讓突然來的創意飛走囉!～

10. 構想評估探討──針對成本控管

製作成本的重要性？

　　當創意產出之後，開始進行到創新與創業時，就必須面對到成本報酬的問題。而從事製作生產，也要思考「製作時間」、「如何生產」、「生產多少」等製作上的問題，本單元將提醒執行創新製作階段時該注意的問題。

　　在商品泡沫化競爭的今天，物料不斷的上漲，如何降低成本，提高生產效率，已成為評量創意是否具有競爭優勢的重要工作之一。利潤與成本往往既相對又關係密切，想要提高利潤，最直接的辦法就是降低成本。在將創意形成產品的過程中，所有的直接成本，包括材料成本、人工成本與製程的費用，與間接產生的管理、產銷成本，都需要嚴密控管，以達到兼顧利潤與降低成本的效率目標。

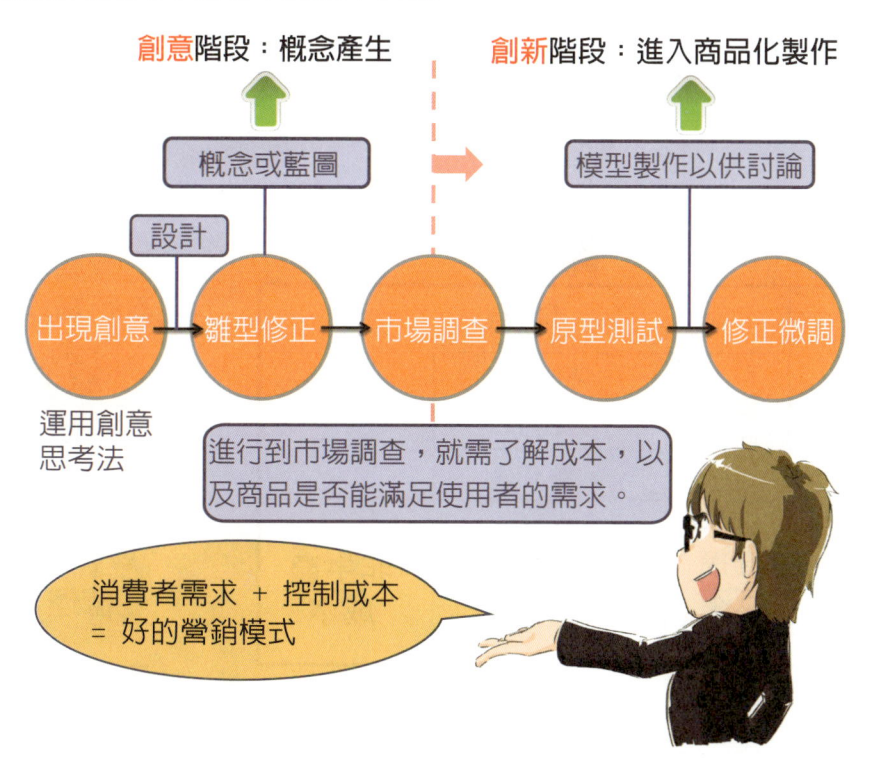

創意階段：概念產生　　　　**創新階段：進入商品化製作**

概念或藍圖　　　　　　　模型製作以供討論

設計

出現創意 → 雛型修正 → 市場調查 → 原型測試 → 修正微調

運用創意思考法

進行到市場調查，就需了解成本，以及商品是否能滿足使用者的需求。

消費者需求 ＋ 控制成本 ＝ 好的營銷模式

10. 構想評估探討——針對成本控管

何謂成本？

• 直接成本：

產品製作過程必須準備的原物料、各式配件、人工薪資等費用，皆屬於直接成本。

• 間接成本：

不直接涉及產品製作過程所必須消耗的費用，比如公司廠房與設備、租金、維修、耗材、水電、稅金、匯率、折舊等，皆屬於間接成本。

直接成本是指在量產研發階段當中必須的花費；間接成本是公司營運時所必然要花的費用。但如何能透過試算分析，將這兩項成本控制得當，以提高生產效率，是評估設計的關鍵。

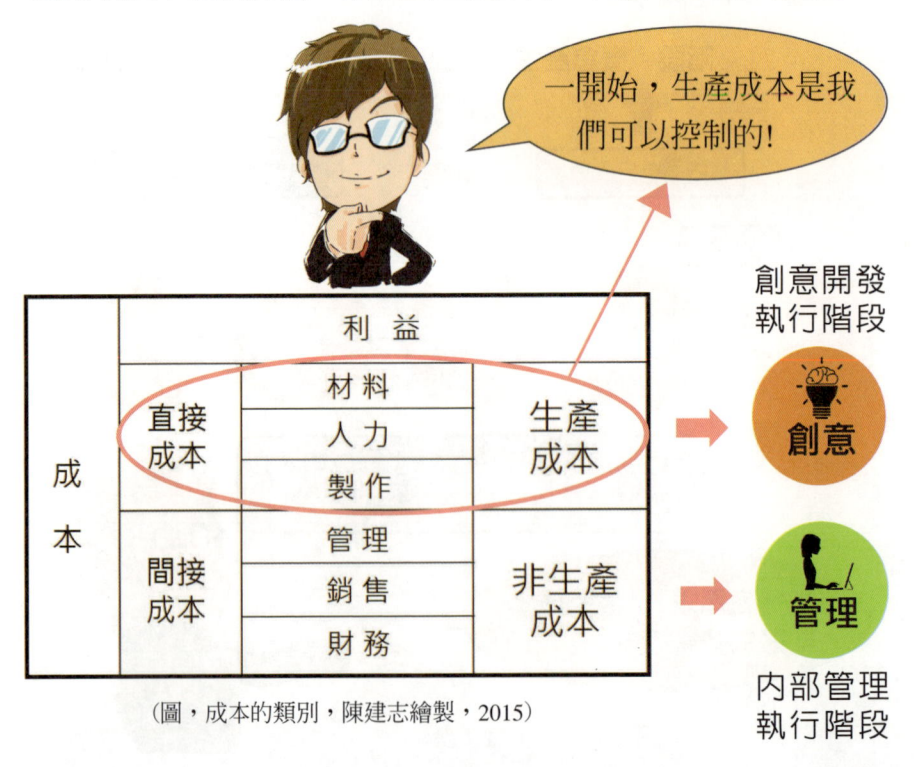

一開始，生產成本是我們可以控制的！

成本	利益		
	直接成本	材料	生產成本
		人力	
		製作	
	間接成本	管理	非生產成本
		銷售	
		財務	

創意開發執行階段 → 創意

內部管理執行階段 → 管理

（圖，成本的類別，陳建志繪製，2015）

10. 構想評估探討——針對成本控管

　　新創事業主須面對經營環境、產業環境的快速變遷，故經營方式與創新產品才能成為新創企業關鍵的競爭工具。前面提到的成本分為直接成本跟間接成本。而創意與創新的過程中，對於製作階段的材料、人力、製作等成本上的控管就非常之重要。

在直接成本上，我們可以控制的……

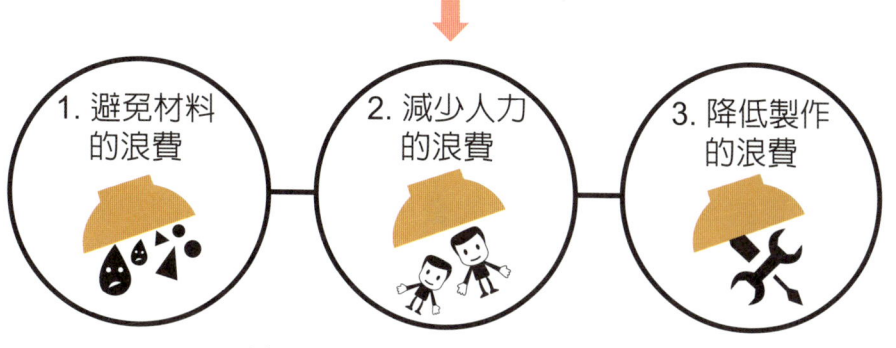

1. 避免材料的浪費　　2. 減少人力的浪費　　3. 降低製作的浪費

（圖，直接成本的控制，陳建志繪製，2015）

> 直接成本是必須花費的，但我們能有效來控制直接成本的花費，降低成本。

　　直接成本就是在創意開發階段所花費的製作費用，這是一項必須的花費，但如何透過控管來降低這些費用，以提高製作效率，是在初期草創階段非常重要的功課之一。

10. 構想評估探討——針對成本控管

材料的浪費： ➡ 利用其他材料當替代品，以降低零件的過度浪費。

在使用方式不變之前提下，以較低價之原物料或替代材料，甚至採加工方法製造，來取代昂貴的材料及複雜的加工程序，以推出物美價廉的新商品。

例如，使用其他較為低價的材料來替代；或是經由創意設計有效降低大量的零件或內部結構的費用，透過簡易的結構跟少量的材質或零件來做出相同的創意商品。

大量的零件或內部結構的費用，可透過簡易的組裝方法跟零件減量來改善，達到免工具安裝的設計。

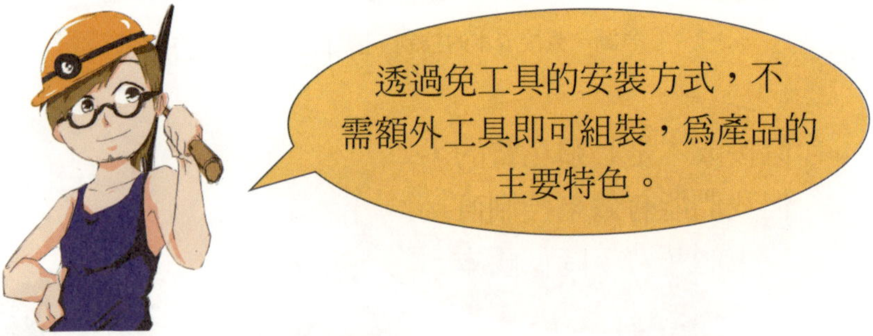

> 透過免工具的安裝方式，不需額外工具即可組裝，為產品的主要特色。

初期設計： 減少螺絲用量 ➡ **改良設計：** 以手動的方式盡量取代工具使用 ➡ **現在設計：** 有效降低手工具的使用

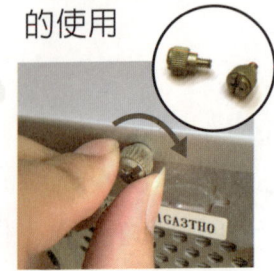

（圖，免工具安裝零件，陳建志拍攝，2016）

10. 構想評估探討 —— 針對成本控管

人力的浪費： ➡ 以簡單組裝方式，降低勞動力。

　　加工時須增加配置人員，在製造過程中，為了達到作業的目的，部分製程是可以簡化、替代、合併或調整順序優化的，仔細省察，將會有機會針對人力與時間進行更有效率的改進。而勞力之浪費，作業工時增加的浪費，要達到同樣作業的目的，會有不同的流程標準動作，哪些動作是不必要的。例如：免工具安裝設計，不須透過手工具即可安裝，或是設計出較簡單的組裝方式，來降低勞動力的浪費，就是所謂的易拆卸設計（Design for Disassembly, DFD）。

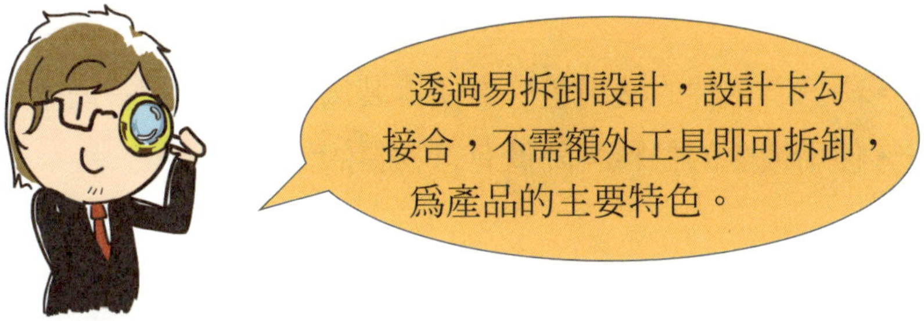

> 透過易拆卸設計，設計卡勾接合，不需額外工具即可拆卸，為產品的主要特色。

輕鬆拆卸　　　固定器固定，不需要手工具   　　　固定器

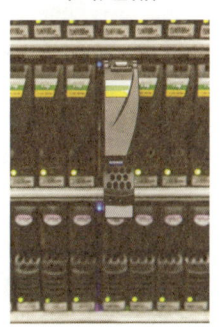

硬碟拆卸與安裝簡單，透過固定器上的滑槽，可自由拆卸。

（圖，易拆卸主機-2，IBM 電腦，網路提供）

10. 構想評估探討──針對成本控管

易拆卸設計（Design for Disassembly, DFD）：

易拆卸設計（Design for Disassembly, DFD），屬於綠色設計較偏向實務面的一環。在設計過程中採用可回收材質的外觀設計，並要求應考量易組裝／易拆解的設計方式，除了節省製程時間外，也符合使用者容易拆卸及分類回收的目的。

所以，易拆卸設計主要是希望能夠盡量避免螺絲釘的使用，降低不必要耗材之浪費外，盡可能以崁件接合等扣件的方式處理，其他如材料最少化、選用易拆卸、模組化等設計，來讓使用者在使用上能夠更容易操作及維修。易拆卸設計主要可分為兩大方向：

1. 減量設計
- 降低零組件的使用量（方便拆裝為主，減少螺絲使用）。
- 使用最少的材料，降低有害物質的污染。

2. 易拆卸設計
- 少用零組件，多以卡榫方式替代（易於拆卸）。
- 使用最少的材料及零組件，易拆卸而提高了回收效益。

> 零件的減少及易拆卸，的確會有效的降低製作成本唷！

10. 構想評估探討──針對成本控管

　　以另一個生活上的案例，每個家庭都會有電視遙控器，遙控器後面換電池的地方，大多是選用2組組件主要為塑膠外殼，採易拆卸設計，設計卡勾接合，不需額外手工工具（螺絲起子）即可拆卸，為產品的主要特色。

設計卡勾接合　　　　　　　　易拆卸、組裝

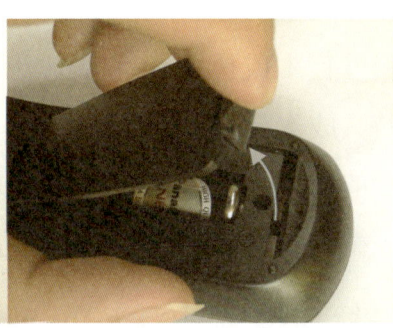

（圖，易拆卸設計，陳建志拍攝，2016）

採易拆卸設計，不需要額外工具及可作業

　　易拆卸設計不只是應用於電子資訊業，在設計界也能充分運用易拆卸設計所帶來之便利性。透過易拆卸設計提高收納效率，方便組裝。

易拆卸設計也可以是 DIY 的商品。　　輕鬆組裝，收納方便。

（圖，劍獅手機座設計，陳建志拍攝，2016）

10. 構想評估探討──針對成本控管

製作的浪費：➡ 創客（Maker）運動正夯，3D 列印有助於降低成本及時間的浪費。

有效運用 3D 列印（3D printing）的便利性：

以往要做創意模型時，大多是用傳統 CNC（電腦數值控制，Computer Numerical Control）減法加工成型方式，從一大塊的材料（代木或是 ABS）雕琢出可用的部分（減法加工），不僅耗時、成本高，製作也較困難。相較之下，3D 列印是利用層層累積的方式，逐層堆疊出物件的加工方法，較可以省去外包打樣等待時的直接成本，讓人們可以在家輕鬆為你的商品打樣。

傳統 CNC 成型（減法加工）　　一層層堆疊出物件（加法加工）

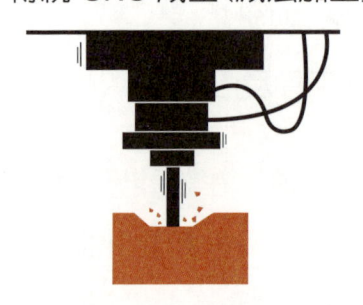

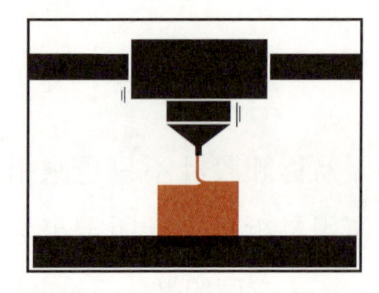

傳統製造方式是從一大塊的材料雕琢出可用的部分（成本高，製作困難）

創新製造方式是用堆疊的方式去產生物件（成本低，製作容易）

（圖，CNC 加工成型與 3D 列印加工示意圖，陳建志繪製，2016）

3D 列印科技影響匪淺，若繼續精進，相信將為人們的生活帶來革命性的變化，除了能以堆疊方式做出精緻的物品之外，同時能夠降低產品成本及縮短生產時間，讓許多商品能以更實惠的價格及價值，呈現出設計創意。

10. 構想評估探討──針對成本控管

　　自造者的時代已來臨，創客（Maker）運動正夯！國立高雄第一科技大學為了培育 Maker 人才，強調創意、自製、動手做的精神，也引進了許多的 3D Printing 設備，並成立了 3D 創客成型中心，並與高雄市教育局簽訂合作，來協助高中職與國中小學校推動創客教育，使動手做的精神有效的融入學校教育。

（照片，3D 創客成型中心，陳建志拍攝於國立高雄第一科技大學 - 創夢工場，2015）

（照片，3D printing，陳建志拍攝於國立高雄第一科技大學 - 創夢工場，2015）

　　上圖主要是國立高雄第一科技大學所引進市面上常運用的到的 3D Printing 設備，大多是透過 FDM（Fused Deposition Modeling）──熔融沉積成型，主要將使用的材料加熱到一定的溫度後，形成半熔融狀態，在將材料擠出在平面架上後降溫回覆成固態。透過反覆進行堆疊作業，就可印出立體物件，除了方便快速外，也提供學生們更多創意與創新的發想空間與實作的機會。

10. 構想評估探討──針對成本控管

針對材料、人力、製作的控管，實際商品觀摩案例：

　　我們以蝸牛手機座當作實際案例說明，如何有效地控管直接成本，透過一些簡單的材料，設計出具備相同功能的居家生活商品。並透過材料的替換及免工具安裝，降低人力成本。舉例來說，現在市面上的手機座設計商品，很多都是需要運用到不同的材料組合而成，看起來的確非常的完美、高貴，但組裝時所耗的材料成本，相對也高出許多。透過下圖的手機座設計為範例，藉由對材質特性的充分了解，設計師可運用材料特性，設計出一款材質既可回收又環保的可愛手機座。

> 如何降低材料、人力及製作上的浪費，協助組員們了解創意該如何進行，才能有效降低初期創意的製作成本。

EVA 材質──蝸牛手機座設計

1. 避免材料的浪費
低價環保材質取代高價不環保材質。

2. 減少人力的浪費
DIY 方式，且無須任何手工具組裝。

3. 降低製作的浪費
簡單的加工方式，縮短製作時間。

（圖，直接成本的控制，陳建志繪製，2015）

10. 構想評估探討——針對成本控管

1. **避免材料的浪費**：EVA 材質輕盈，也比橡膠便宜，且環保，可二次回收再利用。材料防水、防摔是主要材質特性，且透過 EVA 材質的製作，與其他手機座產生差異性及獨特性（市場上沒有類似材質的手機座）。

（圖，蝸牛工人手機座設計，融答有限公司提供，2013）

2. **減少人力的浪費**：不需要組裝工具（例：螺絲起子），即可輕鬆安裝。

3. **降低製作得浪費**：製作方式簡單，不須開模以及其他材料的浪費，只須透過一種材質特性運用，有效降低材料的浪費外，且只須透過裁切製作，也大幅降低製作成本。

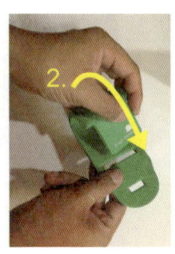

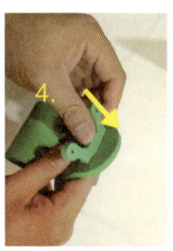

（圖，蝸牛工人手機座 DIY 過程，融答有限公司提供，2015）

透過 EVA 材質柔軟特性，以輕鬆扣住的方式固定後即可支撐手機，且防滑、防摔。運用這樣的破壞式創新手法，達到低價、好用、環保、成本低的手機座設計。

10. 構想評估探討──針對成本控管

單元整理 10-1

透過整理，針對你的創意議題，討論出如何降低材料、人力及製作上的浪費，來看看你是否已有效地控制創意的直接成本囉！透過這樣的記錄，對於日後進行創業時的量產計畫，會有很大的幫助喔！

1. 避免材料的浪費 →

2. 減少人力的浪費 →

3. 降低製作的浪費 →

10. 構想評估探討——針對成本控管

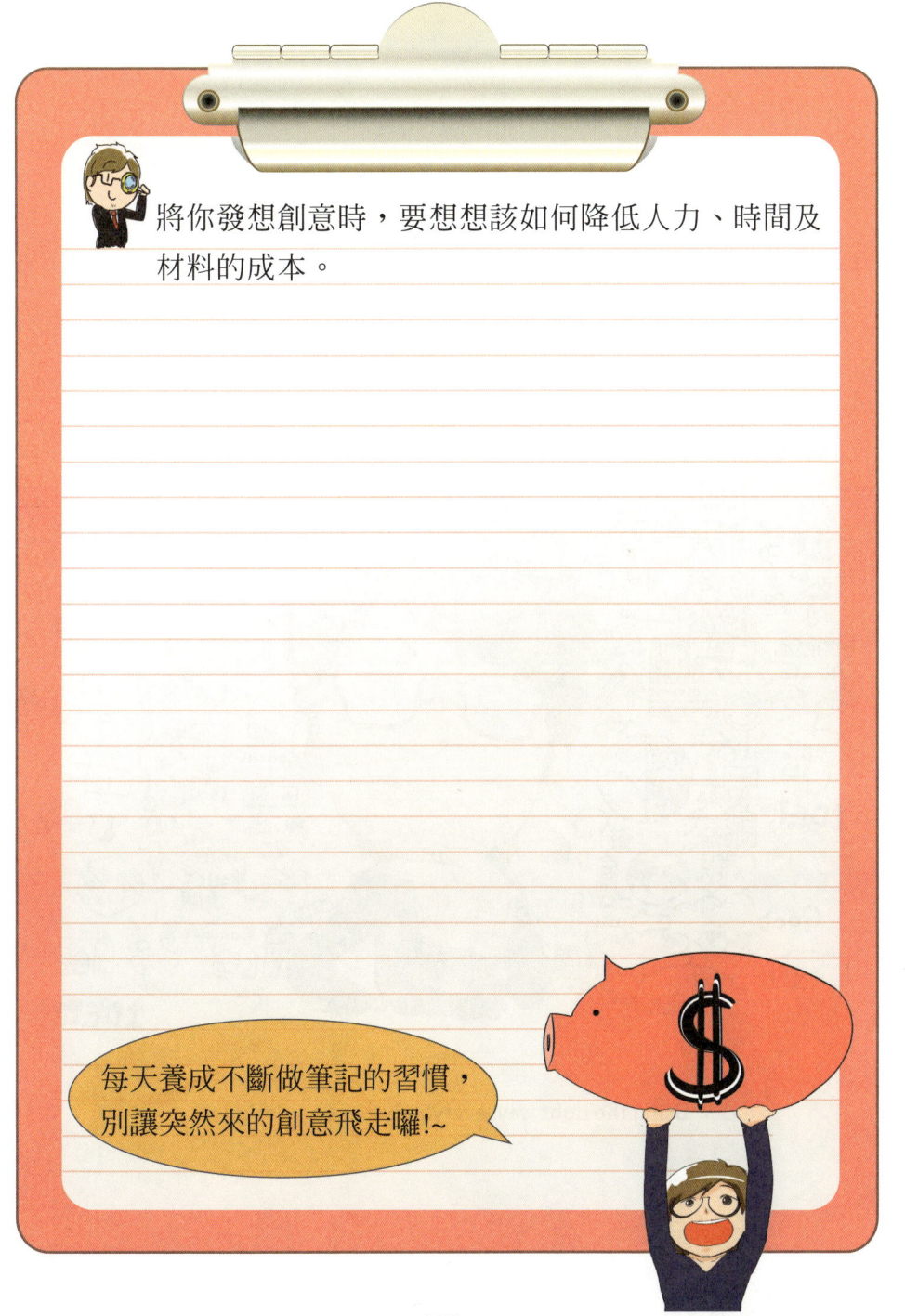

將你發想創意時，要想想該如何降低人力、時間及材料的成本。

每天養成不斷做筆記的習慣，別讓突然來的創意飛走囉!~

10. 構想評估探討——針對成本控管

Using the right way, everybody can be a designer

美力時代的來臨：

　　美的本質就是創造力，也是一種堅持不懈的動力，而「設計」則是讓美學與創意具象化成為時代的新競爭力，我們稱它為「美力」。對於「美」的追求，以企業來說，足以形成一種超越和突破的競爭力，甚至可以幫助獲取高產值與累積財富；以個人來說，則可提升職場上的競爭力。商業周刊更以專題報導揭示美力時代的來臨，副標題為：「當美成為時代的競爭力，你也該為美感能力建立存摺」，提出「美學競爭力」論述，顯示美學教育的重要性。

　　蘋果（Apple）與路易威登（LV）等品牌所造成的世界風潮，即明顯宣告了世界對於追求「美」的一種流行趨勢，而像如此由「美力」所帶來的經濟力是如此的強大，無論是產品研發或服務品質，都是要求獨一無二的，也因此才能創造出極其可觀的財富。

　　以 iPod 來說，這個 158 公克的白色小盒子，當時在全球颳起一陣白色旋風，狂賣 860 萬台。而時尚精品業龍頭路易威登（LV）2003 年的營收高達 119 億歐元（約合新台幣 4,828.5 億元），等於三個台積電，毛利超過六成。[1]

（圖，shutterstock）

---

[1] 部分引用改編自「美感競爭力」論述，商業周刊，903 期，2005.03.14。

創意商品，顧名思義，就是指如何將外觀造型、顏色，以及內在呈現、結構、功能加以統整，並透過設計創意的加值，以便達到合乎美學的標準，成為賺錢的產業。而這些標準包括了美觀性、舒適性、新穎性、安全性、經濟性、實用性、環保性、方便性等條件。產品的美學形式及組成，必須從功能、材質、結構、機構、視覺、顏色、自然及科技等產品構成要素著手，並探討產品要給予使用者什麼樣的服務，進而形成設計美學的元素。[2]

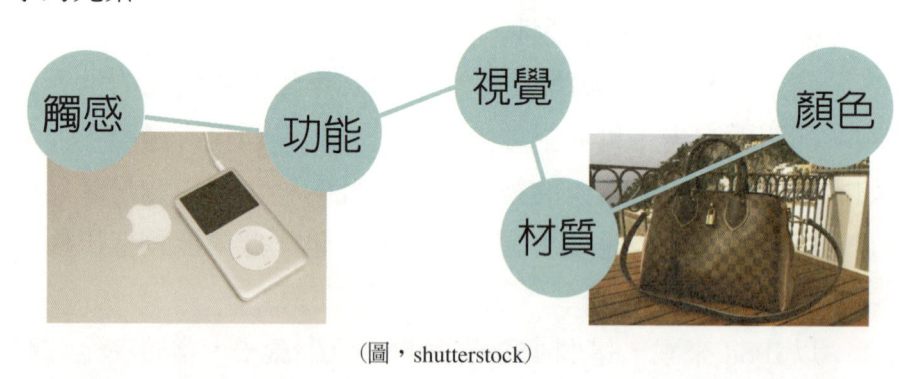

觸感　功能　視覺　材質　顏色

（圖，shutterstock）

功能、材質、結構、機構、視覺、顏色…… = 產品美學的掌握

美學，是提高競爭力的方式

創意的外觀設計與內在功能掌握清楚的話，相信在使用者的第一印象評價，應該是不錯的唷！

---

[2] 林崇宏，國際創新設計研討會，2007.07.02，產品的設計美學探討， http://www.scribd.com，2016.06.10 引用。

什麼是產品美學？

產品美學大致可以區分為外觀和內在兩部分，外觀包含了產品本身的造型、顏色、材質、表面處理，內在則探討包括功能、機構、五官感受等條件。每種產品會依適用情況的不同，而偏重某些條件，或特別針對某些條件去發揮，而產生獨特的購買衝動因子。

美感是見仁見智，每個人的喜好皆不同。不過產品美學在造型上，卻有許多風格可供挑選，當然有的人喜歡極簡風格；有的人喜歡奢華繁複；有的人喜歡質樸實用；有的人喜歡感官刺激。雖然這些條件帶給消費者不同的購買衝動因子，但仍存在基本「美的形式原理」。

產品美學
- 外觀
  - 造型
  - 顏色
  - 材質
  - 表面處理
- 內在
  - 功能
  - 機構
  - 五官感受

美的形式原理

反覆	均衡	比例
韻律	對稱	調和
漸層	對比	統一

> 美感是很主觀的，就需靠你的洞察與分析，才能抓住消費者的喜好。

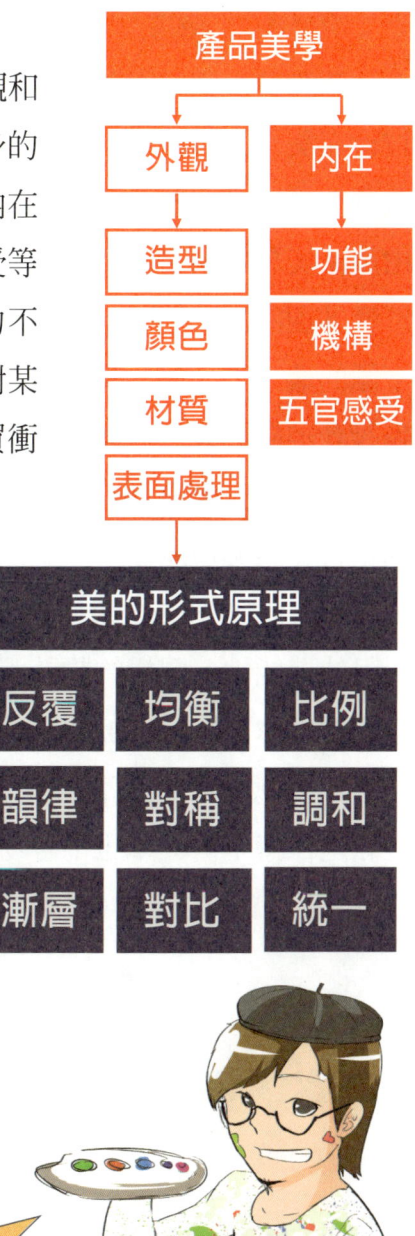

產品美學——內在功能：

　　蔣勳曾說過：功能的時代已經過去，現在是技術與美學並行的時代。純粹的功能屬性或僅能欣賞的藝術品，都不再是現代消費者的首選了。由產品美學中所帶出的功能美，研發出如何在不影響外觀的情形下，也可以更好看、更好用，如下圖的瑞士刀，是一把極具功能性的手工具，透過設計美感的操作，讓萬用手工具的瑞士刀，搖身一變成為一個有個性的時尚精品配件。另外一個結合美感與功能並重的案例就是 Infiniti 的 GT 概念車，如下圖所示，透過空氣力學原理運用於車體外殼，以達到良好減少風阻的機能性，同樣的設計還有由柏林設計師 Yoske Nishiumi 設計的雨傘（Senz Umbrella），他精巧的應用了流體力學的觀念，使得風能由傘側滑過，即使身處狂風之中，持傘者也仍能輕鬆地保持平衡，傘也不容易被吹壞。

（圖，shutterstock） 　　　　（雨傘，Senz Umbrella，葉政偉拍攝，2016）

產品美學——內在機構：

　　早期工業設計產品只注重外觀的修飾，對於未顯露的內在機構並不在意。但優質的產品，由裡至外卻都能給使用者良好的視覺享受，有些產品甚至故意外露機構來傳達其獨特美感，有點像後現代強調工業技術的特徵。如下圖範例所示，採用有色半透明機殼組裝而成的手機、內部零件一覽無遺的機械錶面，在在顯露出產品內裝組件和電子元件的機械美學。

產品美學
↓
內在
↓
功能
機構
五官感受

（圖，shutterstock）

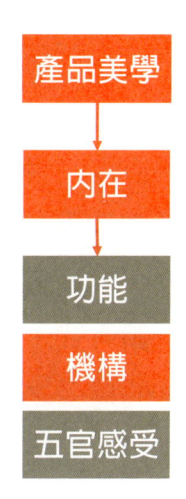

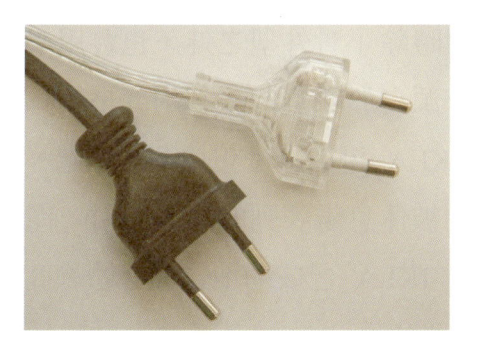

（圖，shutterstock）

產品美學——內在五官感受：

人們現在的生活當中，所有的美學都跟感官經驗有關。各式各樣的創作，無不透過感官接收刺激後，帶動內在情感的流動，讓設計者和接受者之間開始產生交流。在商品販賣上，薄利多銷、大量製造的方式已逐漸成過去式了。新式的行銷方式，則是建立在視、聽、味、嗅、觸等五官的感受之上，藉以刺激顧客群的感官知覺及大腦相關記憶，營造更接近顧客群消費需求的感官情境，再由需求牽引出價值，此即五感行銷模式。以下我們就以一些範例來介紹五感行銷：

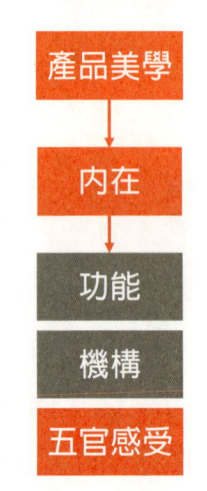

產品美學
↓
內在
↓
功能
機構
五官感受

視覺

觸覺

以視覺印象而言，比如：具有曲線瓶裝與紅色鮮明標籤設計的可口可樂，給予消費大眾的第一印象，就是強烈的品牌設計所產生的視覺印象。而視覺又是五感中最為強勢的感官經驗，諸如外型與顏色等視覺元素，乃是第一層的感官刺激。人們購買衣服時除了看外型之外，也會用手觸摸，視覺某部分源自於觸覺體驗，兩者是相輔相成的，例如在 IKEA 逛街腳痠想找個歇腳處，卻又常常在無意間被休息處陳列的商品吸引，產生購買慾望，可見 IKEA 已成功地讓顧客體驗商品的視覺與觸覺享受。

11. 構想評估探討——針對美學、品質

聽覺

聽覺部分，比如賭場的籌碼聲音、關車門的聲音、App 的提示聲音、餐廳內的音樂，這些看似平凡的聲音其實都是經過設計調校過的，因為它除了讓消費者記憶深刻之外，還能喚起人們當下的使用情緒，可說是影響使用者對於產品的第二層感官刺激，所以，在設計產品時，應重視聲音體驗、接受性及舒適性，以求能滿足消費者的需要。

味覺

嗅覺

餐飲業及糕點麵包業者選擇在人潮多的地方舉辦試吃活動吸引人潮，刺激嗅覺與味覺，或是餐廳內除了餐點的重視之外，在室內的嗅覺的通風管理、氣味格調、氣味情境等，都是透過味覺與嗅覺來讓人們處在一個非常舒服的環境用餐，有時候飯店的廁所氣味，也會開始左右消費者對於飯店印象的好壞，不單單只靠視覺及聽覺而已，透過嗅覺，也能讓客人有如置身在所營造的氛圍當中，這些都是嗅覺行銷很好的方式。

從上述所提及的這些市場現象來看，可以明顯的感覺到經濟時代的來臨，產品或服務的技術或功能規格已成為基本需求，業者欲有所突破，就必須朝向人體五感的需求與關注著手，更充分的利用能夠給予顧客群的五感契機，建立形象、印象、情緒、情境等等的感覺，進而帶動顧客對於提供的產品或服務的刺激需求。[3]

---

[3] 部分引用五感行銷時代來臨，2007，樞紐科技顧問公司姚念周食品資訊第 215 期，頁 28~30。

產品美學的種類呈現：

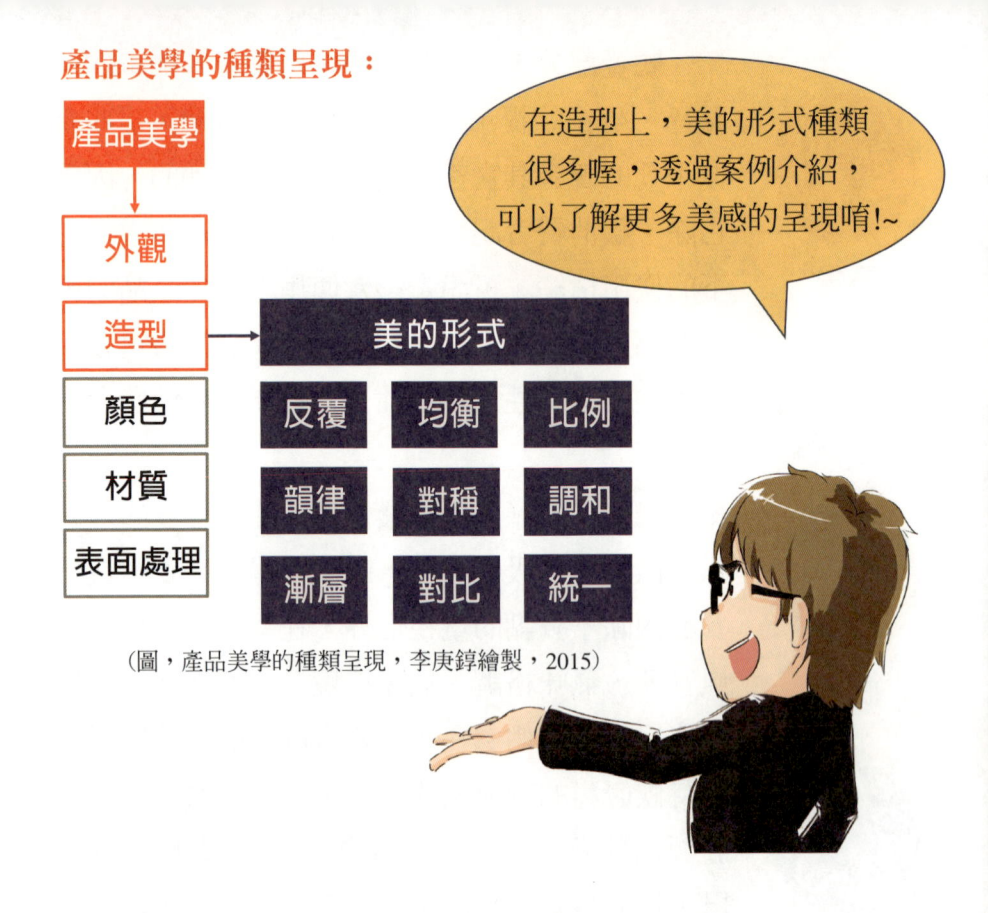

```
產品美學
   │
   ├─ 外觀
   │
   ├─ 造型  ──→  美的形式
   │              ┌─────┬─────┬─────┐
   │              │ 反覆 │ 均衡 │ 比例 │
   │              ├─────┼─────┼─────┤
   │              │ 韻律 │ 對稱 │ 調和 │
   │              ├─────┼─────┼─────┤
   │              │ 漸層 │ 對比 │ 統一 │
   │              └─────┴─────┴─────┘
   ├─ 顏色
   │
   ├─ 材質
   │
   └─ 表面處理
```

> 在造型上，美的形式種類很多喔，透過案例介紹，可以了解更多美感的呈現唷!~

（圖，產品美學的種類呈現，李庚錞繪製，2015）

20 世紀初工業化社會美學的理念，特別強調「形式追隨機能的應用」，而後隨著工業社會的機械化發展，才有了邀請用戶參與造型設計，主張以用戶為中心，逐漸展現出未來造型美學的新趨勢。

本單元一開始即提到過，美的感受見仁見智，每個人的喜好各有不同，由於造型美感沒有標準答案，所以任何造型都會有人欣賞。現在透過上述所介紹的美感形式，我們可以欣賞不同的案例所表現出的造型之美。

11. 構想評估探討──針對美學、品質

產品美學──反覆：

產品美學 → 外觀 → 反覆

造型
顏色
材質
表面處理

（圖，shutterstock）

屋瓦的反覆形式　　　　反覆的連續律動

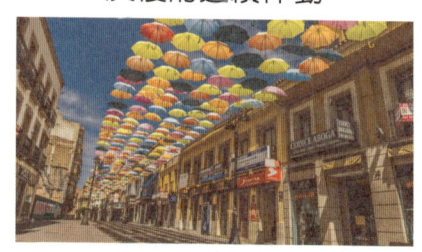

（圖，shutterstock）

　　反覆（Repetition），是將一些相同或類似的形狀與顏色元素，依某些規律予以重複排列，或者也可以運用差異性的元素作交替性的規律排列，如此即為反覆的一般性原則。通常反覆所構成的視覺印象，給人一種單純、規律及較有次序的感覺。反覆的規律，也極容易表現出一種韻律，比如音樂的主旋律，重複出現時，它所帶出來的效果並非複製，而是平衡與對稱的感覺，讓人印象深印，而反覆也常運用增減的變化，來呈顯規律的漸變感。

11. 構想評估探討──針對美學、品質

產品美學──韻律：

```
產品美學
   ↓
  外觀  →  韻律
  造型
  顏色
  材質
  表面處理
```

（圖，shutterstock）

（圖，shutterstock）

　　韻律（Rhythm），也可以稱為節奏，主要是指將畫面中的構成元素作有組織的變化和有規則的重複，當這種週期性變化與重複形成有節奏的韻律感時，可以給人抑揚頓挫的感覺。在視覺的造型設計方面，主要透過形狀、線條與色彩等變化，呈現出一種視覺上的驚艷感受。

產品美學──漸層：

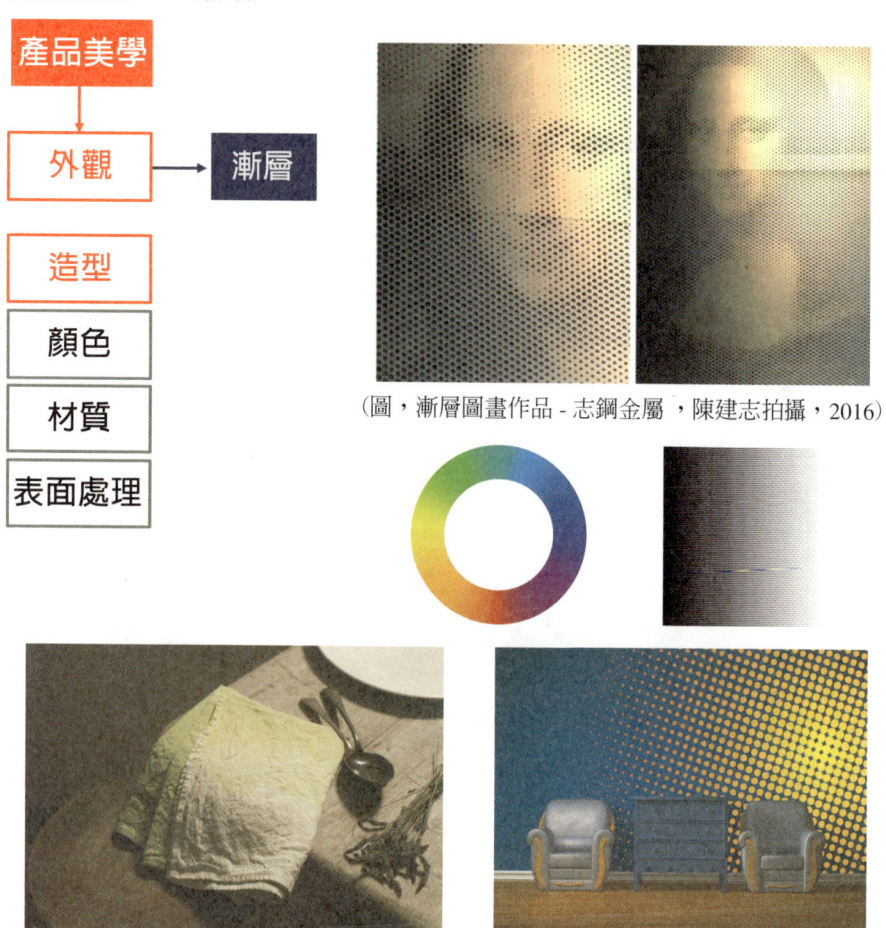

(圖，漸層圖畫作品 - 志鋼金屬，陳建志拍攝，2016)

(圖，shutterstock)

　　漸層（Gradation），是將反覆的形式，依照增加或減少的排列原則而改變，所形成的一種層次感。比如：造型上的由大漸小，或由小漸大，或者依照某些比例的遞變，例如色彩明度上的漸層變化、彩度上的鮮豔與平淡的漸增漸減等。因為這種增減的層次變化，會給人一種漸入佳境的感覺。

產品美學──均衡：

(圖，shutterstock)

(圖，shutterstock)

　　均衡（Balance），也可以稱為平衡，主要是指空間中各部分結構與重量感受的相互平衡所形成的靜止現象。這種平衡，在視覺感受上可由不同的造型、色彩等元素形成的結構與重量所構成，來產生平衡的美感。這類平衡分為對稱平衡、不對稱平衡兩種風格。而均衡帶來的感受大致可分為兩方面：

1. 畫面穩定：在畫面上追求一種視覺印象的平衡，包括視覺與畫面兩個方向的均衡穩定。
2. 平衡點聚焦：將畫面空間的焦點聚集於平衡點上，在各端視覺中尋求平衡。

11. 構想評估探討──針對美學、品質

產品美學──對稱：

- 產品美學
  - 外觀 → 對稱
  - 造型
  - 顏色
  - 材質
  - 表面處理

（圖，shutterstock）

　　對稱（Symmetry），在視覺上，是需要有一個中心軸線位置作基準，且位於軸線左右兩邊有著完全相同的元素，互相對應且以偶數形式存在。自然界最明顯的範例如人類、蝴蝶等，若中心軸為垂直線，則為左右對稱；若中心軸為水平線，則為上下對稱， 甚至也有上下左右均互相對稱的情形。

11. 構想評估探討——針對美學、品質

產品美學——對比：

產品美學 → 外觀 → 對比

造型
顏色
材質
表面處理

（圖，shutterstock）

（圖，shutterstock）

（圖，劍獅手機座設計，融答有限公司提供，2016）

　　對比（Contrast），是指運用兩元素間相對立的差異性，將兩種性質上相反的元素進行組構，在相對反差感極大的元素間表現出互相制衡的平衡感，而這些相反的元素包括大小、粗細、長短、強弱、明暗、曲直、高低、強弱等，均可形成一定的對比，往往能形成活潑、突出、相得益彰的視覺感受，如「紅花綠葉」能增強美感的魅力。

11. 構想評估探討──針對美學、品質

產品美學──比例：

產品美學 → 外觀 → 比例

造型
顏色
材質
表面處理

$(a + b)/b = b/a = 1,61803...$

（圖，shutterstock）

　　比例是美的數學根據，在前人探索藝術的完美比例時而總結出一個黃金分割的概念設計，而黃金分割依據的正是一般所說的黃金比例（Proportion），是指在同一事物型態中，各部分之間具有數理法則的關係。許多如黃金分割法或稱 1:1.618 法、等差級數（2.4.6.8…）或等比級數（1.2.4.8.16…）都常被應用在生活周遭中所使用的長方形的事物，如 logo、App 介面、家具及建築等，其造型充滿了和諧與美觀，令人感到愉悅。

產品美學──調和：

```
產品美學
   ↓
  外觀 → 調和
  造型
  顏色
  材質
  表面處理
```

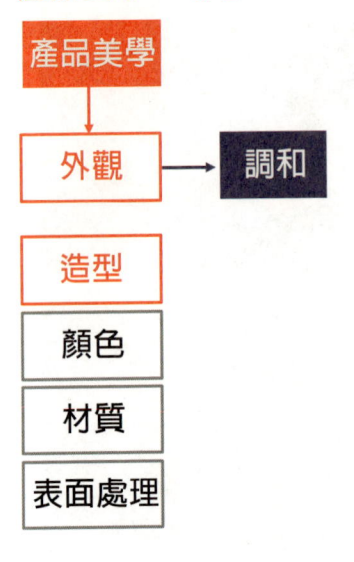

(圖，shutterstock)

　　調和（Harmony），是指將性質類似的造型並置於一處的方式。這些類似的構成元素雖然彼此存在些微差距，其實並不完全相同，但仍可給人一種互相融合互補的感受。至於可調和的類型則相當多樣，諸如形狀與顏色構成等。不僅不會有矛盾的感受，反而因為造型間彼此的差異性不大，形成一種相互協調的整體感。

產品美學——統一：

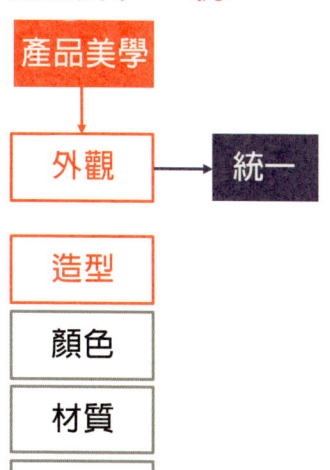

```
產品美學
   ↓
  外觀 → 統一
  造型
  顏色
  材質
  表面處理
```

(圖，shutterstock)

統一（Unity），在美的形式原理中，可將造型作最完整的呈現，指的是在一特定或非特定的環境裡，將各種素材元素依照某種風格的表現作秩序性的組織或整理，最後達成一致性的和諧風格，可以是一系列或是一個群組的型態。一般來說，統一可表現時尚權威的情感，也可以達成平衡及調和的美感，產生整體的相互關聯或共通的作用。

11. 構想評估探討──針對美學、品質

產品美學的顏色設定：

產品美學
↓
外觀

造型
顏色
材質
表面處理

顏色除了對於人能引起生理反應之外，同時還具有心理反應，這其中不乏有感性的作用，因此，在現代美學中，已有自理性傾向感性發展的趨勢，這同時也引起許多專家學者進行反思，認為未來所需要的人才，將不再只是單純的專業評估，而是必須同時具備感性能力的人才。對於顏色的特點，大致上可以區分為「經典款顏色」、「繽紛活潑色系」與「材質原色」等三類。

1. 經典款顏色──黑、灰、白：

近年大部分科技 3C 類產品多採冷色系的配色，透過簡單黑灰白配色，除了給人專業的感覺外，同樣也產生出一種百搭的簡約配色原理。白色突顯素雅質感、黑色強調內斂權力、灰色展現低調沉著，在在詮釋出現代時尚的獨特品味。這股黑灰白配色風格不只出現在科技產品上面，觸角也慢慢的延伸到居家生活當中，如黑灰白色系的品味吊燈、廚具、鋼筆等。

（圖，shutterstock）

11. 構想評估探討 —— 針對美學、品質

2. 繽紛活潑色系：

　　人手一機及一台平板電腦的時代已經來臨，每天頻繁使用的數位 3C 產品，除了達到工作及娛樂使用，同時也能代表一個人的個性風格與時尚品味。以往的科技產品向來帶點冷色調的意象，因此無論是神秘的黑、時尚的白及未來感的銀，都是常見的產品配色，雖能突顯低調簡潔個性，卻稍嫌冷酷。在講究美力時代的現今，人們會透過使用的物品展現自我風格，3C 產品雖走冷酷簡潔風格，但延伸發展出來的周邊產品，如手機殼、耳機、平板保護殼等等，顏色都開始愈來愈繽紛。不只科技產品如此，當你走進創立於 1943 年的瑞典家居用品企業——IKEA，也會發現同一件商品具有很多種的顏色選擇，那些色彩繽紛的商品看起來特別吸引人，恰好能用來表現自我風格。因此，如果說我們處在充滿色彩繽紛、喜好獨特風格的時代也不為過。

（圖，Meet 桌燈設計、劍獅手機座，融答有限公司提供，2015）

（圖，shutterstock） 　（圖，橡皮擦戒指，吳協衡設計，2016） 　（圖，創業拼圖沙發，陳建志拍攝，2016）

3. 材質原色：

　　除了黑灰白三色搭配的內斂時尚感，以及彩色繽紛的活潑風格之外，更可以運用各種材質及加工方式展現不同的質感，例如原木家具產品及與木頭材質複合，展現出自然、時尚、溫暖的感覺，也代表傳統工藝與現代時尚的結合。或是將原本冷冰的工業用材──EVA發泡材料，透過材質本身的細咬花質感（如同噴砂的霧面效果）及防滑防摔的特性，可以成功轉型成可愛的動物手機座商品、燈具設計以及吊飾配件等。上述所介紹的案例都是透過材質本身的色調及質感來呈現，成果都讓人非常驚豔與滿意。

（圖，shutterstock）

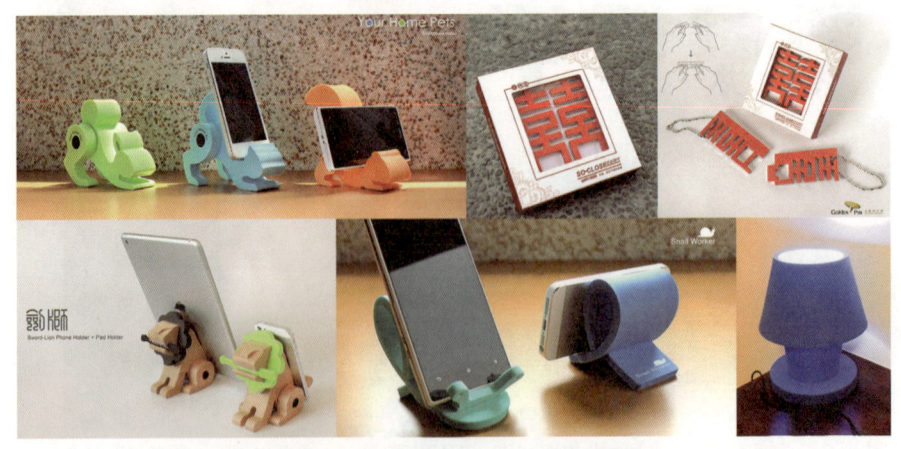

（圖，EVA發泡材質商品，融答有限公司提供，2015）

產品美學中常用的材質：

產品美學 → 外觀
造型
顏色
材質
表面處理

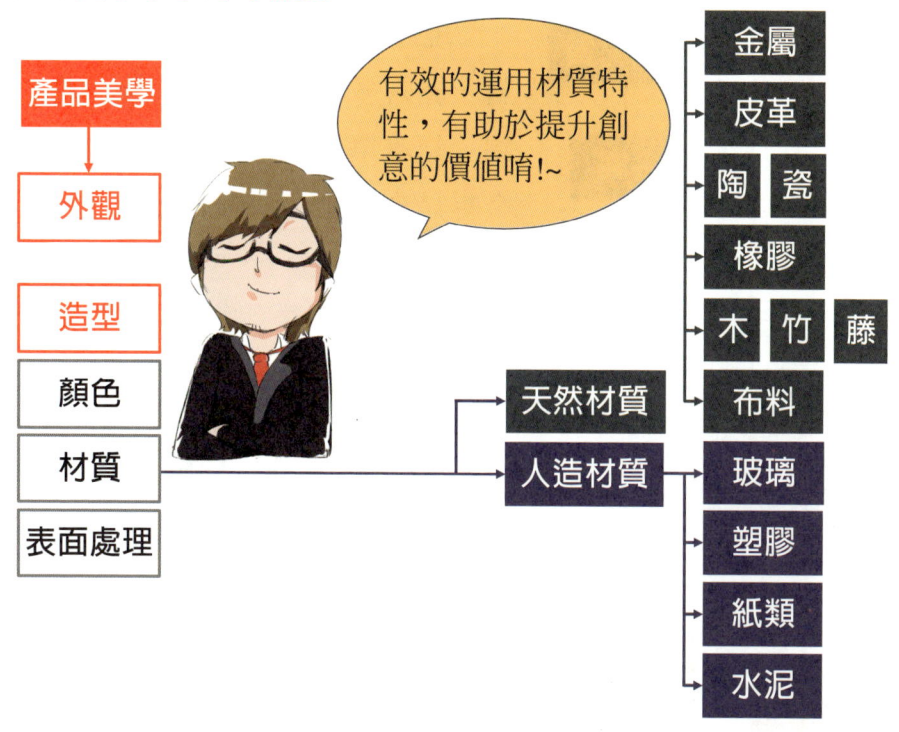

材質 → 天然材質、人造材質

天然材質：金屬、皮革、陶瓷、橡膠、木、竹、藤、布料
人造材質：玻璃、塑膠、紙類、水泥

有效的運用材質特性，有助於提升創意的價值唷！~

（圖，產品美學架構，陳建志、李庚錞共同繪製，2015）

　　除上述介紹的顏色種類運用外，其實材質的應用是創意發想者應多加思考的面向。現代設計已走向極簡風格，不再使用多餘的線條與裝飾，取而代之的則是材質上的運用，故如何玩材質就變得格外重要。若能巧妙運用材質的特性，不僅能在視覺上給使用者獨特性的美感享受，且能提供更舒適、安全的觸覺體驗。很多人雖有好的設計想法，但卻礙於不了解材質特性，或運用的時機及想法不夠成熟，而錯過了呈現完整設計的機會，這是非常可惜的一件事。所以我們接下來會介紹一些實例，讓大家可以多了解材質運用的好處。

11. 構想評估探討──針對美學、品質

天然材質──金屬：

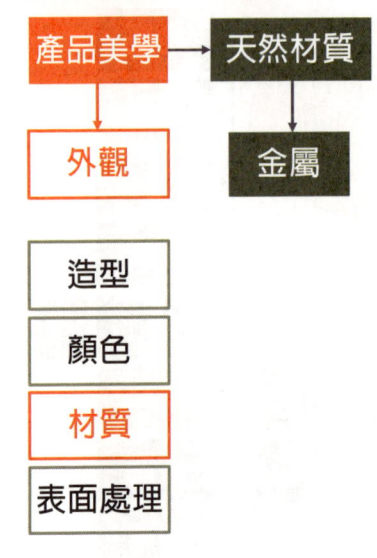

產品美學 → 天然材質 → 金屬
外觀
- 造型
- 顏色
- 材質
- 表面處理

現今使用於產品設計上的金屬材料，非常多樣。金、銀、銅、鐵、錫、鋁等單一素材外，不銹鋼及合金更是交通工具、廚具和電子產品必用的材料。

（圖，shutterstock）

天然材質──皮革：

產品美學 → 天然材質 → 皮革
外觀
- 造型
- 顏色
- 材質
- 表面處理

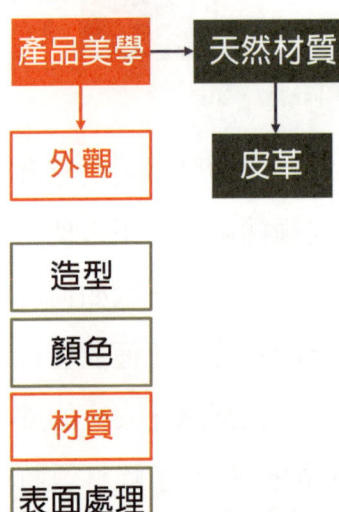

皮革有天然與人造之分，天然皮革依成分與鞣革的方法不同，會產生紋路上的差異。常見的天然皮革如牛皮、羊皮、鱷魚皮等。現代合成皮仿真十足，不管是質感或氣味都真假難分，大部分都用來製作成座椅或是皮件等。

（圖，shutterstock）

11. 構想評估探討——針對美學、品質

天然材質——陶瓷：

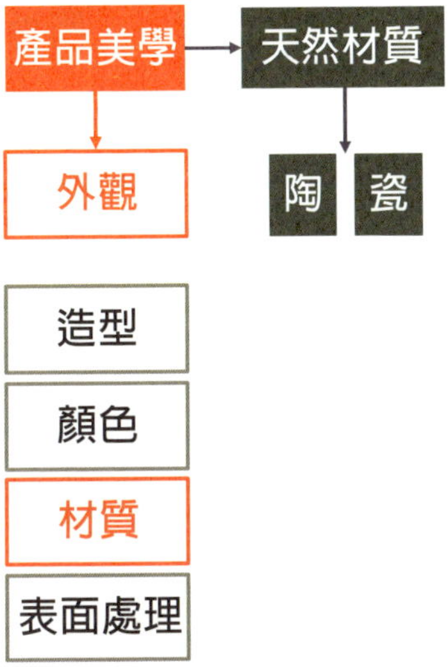

產品美學 → 天然材質
↓　　　　　　　↓
外觀　　　　　陶　瓷

造型
顏色
材質
表面處理

陶器與瓷器的差別首先在原料不同，此外，最大的差異是燒製的溫度不同，瓷器所需要的燒製溫度約需近攝氏 1,200 度高溫，而陶器一般僅需要約攝氏 900 度即可燒製。

（圖，shutterstock）

天然材質——橡膠：

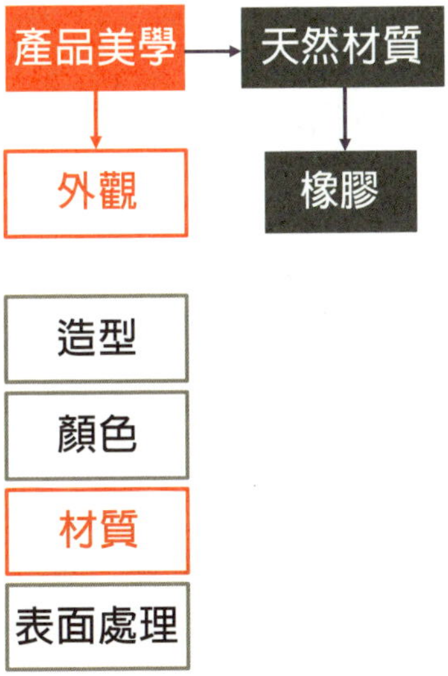

產品美學 → 天然材質
↓　　　　　　　↓
外觀　　　　　橡膠

造型
顏色
材質
表面處理

橡膠原料取自某些特殊植物的樹汁，近年也有許多是來自於人造物，為一種具備良好彈性的聚合物，應用的層面相當廣泛，比如輪胎相關產品，或者各式具備防撞、止滑功能的產品，都能見到橡膠材質的使用。

（圖，shutterstock）

天然材質──木、竹、藤：

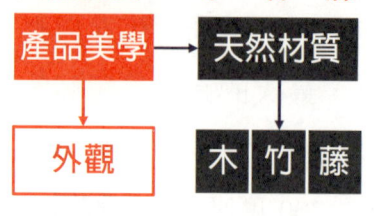

產品美學 → 外觀
天然材質 → 木、竹、藤

- 造型
- 顏色
- **材質**
- 表面處理

大自然的天然材質仍是人們愛用的材料之一。透過複合材料的搭配，更能將其質樸的天然紋路及溫暖的特質呈現出來。

（圖，shutterstock）

天然材質──布料：

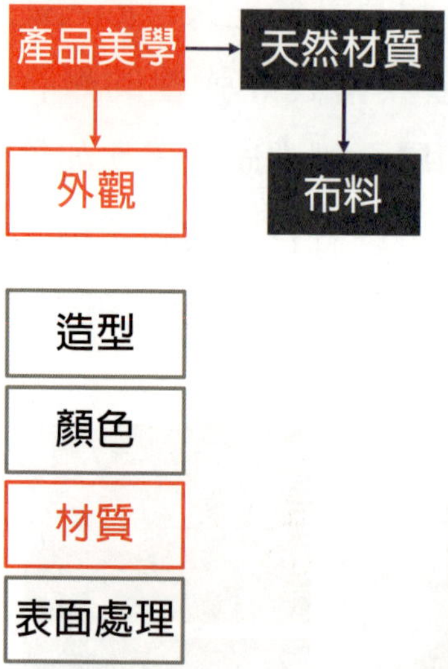

產品美學 → 外觀
天然材質 → 布料

- 造型
- 顏色
- **材質**
- 表面處理

因為紡織技術的提升，現代布料除了印花布花樣多變外，還發展出許多創新功能，如能夠定型的不織布、或是將電子線路結合布料發展出新電子科技布料，都有效地結合設計與科技元素。

（圖，shutterstock）

人造材質——玻璃：

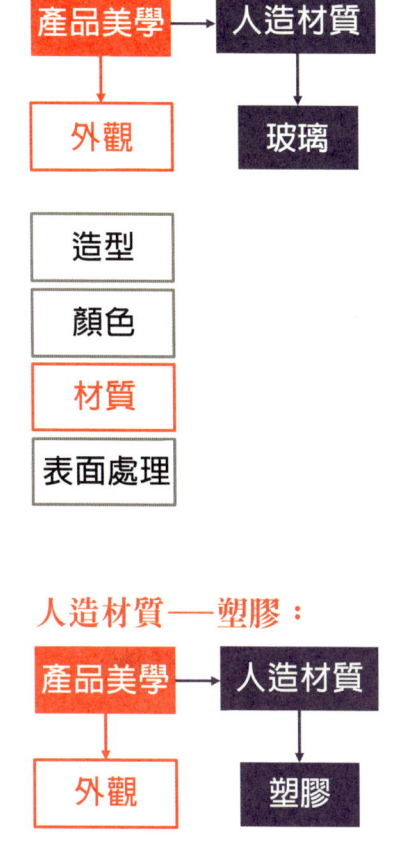

```
產品美學 → 人造材質
   ↓          ↓
  外觀       玻璃
```

- 造型
- 顏色
- 材質
- 表面處理

　　玻璃一般指的是具備透明、不透氣與一定硬度的材質。在一定的高溫燒融之後，可以形塑為各種形狀，因其透明特性，常用於燈罩等產品的製作，同時因其無菌的特性，也常用以製造各種醫療容器或一般容器。

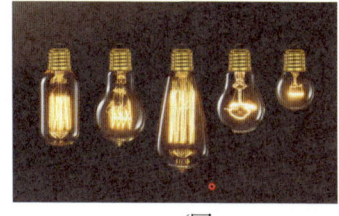

（圖，shutterstock）

　　塑膠加熱後分為熱塑性塑膠及熱固性塑膠兩類。塑膠使用普及率極高，惟不利於環境保護，近年來各國已逐漸開發環保塑膠，原物料來自於可再生的物質，如植物油、玉米澱粉樹酯（PLA-Poly Lactic Acid）等。

人造材質——塑膠：

```
產品美學 → 人造材質
   ↓          ↓
  外觀       塑膠
```

- 造型
- 顏色
- 材質
- 表面處理

（圖，PLA 塑膠杯，陳建志拍攝，2016）

（圖，111 Navy Chair 塑料椅，陳建志拍攝，2016）

11. 構想評估探討——針對美學、品質

人造材質——紙類：

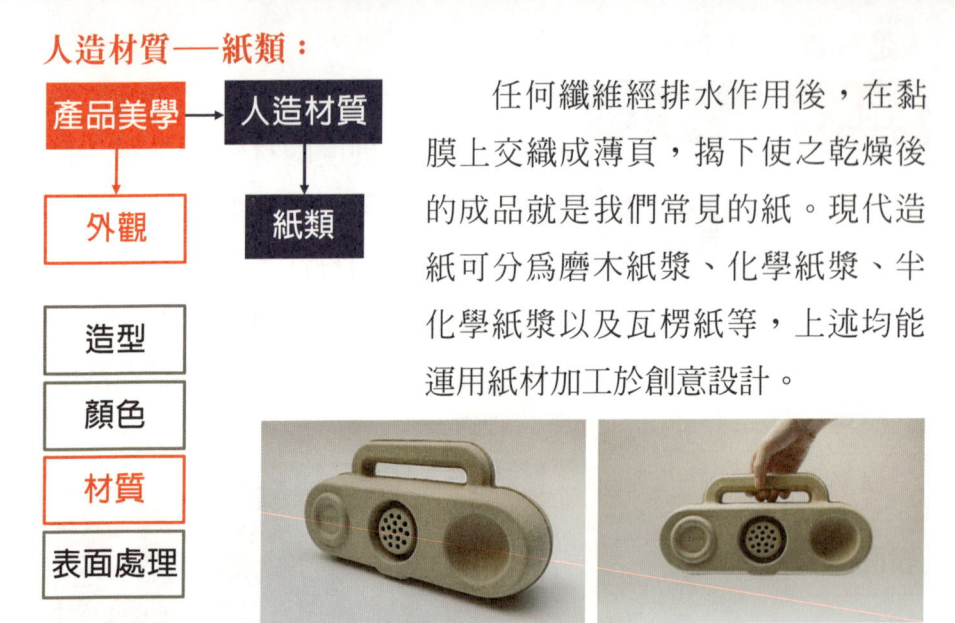

產品美學 → 外觀

人造材質 → 紙類

造型
顏色
材質
表面處理

任何纖維經排水作用後，在黏膜上交織成薄頁，揭下使之乾燥後的成品就是我們常見的紙。現代造紙可分為磨木紙漿、化學紙漿、半化學紙漿以及瓦楞紙等，上述均能運用紙材加工於創意設計。

(圖，紙漿藍芽喇叭，吳協衡設計提供，2016)

產品美學的表面處理：

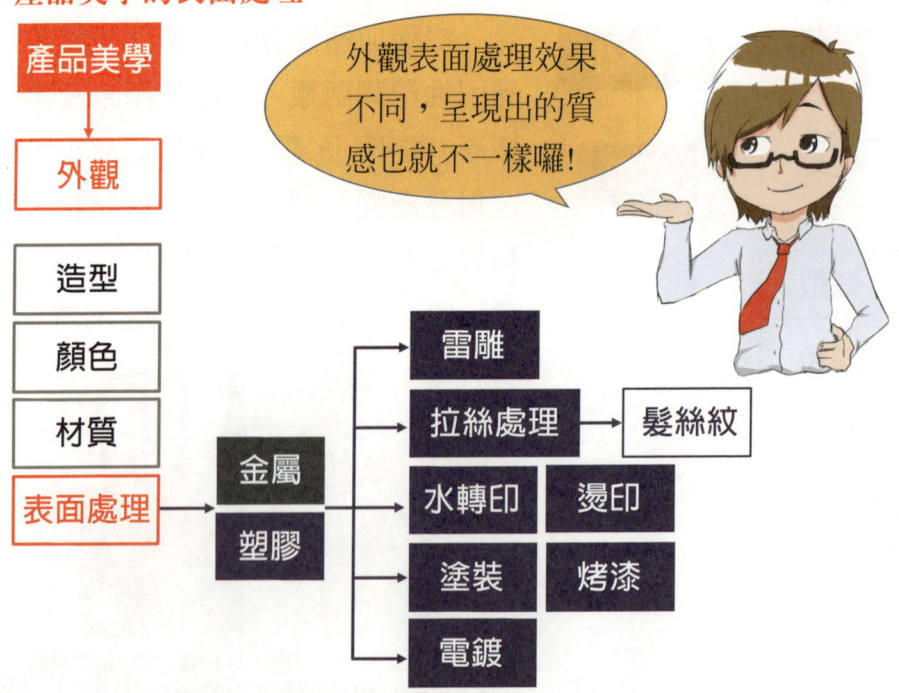

產品美學 → 外觀

造型
顏色
材質
表面處理 → 金屬、塑膠

金屬／塑膠：
- 雷雕
- 拉絲處理 → 髮絲紋
- 水轉印
- 燙印
- 塗裝
- 烤漆
- 電鍍

外觀表面處理效果不同，呈現出的質感也就不一樣囉！

產品美學的表面處理──雷雕：

產品美學 → 外觀

雷雕

造型
顏色
材質
表面處理

雷射雕刻是處理產品表面的技巧，主要是透過雷射將圖案或文字雕刻在產品表層上。這些圖案與文字的處理，是以雷射的方式刮除產品表面的塗料，藉由產品原材質與表面塗料的顏色差異來表現。因此在不同材質原色上進行雷射雕刻，將可創造出獨特和與眾不同的效果。

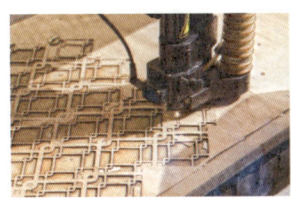

（圖，shutterstock）

產品美學的表面處理──拉絲處理：

產品美學 → 外觀

拉絲處理
髮絲紋

造型
顏色
材質
表面處理

拉絲處理是以研磨方式處理產品表面的技巧，會在對象上形成線紋，達到極佳的裝飾性效果。藉由拉絲處理，可以在日益流行的 3C 產品金屬殼面上，表現出金屬材質特有的質感，是一種相當廣泛應用於處理金屬殼面產品的技巧。

（圖，shutterstock）  　　（圖，髮絲文質感，陳建志拍攝，2016）

產品美學的表面處理──水轉印、燙印：

產品美學 → 外觀

水轉印
燙印

造型
顏色
材質
表面處理

水轉印是一種透過水的作用將平面印刷的圖文轉印至不同材質物體表面的技術，水轉印主要用於在整個物體表面進行完整的轉印。凸版印刷的版面凹凸甚為明顯，易於表現油墨。燙金是利用凸版印刷，也可用於壓凸。

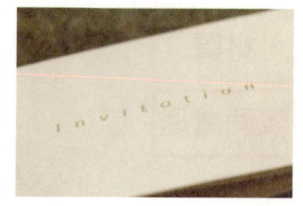

（圖，shutterstock）

產品美學的表面處理──塗裝、烤漆：

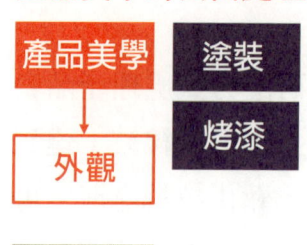

產品美學 → 外觀

塗裝
烤漆

造型
顏色
材質
表面處理

烤漆是在產品表層進行漆塗料工法的技術。必須先將產品表面進行細緻的打磨，經過多層漆料的重複塗裝，再由高溫烘烤定型。此法對漆料有相當高程度的要求，可使產品表層具備極佳色彩效果，也可稱「鋼琴烤漆」。

（圖，shutterstock）

產品美學的表面處理——電鍍：

產品美學 電鍍

外觀

造型

顏色

材質

表面處理

電鍍是以電解的方式將產品表面覆蓋上一層薄金屬的方法。其原始目的是防止產品表面發生金屬氧化與鏽蝕，但後來演化為一種流行的產品裝飾方法，相當多的 3C 產品與塑膠玩具的外殼，都採用了電鍍的方法進行表層處理。

（圖，shutterstock）　（圖，電鍍隨身碟，陳建志拍攝，2016）

從現今世代的接受度來看，產品的質感訴求仍是創意發想的重要賣點之一。今日，任何一項創意產出的結果，都不能捨棄其他要素而獨立表現，否則只是一個概念的呈現而已。所謂質感（表面的觸覺效果），就是必須與形態（整體的視覺效果）和色彩（族群市場的定位）相互搭配，本單元透過各種市場上常見到的物件案例，了解我們生活周遭經常出現的造型、顏色、材質有哪些，大多是用在哪裡，讓那些剛要接觸創意及創新的人，可透過這本書，擁有一些基本的認識，這正是本單元所要探討的重點。

單元整理 11-1

　　終於到了最後一個單元，相信大家的創意藍圖已經產生出來囉！請大家透過本單元的講解，將你創意的顏色、表面處理及材質的應用，簡單的整理於下圖，那麼就會更清楚自己的創意。

造型

顏色

最後階段囉!會更加清楚知道自己創意的完整性囉，加油！

材質

表面處理

11. 構想評估探討——針對美學、品質

創意進行到這階段，應該都已經產生不錯的構想囉，恭喜你！最後寫下你創意旅程的感想吧。

每天養成不斷做筆記的習慣，別讓突然來的創意飛走囉!~

後記：創意的初衷

　　創意的初衷，來自於有感覺的生活體驗。秉持著熱愛生活的熱情與初衷，即使面對生活中的種種問題，我們都能擇善固執的去運用創意方式來解決，最後克服所有的困境，而讓我們辛苦所產生創意的那份初衷，就是要讓我們的生活能更加美好而已。所以透過書中從第一單元到最後一單元的創意操作步驟，只為了一個最單純的初衷──美好的生活。所以，創意發想絕對不是一個工作，而應該是要在享受生活的狀態下，輕鬆且愉悅地讓創意自然而然產出，所以此書雖然談的是創意產出的操作流程，但其實也可以說是重新檢視我們生活中的不滿足在哪裡，讓我們的生活可以因為創意，而變得更便利、更快樂，而好的創意，是沒有一定的答案的，因為真正的答案，是來自於生活中的細心體會及細心的觀察。所以，希望能透過本書精心規劃的創意發想流程，讓大家能輕鬆地透過書中活潑的圖文敘述，有效地發掘出生活中的潛藏問題，並以人為本去發想創意。

> 創意的初衷，來自於美好的生活體驗，並發掘出讓人更便利、更快樂的創意。

屬於自己的一頁

　　感謝願意給自己機會成為設計師的自己，透過此書的創意發想流程所進行創意發想，將自己的成果，貼在最後一頁上，來告訴自己，方法對了，你也可以成為設計師！

方法對了
人人都可以是 **設計師**

黏貼處

創意筆記

將你所觀察到生活上不方便的小事情記錄下來！～

創意筆記

將你所觀察到生活上不方便的小事情記錄下來！～

創意筆記

將你所觀察到生活上不方便的小事情記錄下來！～

創意筆記

將你所觀察到生活上不方便的小事情記錄下來！～

國家圖書館出版品預行編目資料

創意與創新：方法對了人人都可以是設計師 / 國立高雄第一科技大學著 . -- 1 版 . -- 臺北市：臺灣東華, 2016.08

304 面； 17x23 公分

ISBN 978-957-483-871-4（平裝）

1. 創意 2. 創造性思考

176.4　　　　　　　　　　　　　105014926

創意與創新　方法對了人人都可以是設計師

著　　者	國立高雄第一科技大學
發 行 人	卓劉慶弟
出 版 者	臺灣東華書局股份有限公司
地　　址	臺北市重慶南路一段一四七號三樓
電　　話	(02) 2311-4027
傳　　真	(02) 2311-6615
劃撥帳號	00064813
網　　址	www.tunghua.com.tw
讀者服務	service@tunghua.com.tw
直營門市	臺北市重慶南路一段一四七號一樓
電　　話	(02) 2382-1762
出版日期	2016 年 8 月 1 版

ISBN　　978-957-483-871-4

版權所有　‧　翻印必究